Seele und Geld

W0194446

Brigitte Dorst / Christiane Neuen / Wolfgang Teichert (Hg.)

Seele und Geld

Chancen und Risiken einer vielstimmigen Identität

Mit einem Vorwort von Peer Abilgaard
und Beiträgen von Christina von Braun,
Jürgen Hardt, Daniel Hell, Jochen Hörisch,
Ulrike Kluge, Claudia Nagel, Klaus Ottomeyer,
Traugott Roser

Patmos Verlag

Veröffentlichungen der Internationalen Gesellschaft
für Tiefenpsychologie e. V. Stuttgart
Geschäftsstelle: Postfach 701080, D-81310 München

Diesen Band erhalten die Mitglieder der Gesellschaft als Dokumentation über ihre Arbeit. Der Gesellschaft gehören als Mitglieder an: Ärztinnen und Ärzte, Seelsorgerinnen und Seelsorger, Psychotherapeutinnen und Psychotherapeuten, Psychagoginnen und Psychagogen, Psychologinnen und Psychologen, Pädagoginnen und Pädagogen, Juristinnen und Juristen, Sozialarbeiterinnen und Sozialarbeiter, im Heilberuf Tätige. Das Thema der Jahrestagung 2016 war »Seele und Geld. Chancen und Risiken einer vielstimmigen Identität«. Die Vorträge wurden durch Kurse und Gruppenarbeit vertieft und ergänzt.

MIX
Papier aus verantwortungsvollen Quellen
FSC
www.fsc.org
FSC® C083411

Für die Verlagsgruppe Patmos ist Nachhaltigkeit ein wichtiger Maßstab ihres Handelns. Wir achten daher auf den Einsatz umweltschonender Ressourcen und Materialien.

Bibliografische Information der Deutschen Nationalbibliothek
Die Deutsche Nationalbibliothek verzeichnet diese Publikation in der Deutschen Nationalbibliografie; detaillierte bibliografische Daten sind im Internet über http://dnb.d-nb.de abrufbar.

Umschlaggestaltung: Finken & Bumiller, Stuttgart
Umschlagabbildung: © no more lookism / photocase.de
Druck: CPI books GmbH, Leck
Hergestellt in Deutschland
ISBN 978-3-8436-1000-1

Inhalt

Anhang

Vorwort

Ich staunte nicht schlecht, als ich vor einiger Zeit in der Zeitung *Die Welt* las: »Lettisches Unternehmen leiht Bargeld gegen Seele!« Recht trocken wurde der Sprecher des Finanzdienstleisters zitiert, seine Firma würde Privatkunden, die knapp bei Kasse seien, Kleinkredite zwischen 70 und 700 Euro zur Verfügung stellen. Das Unternehmen mit Sitz in Riga verlangt nur den Namen des Kreditnehmers und eine Unterschrift, mit der er seine Seele als Sicherheit im Falle der Zahlungsunfähigkeit abtritt. Jeder, dem seine Seele teuer sei, würde sich doch bemühen, den Kredit fristgerecht zurückzuzahlen, hieß es aus gleicher Quelle.

Die skurrile Meldung aus Riga zeigt, wie hier ein sehr alter Mythos aktualisiert wird, bei dem es um die unersättliche Gier nach Reichtum geht, die das Leben selbst zunichtemacht: der Mythos von König Midas. Der historische König Midas war in der zweiten Hälfte des 8. Jahrhunderts vor Christus Herrscher des phrygischen Großreiches, einem Gebiet, das dem heutigen Anatolien entspricht. Dies bezeugen Schriftquellen sowohl der griechischen als auch der assyrischen Kultur, die bis ins 8. Jahrhundert vor Christus zurückreichen.

Der Mythos erzählt nun, dass Midas beim Gott Dionysos einen Wunsch frei hatte. Er sprach: »Wenn ich mir etwas wählen darf, so lass alles, was ich berühre, zu Gold werden.« Dionysos zögerte, gewährte aber den Wunsch, und fortan geschah es so. Alles, was er anfasste, wurde zu Gold. Die Anfangseuphorie verflog schnell. Selbst der Rebensaft des Bacchus verhärtete sich in seinen Händen zu Gold. Erst jetzt erkannte er, wohin ihn seine Verblendung geführt hatte. Um dem Hungertod zu entgehen, bat er Dionysos, sein Geschenk zurückzunehmen. Dionysos hatte Mitleid: »Gehe zum Fluss Paktolos, bis zu der Stelle, wo er aus den Felsen entspringt. Dort kannst du deine Haut in die kühle Flut tauchen und mit dem Gold zugleich deine Schuld abspülen.« Dankbar folgte Midas diesem Rat. Zunächst schien er von seiner Habgier geheilt.

Fortan mied er allen weltlichen Prunk und zog sich in die Berge zurück. So war er auch in der Einsamkeit der Natur beim Hirtengott Pan zu Gast. Pan, der oft den Nymphen seine Lieder vorspielte, war ein sehr erfahrener Musiker auf der Syrinx, der Flöte. Midas mischte sich in einen Wettstreit zwischen Pan und Apollon, der ein Virtuose auf der Leier war, ein und stellte das Urteil des Berggottes Tmolos in Frage. Apollon strafte den Vorwitz und die künstlerische Inkompetenz des Midas damit, dass er ihn an den Ohren zog und er fortan seine Eselsohren unter einem Turban verbergen musste.

Schon 1973 beschrieb Ernest Borneman in seiner Arbeit »Psychoanalyse des Geldes«[1] die pathologische Einengung der Persönlichkeit auf die Gier nach Geld als Midaskomplex. Dieser spiegelt die ökonomischen Verhältnisse wider: »Die tägliche, unabwendbare, unentrinnbare Transformation aller greifbaren Werte in ungreifbare, austauschbare Kategorien wie Ware, Geld, Preis und Lohn hat das Seelenleben des Menschen im Kapitalismus gegenüber der Feudalzeit völlig verändert.«[2]

So wird auch für uns die Konfliktfläche in Beratung, Therapie und Pädagogik während der letzten 30 Jahre immer breiter. Obwohl es etwa in der Musterberufsordnung der Bundesärztekammer heißt, dass Ärztinnen und Ärzte ihren Beruf nach ihrem Gewissen und den Geboten ärztlicher Ethik und der Menschlichkeit ausüben und keine Grundsätze anerkennen und keine Vorschriften oder Anweisungen beachten sollen, die mit ihren Aufgaben nicht vereinbar sind, und dass sie keine Weisung von Nichtärzten entgegennehmen dürfen, sondern das Wohl der Patienten stärken und Schaden abwenden und insbesondere für Gerechtigkeit eintreten sollen, entfernen wir uns von diesen ethischen Grundsätzen immer mehr. Denn seitdem 1993 durch das Gesundheitsstrukturgesetz der Bundesregierung der Krankenhaussektor aus der Daseinsvorsorge entlassen worden ist und privatwirtschaftliche Investoren Krankenhäuser mit den entsprechenden ökonomischen Zielsetzungen betreiben können, ist von all diesen ethischen Grundsätzen nicht mehr viel erkennbar. TherapeutInnen werden nicht selten selbst Opfer der Sinnentleerung durchökonomisierter beruflicher Bezüge und reagieren z. B. depressiv oder mit Burnout.

Gut, wenn es BeraterInnen, SeelsorgerInnen, TherapeutInnen und andere gibt, die es schaffen, hier den Überblick zu behalten, und die sich um die Erhellung der Zusammenhänge von Seele und Geld bemühen. Auch die Beiträge dieses Taqungsbands geben den LeserInnen hierzu wichtige und relevante Informationen.

Peer Abilgaard

Anmerkungen
1 Borneman, Ernest (1973): Psychoanalyse des Geldes. Suhrkamp, Frankfurt am Main.
2 Ebd., S. 446.

KLAUS OTTOMEYER

Seele und Geld

Freud soll einmal in einem Interview gesagt haben, dass menschliche Gesundheit »*Arbeits- und Liebesfähigkeit*« bedeutet. Zweifellos muss aber noch eine *kämpferische* Fähigkeit oder spezifische *Power* hinzutreten, mit der wir unsere Anteile am gesellschaftlichen Reichtum und unsere soziale Position sichern und, wenn es nötig ist, auch für vorenthaltene Rechte von uns selbst und anderen (z. B. die *civil rights* von Unterprivilegierten) eintreten. Am *Arbeiten*, *Lieben* und *Kämpfen* kommen wir nicht vorbei. Im Anschluss an Aristoteles' Nikomachische Ethik und den Kommunikationspsychologen Schulz von Thun (1989) und zur besseren Orientierung kann man nun drei *Wertevierecke* bilden, die ich grafisch veranschauliche.

Wert Arbeit	*Ergänzender Wert* Spaß/Spiel
Karikatur/Zerrformen Workaholismus, Selbstausbeutung, Burnout usw.	*Mangelzustand* Armut/Langeweile

Abb. 1: Werteviereck Arbeit

Arbeit ist ein wichtiger Wert. Sie gehört zu einem erfüllten Leben. Ihr diametral gegenüber stehen als Mangel oder Unwert *Armut und Langeweile*. Als ausgleichenden positiven Gegenwert neben sich braucht die Arbeit aber *Spaß und Spiel* – und zwar nicht erst im Jenseits der Reproduktionssphäre, sondern bereits als ein Element in der Arbeitswelt selbst. Wir sehen diesen Gegenwert im Viereck rechts oben. Wenn man nicht mit KollegInnen manchmal auch Spaß hat und wenn überhaupt nichts Spielerisches in die Arbeitsbeziehungen hineinkommt, hat die Entfremdung bereits zugeschlagen. Wie jeder Wert kann auch die Arbeit ohne den Ausgleich, ohne das rechte Maß (*mesotes* bei Aristoteles) zu ihrer eigenen *Karikatur* oder *Zerrform* herabsinken: in Richtung *Workaholismus, Selbstausbeutung, Burnout usw.* – alles Fälle für die moderne Psychologie und therapeutische Praxis. Bei den Griechen war übrigens die Arbeit kein besonders hochstehender Wert. Das hatte mit der Delegation von Arbeit an die Sklaven zu tun.

Wert Liebe	*Ergänzender Wert* Freiheit
Karikatur/Zerrformen Besitzergreifende Liebe, romantische Obsession, Stalking	*Mangelzustand* Einsamkeit, Verlorenheit, Verlassenheit, Entfremdung

Abb. 2: Werteviereck Liebe

Liebe ist ebenfalls ein wichtiger Wert. Ihr diametral gegenüber stehen Mangelzustände von *Einsamkeit und Verlorenheit*, auf welche wir mit der Suche nach Liebe antworten. Als ausgleichendem positivem Gegenwert bedarf es aber unbedingt der *Freiheit*, welche man dem geliebten Wesen sowie sich selbst gewährt. »L'amour est l'enfant de la liberté« heißt es in einem französischen Lied. Das ist leichter gesagt als getan, weil wir uns aus Angst vor dem Verlassenwerden in der allgemeinen Entfremdung gerne an die Partnerin, den Partner, manchmal auch unsere Kinder klammern. »Übertreibende«, *karikatureske Formen* der Liebe gibt es viele: die besitzergreifende »Affenliebe«, die romantische Obsession, das Stalking usw. Alles wiederum Fälle für die psychologische und therapeutischen Praxis.

Wert	Ergänzender Wert
Kampf/Kämpfen	Fairness, Versöhnung
Karikatur/Zerrformen Niedermachen, Sadismus, psychopathischer Triumph usw.	**Mangelzustand** Depression, Verlierer-Sein

Abb. 3: Werteviereck Kämpfen

Das *Kämpfen* für eine als sinnvoll erachtete Sache ist der dritte Wert. Es herrscht bei uns zum Glück ein staatliches Gewaltmonopol, welches uns vor den Risiken der körperlichen Auseinandersetzung weitgehend schützt. Dass aber der Kampf und die Kämpfer auch bei uns hoch geschätzt werden, beweisen jeden Abend die TV-Programme mit ihren Actionfilmen und Krimis, aber auch die Sportberichterstattung. Diesem Wert diametral gegenüber steht die Position des *losers*, welche mit Selbstaufgabe und Depression verbunden ist. »Wer nicht kämpft, hat schon verloren« (Rosa Luxemburg). Auch der Wert des Kämpfens muss durch einen positiven Gegenwert oder gleich mehrere Gegenwerte gemäßigt werden. Dazu gehören Fairness gegenüber dem Gegner, Diplomatie und Versöhnung (über welche schon unsere nächsten Verwandten, die Schimpansen und Bonobos, verfügen; de Waal 1991). Das durch Fairness regulierte Kämpfen kann sogar »sportlich« werden und Spaß machen. Wir brauchen es für unser Bestehen am Markt und in der wirtschaftlichen Konkurrenz. Aber auch in einer demokratischen Politik. Ohne den Ausgleich landet man bei zahlreichen *Zerrformen des Kämpfens*: beim kalten Erledigen des Gegners (O-Ton Uli Hoeneß: »Wir werden den Gegner niedermachen«, zitiert in: Deckstein/Feldkirchen/Großekathöfer (2013), S. 120), beim sadistischen Triumph über die Verlierer, bei einem sozialdarwinistischen Ego-Kult (Schirrmacher), bei einer lebensfeindlichen »Nekrophilie« (Erich Fromm) oder auch bei einem selbstdestruktiven Michael-Kohlhaas-Kampf nach Vertragsverletzung (Heinrich von Kleist) – woraus sich wiederum zahlreiche Aufgaben für eine moderne Psychologie und Psychotherapie ergeben. Schon vor einigen Jahren haben ExpertInnen (z. B. Haller 2013, Stout 2008) auf die frappierenden Ähnlichkeiten hingewiesen, die sich bei einem Vergleich der Psyche von aggressiv-narzisstischen Psychopathen und der Psyche von manchen sehr erfolgreichen Wirtschaftskapitänen zeigen. Die Geheimwaffe beider besteht wahrscheinlich darin, dass sie im Gehirn über eine Art von Schalthebel verfügen, mit dem sie die menschliche Fähigkeit zur Empathie gegenüber der leidenden Kreatur je nach Bedarf einschalten und ausschalten können (Keysers 2013).

Mit Donald Trump ist kürzlich ein Vertreter des sozialdarwinistischen Ego-Kultes und eines sadistischen Narzissmus auf der Weltbühne erschienen, der wie dem psychologischen Lehrbuch entsprungen wirkt. Er verspottet Gegner und Schwache, z. B. Behinderte und Menschen, die nicht dem sexistischen Schönheitsideal entsprechen. Er verspricht seinen Anhängern, dass sie zu den Gewinnern in einem siegreichen Projekt des »Nationalkapitalismus« (Werner Schneyder) gehören werden. Die Loser sollen die anderen sein. Der Erfolg ist messbar: nämlich in Gold und Geld, welches zu immer größeren Summen anwachsen soll. Psychodynamisch geht es vor allem um die kämpferische Kompensation von narzisstischen Kränkungen: als Mann, als Weißer, durch reale und drohende Arbeitslosigkeit, durch soziale Randständigkeit und nicht zuletzt durch mangelnde Bildung (in Trumps Worten: »I love the poorly educated«) (Haller 2015).

Das Arbeiten, das Kämpfen bzw. Verhandeln um den individuellen Anteil am hergestellten Reichtum oder Besitz und schließlich das Lieben sind drei basale menschliche Tätigkeiten. Man kann sie zumindest grob den ökonomischen Sphären der Produktion, der Distribution und der Konsumtion zuordnen, die in allen Gesellschaften unterscheidbar sind. Ihnen entsprechen die Teilidentitäten des Homo oeconomicus, des Homo faber und des Homo amans. Der Homo oeconomicus kämpft überwiegend friedlich, aber er kämpft. Er ist auf seinen Vorteil und die Vergrößerung seines Besitzes bedacht, wobei er die Rechte anderer berücksichtigen sollte. Der Homo faber arbeitet mit Hilfe von Werkzeugen, stellt diese her und ist dabei kooperativ. Und der Homo amans strebt nach Liebe und Genuss, wobei der andere Mensch die wichtigste Quelle des Genusses ist.

Axel Honneth (1994) hat drei Formen der Anerkennung unterschieden, die wir für unser Wohlbefinden so dringend brauchen wie das tägliche Brot: die Anerkennung im *Recht*, als gleichberechtigtes und austauschbares Rechtssubjekt (wichtig für den Homo oeconomicus); die Anerkennung in der *Solidarität* der Arbeitenden, wo man, zumindest zeitweise, nicht austauschbar ist oder sein möchte; und schließlich die Anerkennung als *liebende und geliebte Person*, in der man überhaupt nicht austauschbar sein, sondern in seiner Einzigartigkeit geliebt werden möchte. Das lässt sich zwanglos auf das oben skizzierte Modell beziehen.

Die drei Systeme der Produktion, Distribution und der Konsumtion mit ihrer unterschiedlichen sozialen Logik und die drei Teilidentitäten sind in vorkapitalistischen Gesellschaften oder *Gemeinschaften* (Ferdinand Tönnies) ineinander verwoben. Im Kapitalismus, wo die Distribution vor allem als Zirkulation von Waren über den Markt erfolgt, treten sie wie drei unterschiedliche Inseln auseinander. Die Teilidentitäten sind untereinander höchst widersprüchlich und zudem beinhaltet jede in sich noch einmal widersprüchliche Anforderungen. In der Sprache der Rollentheorie: Die Herrschaft des Geldes, der Kapitalismus, führt zu einem komplizierten, aber rekonstruierbaren Geflecht von Inter- und Intra-Rollenkonflikten.

Ich stelle hierzu im Folgenden eine Mind Map zur Geschichte und Struktur der Identitätskonflikte im Kapitalismus vor, in der dann auch die neoliberale Überforderung einer um Kohärenz bemühten Identität (»Ich-Identität«) sichtbar wird (Ottomeyer 2014).

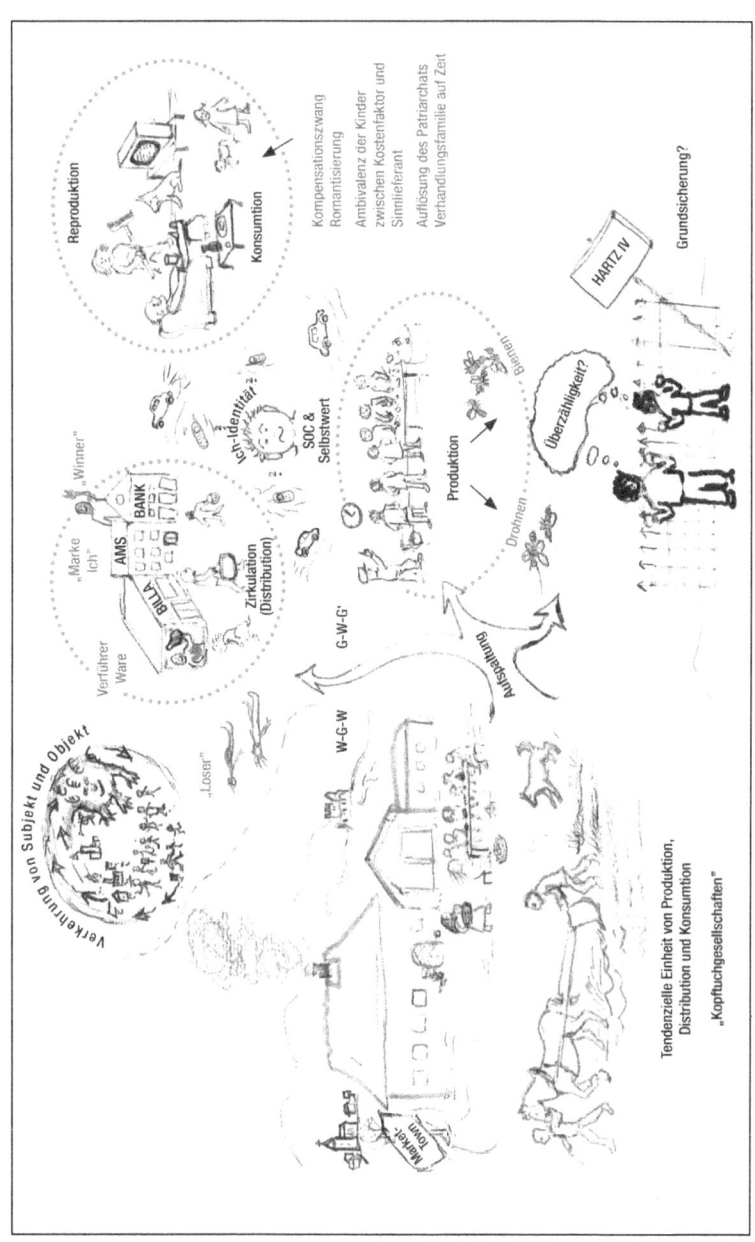

Abb. 4: Mind Map: Soziales Verhalten im Kapitalismus

Links sehen wir eine idealtypisch konstruierte patriarchalisch-kollektivistische Gesellschaft. Rechts die kapitalistische Gesellschaft, wie sie sich im Verlauf der letzten 500 Jahre und in manchen Weltregionen erst vor relativ kurzer Zeit, zumeist in Verbindung mit sozialer Entwurzelung und Gewalt, herausgebildet hat. Auf der rechten Seite sehen Sie die drei unterschiedlichen Lebensinseln. Die älteren Gesellschaften sind überwiegend subsistenzwirtschaftlich organisiert, mit Märkten und Austausch an ihren Rändern – in der Zeichnung durch das Hinweisschild »Market-Town« symbolisiert. In den basalen Einheiten des Zusammenlebens, in den Familien oder Anwesen, herrscht – ganz anders als im Kapitalismus – eine tendenzielle Einheit von Produktion, Distribution und Konsumtion. Vorne im Bild sehen Sie zwei Männer aus einer Familie oder einem Dorf, die mit Hilfe eines Pferdes pflügen, also Feldfrüchte anbauen. Sollten die beiden einen Ödipus-Konflikt miteinander haben, wird dieser in einer praktisch-unbewussten Weise gleich mitbearbeitet. Die Feldfrüchte und die vielen anderen Produkte der Arbeit werden sozusagen »in Sichtweite« (in Scheunen, Kellern usw.) gelagert und später verteilt (distribuiert). Die nachfolgende Distribution der Produkte oder der eingebrachten »Beute« erfolgt, anders als in tierischen Gruppen, nicht nach »angeborenen Auslösemechanismen«, nach körperlicher Stärke usw., sondern nach kulturell überlieferten Distributionsregeln, die sich auf den sozialen Rang, das Geschlecht, das Alter, die gesundheitliche Beeinträchtigung der Gruppenmitglieder beziehen, die sich zwei- bis dreimal täglich zum Konsum der Produkte, deren Geschichte man kennt, versammeln. Diese Regeln haben sehr viel mit der menschlichen Idee der Gerechtigkeit zu tun. Manchmal versammeln sich die Besitzerfamilie und das Gesinde getrennt. In unserer Zeichnung sitzen alle gemeinsam an einem Tisch. Die Idylle ist patriarchalisch gebrochen, Gewalt und Missbrauch im Haus und auf dem Anwesen werden selten geahndet. Ein staatliches Gewaltmonopol ist in weiter Ferne. Diese Gesellschaften sind immer religiös zentriert.

Deshalb finden wir auf der Zeichnung in der Market-Town

oder dem dörflichen Zentrum auch ein gut sichtbares Gotteshaus. Der Turm mit dem Kreuz könnte genauso gut durch ein Minarett oder einen Tempel anderer Art ersetzt werden. Der feudale und klerikale Ausbeutungszusammenhang ist auf dem Bild durch eine Festung im Hintergrund angedeutet. Die Individuen können – anders als in der kapitalistischen *Klassen*gesellschaft und in der »doppelten Freiheit« des produktionsmittellosen, aber mobilen Lohnarbeiters – ihrem angeborenen *Stand* fast nicht entkommen. Auch die Männer- und Frauenrollen sind in den patriarchalisch-kollektivistischen Gesellschaften strikt geregelt.

Diese Gesellschaften wurden und werden von der kapitalistischen Dynamik weltweit aufgelöst – was für die Menschen Vor- und Nachteile hat. Das ist durch die drei auseinanderweisenden Pfeile rechts neben der patriarchalischen Welt symbolisiert. Die Menschen leben nun in einer beständigen Durchgangsbewegung durch die separierten ökonomischen Sphären der Zirkulation bzw. Distribution (des Marktes), der Produktion (Arbeitswelt) und Konsumtion (des Privat- und Familienlebens). Die Separation ist auch geografisch und städtebaulich vergegenständlicht.

An die Stelle eines Wirtschaftens nach dem W-G-W-Prinzip (Verkauf einer Ware oder eines Überschusses auf einem Markt für Geld, um mit dem Geld dann eine andere benötigte Ware zu erwerben) ist das historisch neue G-W-G'-Prinzip getreten: Ich setze Geld (G) ein bzw. nehme Geld auf, um damit spezielle Waren (W) zu kaufen – zum Beispiel Produktionsmittel und preisgünstige Arbeitskräfte –, aus deren Verkauf oder Zusammenwirken dann eine Vergrößerung der eingesetzten Geldsumme, also G', hervorgeht. G' wird dann wieder eingesetzt und so kann oder muss es unter dem Druck der Konkurrenz tendenziell endlos weitergehen. Im Finanzkapitalismus fällt das materiell-sinnliche Zwischenglied überhaupt weg: Man kauft oder verkauft für Geld Geld oder Anteilscheine, aus denen dann noch mehr Geld entsteht.

Links oben in der Zeichnung finden Sie eine Skizze, welche die »Verkehrung von Subjekt und Objekt« darstellt, die ein Lebensgefühl, aber auch die ökonomische Realität im Kapitalismus charakterisiert: Die Individuen, die sinnlich konkreten »kleinen Subjekte« aus Fleisch und Blut, bringen durch ihre Arbeit, ihre Geschäftsabschlüsse und interpersonelles Handeln etwas hervor: die sich dann eigenständig bewegenden »großen Subjekte«, die am Weltmarkt agierenden Unternehmen und Konzerne, die großen Player, »unsterblichen Giganten« (Jean Ziegler), welche dann die ursprünglichen Subjekte, die kleinen arbeitenden Akteure, wie ihre Spielfiguren formen, ausbeuten, ängstigen und gegebenenfalls auch austauschen. Dann haben die Menschen durch die Verausgabung ihrer Arbeitskraft an ihrer eigenen Abschaffung gearbeitet. Im Finanzkapitalismus hat sich das Ganze noch gesteigert. Die Finanzkrise von 2008 haben auch die ganz großen ExpertInnen nicht verstanden oder vorhergesehen. Nur der ehemalige Bundespräsident Köhler hat kurz vor seinem Rücktritt gesagt, dass sich der Finanzmarkt zu einem »Monster« entwickelt hat.

Ich gehe nun genauer auf die Identitätsbildung in der Sphäre der *Zirkulation* bzw. *Distribution* von Reichtum durch den Austausch von Waren und Geld auf dem Markt ein; dann auf die Identitätsbildung in der *Produktionssphäre* und schließlich auf die Identitätsbildung in der *Konsumtionssphäre*. Identität kann man als Selbstbewusstsein und Selbstgefühl übersetzen. Sie entwickelt sich bei den Kindern als deren *sense of self* (Daniel Stern 2003). Die integrierende, ausbalancierende Kraft zwischen den Teilidentitäten kann man mit E. H. Erikson als Ich-Identität oder mit dem Gesundheitspsychologen Aaron Antonovsky als *sense of coherence* bezeichnen. Sie sehen diese Funktion auf der Mind Map in der Mitte zwischen den drei Lebensinseln Zirkulation, Produktion und Konsumtion.

Der Homo oeconomicus und die Identitätsbildung am Markt

Der konservative FAZ-Mitherausgeber Frank Schirrmacher hat 2013 das Buch »Ego – das Spiel des Lebens« herausgebracht, in dem er die LeserInnen an seinem Erschrecken darüber teilhaben lässt, dass das Bild des Menschen als ein Wesen mit einem rational kalkulierenden Ego, welches den anderen als zu überlistenden Gegnern gegenübertritt, sich aufgrund der Macht der großen Konzerne und ihrer angestellten ExpertInnen in unser gesamtes Leben eingeschlichen hat. Seiner Meinung nach ist die berechnende Ego- und Kampf-Logik des Kalten Krieges in den Jahrzehnten nach dem Kalten Krieg zur Logik der Zivilgesellschaft geworden. Die Experten für Aufrüstungs- und Vernichtungsspiele und für die antizipierende Überlistung des Gegners gingen an die Wall-Street. Natürlich werden wir mit unseren Vorlieben und Konsumgewohnheiten längst von Maschinen berechnet. Natürlich agieren auf den Märkten die Fallensteller und Schnäppchenjäger, wobei die Letzteren selten gewinnen. Aber vieles von dem, was Schirrmacher so erschreckt hat, ist so alt wie der Kapitalismus selbst. Zum Beispiel, dass es dem Verkäufer primär darum geht, im Sinne der Tauschwertmaximierung den Käufer zu überlisten – man kann von »berechnender Empathie« sprechen –, und dass der Käufer gerade andersherum nur ein Interesse am Gebrauchswert der Ware hat, die er für möglichst wenig Geld oder Tauschwert haben möchte. Jeder ist auf seinen Vorteil bedacht und konkurriert mit dem anderen. Das gilt auch für die Beziehung zwischen Verkäufern und Verkäufern und Käufern und Käufern.

Was hat sich in den letzten 15 oder 20 Jahren für die Menschen geändert? Die Konkurrenz hat sich sicherlich verschärft. »Winner« und »Loser« haben sich polarisiert. Loser dürfen mittlerweile verachtet und verlacht werden. Unter jungen Leuten werden sie seit einigen Jahren abfällig als »Opfer« bezeichnet. Die Empathie-Abwehr schreitet voran. In der Mind Map, obere Mitte, sieht man am rechten oberen Rand der Zirkulationssphäre einen lachenden Gewinner mit dem beliebten Victory-Zeichen. (Manche strecken heute auch gerne den Daumen aus der leicht geschüttelten Faust nach oben.) Auf der linken Seite, bereits außerhalb der Marktwelt, liegen die ausgesonderten Loser. (»Leichen pflastern seinen Weg.«) Der Teilmarkt für Konsumgüter wird durch die Aufschrift »Billa«

(der Name einer österreichischen Supermarktkette) symbolisiert, der Geldmarkt durch die Aufschrift »Bank« und der Markt für Arbeitskräfte durch die Aufschrift »AMS«, was in etwa der deutschen Bundesagentur für Arbeit entspricht.

Die neoliberale Marktdynamik hat in Verbindung mit der Digitalisierung dazu geführt, dass die oben bereits angesprochenen Gefühle der Verkehrung von Subjekt und Objekt zusammen mit der Angst vor Austauschbarkeit noch zugenommen haben. Hierzu passt ein Cover des *Spiegel* 36/2016 vom 3.9.2016 unter der Überschrift »Sie sind entlassen!«: Der kleine Arbeiter oder Angestellter bringt mit Hilfe seines Arbeitsgerätes, dem Computer, am Schreibtisch ein großes roboterartiges Subjekt hervor, das ihn vom Sessel hebt und in die Arbeitslosigkeit hinein freisetzt. Dazu die Mitteilung: »Sie sind entlassen!« Es wirken hier die rasante Digitalisierung der Produktion mit den Zwängen der Profitmaximierung zusammen. Ein Naturgesetz ist dieser rücksichtslose Austausch allerdings nicht. Kein Geringerer als Bill Gates hat den Vorschlag gemacht, dass Unternehmen, die Menschen durch Maschinen ersetzen, eine Robotersteuer zahlen sollen, die zur Abfederung der sozialen Folgen dienen soll (Schulz 2017, S. 21).

Der Satz »Sie sind entlassen!« entspricht dem Satz »You're fired!«, mit dem Donald Trump zum mächtigen Star seiner TV-Reality-Show »The Apprentice« aufstieg. Mit diesem Spruch wurden die Probe-Angestellten, die beim Casting und im Wettbewerb um einen möglichen Arbeitsplatz im Firmenimperium von Trump erfolglos waren, vom Meister ausgesondert. Die Zuschauer konnten die Erleichterung genießen, nicht zu den Ausgesonderten zu gehören. Eigentlich ist das Gefeuertwerden ja bedrohlich. Die Zuschauer und Follower scheinen sich aber ähnlich zu verhalten wie die von Anna Freud beschriebenen Kinder, die eine »Identifizierung mit dem Angreifer« entwickeln. Die eigene Angst vor Gespenstern wird dadurch gebannt, dass sie selbst Gespenst spielen und anderen Angst einjagen. Angstmachen hilft gegen Angsthaben. Wenn man Trump folgt, darf man daran teilhaben, dass die Angehörigen von vorgezeichneten fremden Gruppen beschimpft, gefeuert und ausgegrenzt werden: Mexikaner, Muslime, Behinderte, Frauen und Schwule, die in der Emanzipation zu weit gegangen seien. Und man kann dabei glauben, selbst zu den Auserwählten zu gehören, die nicht entlassen und ausgetauscht werden.

Alle rechten Populisten nähren derzeit ausdrücklich die Grundangst der Menschen, demnächst ausgetauscht zu werden. Sie behaupten aber, dass die Ursache für den bevorstehenden Austausch in dem finsteren Plan der herrschenden Eliten liegt, die fleißigen und verdienstvollen Inländer durch Ausländer und durch Flüchtlinge zu ersetzen, die noch gar nichts geleistet haben. Man warnt vor der »Umvolkung« und einem drohenden »Bevölkerungsaustausch«. Der Logik des Kapitals wird nicht zum Thema. Es ist leichter, bestimmte Personengruppen zu bekämpfen, als den Kapitalismus. Eine zweite viel beschworene Angst ist die Angst vor der »Vermischung« in Richtung auf eine hellbraune Einheitsrasse, welche dann die verdienstvollen Weißen (die urspünglichen Bewohner des »Abendlands«) ersetzen würde.

In Wirklichkeit wurden wir alle in den letzten Jahren zu »Standortbewohnern« gemacht, die sich bei den mächtigen Investoren und potentiellen Käufern ihrer Arbeitskraft durch Bravheit und ostentativen Fleiß beliebt machen und anpreisen müssen. Streiks und zu viel Widerständigkeit könnten die Käufer verscheuchen. Wie werden die kleinen, konkret-sinnlichen Subjekte in die Bewegung der großen Subjekte eingepasst? Wie passen sie sich selber ein?

Die Individuen werden dazu gebracht, sich im Wettbewerb mit anderen auf eine bestimmte Weise mit sich selbst zu beschäftigen, sich beständig zu optimieren. Sie sehen überall Juroren, die den Bewerbern Punkte geben – nicht zufällig gehören seit einigen Jahren die Casting-Shows zu den Quotenhits der TV-Sender. Casting-Show-Master Trump ist nur die oberste Spitze eines Eisbergs. An der Casting-Show kommen wir nicht vorbei. Um es in den Worten eines Autors vieler psychologischer Ratgeber über das erfolgreiche Bewerbungsgespräch zu sagen: »Von Geburt an, wenn es darum geht, ob man als Baby angenommen und geliebt wird, ist das

Leben eine Aneinanderreihung von Bewerbungssituationen.« (So Hans Christian Schrader, ein Bestseller-Autor in Sachen erfolgreiche Bewerbung, zitiert in: Schoener 2014, S. 71.) Das ist zwar entwicklungspsychologischer Unfug, entspricht aber ganz der neoliberalen Selbstwahrnehmung der Menschen.

Die Machtkonzentration auf den neoliberalen Märkten und die Anpassungsvorgänge bei den Individuen sind seit einigen Jahrzehnten vom Programm der »Marke« bestimmt worden. Nicht mehr viele können sich erinnern, dass es einmal anders war. Der Siegeszug der Marke, mit dem große multinationale Konzerne wie z. B. Nike, Apple, Body Shop, Calvin, Levi's, Starbucks, Google, Red Bull oder McDonald's ihren Umsatz vervielfacht haben und Marktführer wurden, geht, wie Naomi Klein gezeigt hat, auf eine Idee zurück, die vor etwa 30 Jahren aufkam: »Sie wurde Mitte der achtziger Jahre von Managementtheoretikern entwickelt und lautet, dass erfolgreiche Unternehmen in erster Linie Marken herstellen sollten, keine Produkte. Bis zu diesem Zeitpunkt galt es bei den Unternehmern zwar als wichtig, einen Markennamen zu stärken, doch das wichtigste Anliegen jedes seriösen Herstellers war die Güterproduktion. Dieses Anliegen war das Evangelium des Industriezeitalters« (Klein 2001/2015, S. 25). Die Produktion wurde zum großen Teil an andere Unternehmen ausgelagert, u. a. an solche, die in südasiatischen und lateinamerikanischen Sweat-Shops Menschen unter unzumutbaren Bedingungen beschäftigten. Diese Arbeitsbedingungen wurden später zur Achillesferse einiger Markengiganten. Wer alles auf ein glänzendes Image des Produkts setzt, das mit Bildern von eleganten Menschen und einem coolen und extravaganten Lebensstil verknüpft ist, kann hässliche Kratzer auf der schönen Verpackung nicht gebrauchen.

Der Kapitalismus beruht, wie schon gesagt, auf einer Verkehrung von Subjekt und Objekt. Aber nun erschienen die marktführenden Konzerne wie Personen, die man sofort erkennt und die um sich herum – etwa in den Shops von Starbucks, in den McDonald's-Filialen oder bei den von der jeweiligen Marke gesponserten Sportveranstaltungen – die KonsumentInnen ein bestimmtes Flair, eine ganze Welt mit aufregenden Begegnungen von Menschen erleben lassen. Sie sollten wie große Freunde wirken.

Gegen Ende des Jahrhunderts kam zusätzlich noch die geniale Idee auf, dass die einfachen kleinen Subjekte ihre Macht dadurch steigern könnten, dass sie sich selbst als ein Markenunternehmen betrachten. Zwar mussten die Lohnabhängigen sich immer schon verdinglichen, ihre individuelle Arbeitskraft verkaufen und diese als besonders nützlich für die Käufer anpreisen, wobei Gewerkschaften und Berufsverbände darauf achteten, dass sich die Anbieter in der Konkurrenz nicht wechselseitig ruinierten. Doch nun sollten die Menschen bei der Selbstanpreisung vergessen, dass sie ArbeiterIn oder ArbeitnehmerIn sind. Ein amerikanischer Berater namens Tom Peters kreierte zuerst die »Marke namens Du«. Dann hieß sie »Marke Ich«. In den Worten von Naomi Klein: »Der Erfolg auf dem Arbeitsmarkt stellt sich nur ein, wenn wir uns zu Beratern und Dienstleistungsunternehmern umrüsten, das Kapital unserer Marke bestimmen und uns für zielgerichtete Projekte verpachten, was wieder die Anzahl unserer vorzeigbaren Leistungen erhöht« (ebd., S. 257).

Etwas später kam die Erfolgsidee, dass die Menschen sich zu einer Marke stilisieren sollten, auch in den deutschsprachigen Raum. Seidl und Beutelmeyer (1999/2006) schrieben den Bestseller »Die Marke Ich«. Die Menschen sollten es Coca Cola und Johnny Walker gleichtun, ihre Unverwechselbarkeit betonen, sich überall bekannt machen und vor allem von sich selbst in ostentativer Weise begeistert sein. Dies würde dazu führen, dass auch die anderen begeistert sind. Man darf und soll sich lieben und mit der Marke verschmelzen, z. B. den Kleiderschrank von allen Kleidern räumen, die nicht die Marke unterstützen. Und man sollte an bestimmten Accessoires, an einer markanten Frisur, Barttracht usw. sofort erkannt werden. Ein ungehemmter Narzissmus, der unter den Restbeständen einer christlichen und sozialen Moral zuvor noch einigen Tabus unterlag, war jetzt nicht nur erlaubt, sondern wurde aktiv propagiert. Für Produkte wurde mit Slogans geworben, die Jahrzehnte zuvor noch undenkbar waren. Die Schlankheitsprodukte der österreichischen Firma Nöm werden derzeit dadurch beworben, dass in den TV-Spots eine Reihe von ebenso attraktiven wie fröhlichen Menschen auftritt, die dem Publikum in unterschiedlichen Tonlagen den Satz »Ich liebe mich!« entgegenrufen.

Der Marke-Ich-Narzissmus, den in der deutschen Politik der Freiherr zu Guttenberg und in Österreich Karl-Heinz Grasser und Jörg Haider verkörperten, ist psychologisch ein riskantes Programm, weil der selbstbewusste Akteur leicht in die Kluft zwischen dem glänzenden Ideal-Ich und dem Real-Ich mit all seinen Schwächen, Alterungsprozessen, Schattenseiten usw. hineinfallen bzw. sich selbst an die Wand fahren kann. Johnny Walker und Coca Cola können keine narzisstische Krise bekommen, wohl aber Menschen, die sich bemühen und daran glauben, eine herausragende Marke zu sein. In Deutschland war es das von der Regierung mit viel Geld geförderte Programm der sogenannten »Ich-AGs«, das die Marke-Ich-Idee aufnahm. Der Wettbewerbsvorteil durch die Betonung der eigenen Marke relativierte sich natürlich auch deswegen, weil immer mehr Konkurrenten ebenfalls darauf setzten und die Konkurrenz überhaupt viel schärfer geworden war.

Mit Donald Trump scheint nun eine unzerstörbare und als allmächtig inszenierte Marke statt einer zur Selbstkritik fähigen Person an die Macht gekommen zu sein. Die Kreditgeber im Hintergrund können sie wegen ihres Werbewerts auch nicht fallen lassen. (»Too big to fail.«) Möglichweise glaubt Trump, der in einem vergoldeten Wolkenkratzer zu wohnen pflegte, von sich selbst, dass er die vom Publikum angebetete Marke ist, die er darstellt.

Die inneren Spannungen und Wünsche der Marktteilnehmer bilden sich auch in verschiedenen Konsumgütermärkten ab, die während der letzten Jahrzehnte expandiert sind. Besonders gefragt ist in der Glitzerwelt der allgemeinen kommerziellen Überlistung und der trügerischen Gebrauchswertversprechen alles, was als »biologisch«, »echt« und »authentisch« daherkommt, bis die lernfähigen KundInnen gemerkt haben, dass diese Versprechungen in vielen Fällen – von den »ganz natürlich« produzierten Hühnereiern über die »Politiker mit Ecken und Kanten« bis hin zu den Sportlern ganz ohne Doping – überhaupt das Ärgste, gewissermaßen der »Betrug 2. Ordnung« sind. Man darf hier auch an die angeblich umweltfreundlichen Abgaswerte der VW-Dieselmotoren denken. Die Restbestände des Vertrauens in unsere reale Gesellschaft, auch in die ganz großen Marken, wurden systematisch aufgebraucht. Trump, der auch als »@realDonaldTrump« in Erscheinung tritt, ist einer der politischen Gurus, die sich in dieser Situation als nun »wirklich authentisch« anpreisen. Eine neue Rüpelhaftigkeit erscheint vielen als besonders authentisch und wird als mutig bewundert.

Identität und Arbeitswelt

Zum Glück gibt es nicht nur die Welt des Marktes, der Märkte, auf denen Menschen im Egotrip des egoistischen Homo oeconomicus unterwegs sind. Der Figur des Homo oeconomicus steht, wenn auch gebrochen durch Arbeitsteilung, Automatisierung, Fremdbestimmung usw., die Figur des Handwerkers, des Homo faber, gegenüber. In der Mind Map, ungefähr in der Mitte, sehen Sie das etwas veraltete Bild von Menschen an einer Werkbank, die unter dem Takt einer Uhr und eines Vorgesetzten arbeiten. Richard Sennett (2007) hat diesem Teil unserer Identität vor einigen Jahren ein ganzes Buch gewidmet. Der Handwerker oder die Handwerkerin ist stolz auf sein oder ihr Können, welches mehr ist als das erfolgreiche Impression-Management unter Marktteilnehmern.

Menschen, die etwas können, entwickeln ein produktgegründetes Selbstbewusstsein. Sie müssen sich nicht ständig in irgendwelchen Spiegeln überprüfen. Das Können erfordert sehr viel Übung und Disziplin. Bloße Größenphantasien und Angeberei stoßen bald auf die Widerständigkeit des Materials sowie der KollegInnen. In der Zusammenarbeit geben sich, wie der junge Marx es betont hat, die Arbeitenden über ihr Können, ihr spürbares Bemühen und ihre Teilprodukte wechselseitig Anerkennung. Sennett, der nach seinem Handwerks-Buch noch ein zweites über die menschliche Zusammenarbeit geschrieben hat (2012), spricht von einem »Glaubenssprung«, der sich auch in der kapitalistischen Produktion jedes Mal dann zwischen den Arbeitenden vollzieht, wenn diese kooperieren. Man glaubt einfach, ohne groß zu verhandeln oder die tiefere Absicht des anderen zu hinterfragen, daran, dass man sich auf den »Kumpel« oder die Kollegin verlassen kann. Die verbleibende Erfahrung unentfremdeter Arbeit, die uns nachweislich gesund erhält, wird in den Gesundheitswissenschaften, in der Psychologie und in der Pädagogik seit einiger Zeit unter dem ungenauen Begriff »Flow« angepriesen. KünstlerInnen und MusikerInnen sollen besonders viel Flow erleben. Wenn arbeitende Menschen unter einem Flow-Mangel leiden, liegt das nach Csikszentmihalyi (2001), dem Erfinder des Konzepts, aber weniger an den Produktionsverhältnissen, die sie antreiben, atomisieren und zueinander in Konkurrenz setzen, als vielmehr an ihrer falschen Einstellung. Auch Fließbandarbeiter können, wenn sie nur wollen, Flow erleben.

Jochen Schweitzer und Ulrike Bosselmann (2014) haben kürzlich eine interessante Metastudie über gesundheitsfördernde Faktoren in Betrieben vorgelegt. Sie zeigen, dass die wichtigsten Faktoren unter drei Begriffe gefasst werden können: Freiheit, Gleichheit und Brüderlichkeit (welche man heute sinnvollerweise Geschwisterlichkeit nennen sollte).

Gesundheit und Persönlichkeit eines Menschen werden gefördert, wenn er die »Übertragung ganzheitlicher und vollständiger Arbeitsaufgaben« an seine Person erfährt und bei der Ausführung des Auftrags Freiheitsgrade hat. Das Gefühl von Selbstwirksamkeit ist wichtig. »Im Gegensatz dazu stellen ›high-strain-jobs‹ (Tätigkeiten mit hohen Anforderungen und geringen Freiheits- und Kontrollgraden) ein erhebliches Gesundheitsrisiko dar« (S. 11).

Das Erleben von Gleichheit, welche die Menschen ebenfalls gesund erhält, diskutieren die Autoren vor allem anhand der sogenannten Gratifikationskrise, die auf Englisch *effort-reward-imbalance-model* heißt (Siegrist 1996). Die Beschäftigten rechnen aufgrund einer expliziten oder impliziten Vereinbarung mit »Gratifikationen«, für die sie sich dann verausgaben. Diese können in Prämien, Beförderungen, Arbeitsplatzsicherheit oder auch einfach Anerkennung bestehen. Die Wechselseitigkeit oder das Element der Gleichheit zwischen den Vertragspartnern bzw. zwischen den Angestellten und den Repräsentanten des Betriebs erweist sich aber oftmals als Illusion. Wenn man dann den Arbeitsplatz nicht mehr wechseln und dorthin gehen kann, »wo man besser behandelt wird«, drohen Kränkung und Verbitterung, innere und äußere Kündigung, Ressentiment gegenüber den (angeblich) Bevorzugten. Manche Betroffenen hören eine innere Stimme sagen: »Du hast dich verrechnet, du warst eben zu naiv (oder blöd).« In der psychologischen und therapeutischen Praxis ist es auf jeden Fall wichtig, die erfahrene Ungleichheit genau zu benennen. Und manchmal gibt es auch Möglichkeiten, die Ungleichheit mit Hilfe von Teamsolidarität, starken Mitarbeitervertretungen, einem guten Mitarbeitercoaching usw. zu minimieren oder durch kollegiale Kommunikation erträglich zu machen.

Der dritte große Einflussfaktor, von dem man weiß, dass er die Menschen am Arbeitsplatz einigermaßen gesund erhält, ist die soziale Unterstützung. Man könnte auch vom »Gelingen des Glaubenssprungs« im Sinne von Sennett sprechen. »Geringe soziale Unterstützung ist verbunden mit mehr muskulären Verspannungen, einem erhöhten Risiko für Rückenbeschwerden, wie Herz-Kreislauferkrankungen, aber auch für psychiatrische Erkrankungen (insbesondere depressive Störungen)« (Schweitzer/Bosselmann 2014, S. 19). Dort, wo soziale Unterstützung von Seiten der KollegInnen, aber auch von Vorgesetzten erfahren wird, geht es den Menschen besser. Sie umfasst u. a. »zupackende« Hilfe bei Schwierigkeiten des Einzelnen sowie seine Anerkennung im Team.

Die Ergebnisse von Schweitzer und Bossmann sind nicht nur schöne Theorie, sondern auch praktisch brauchbar. Die Autoren weisen darauf hin, dass die neoliberalen Produktionsbedingungen die Postulate der Französischen Revolution beständig gefährden. Aber vernichtet sind sie noch nicht. Eine gute Teamkultur und

Arbeitnehmervertretungen können die drei Werte für die Gesundheit der Abhängigen zumindest partiell sichern. Sie können auch als Leitmaximen in der betrieblichen Beratungspraxis dienen. Der Neoliberalismus hat Flexibilisierung und Beschleunigung in die Arbeitswelt gebracht. Dadurch ist paradoxerweise schon ein eigener Markt für »Entschleunigung« entstanden, der u. a. für uns PsychotherapeutInnen sehr einträglich ist. Die Kultur der Arbeitenden und ihr alltäglicher »Glaubenssprung« werden vom neuen *Trend der Mitarbeiterverdächtigung* und von einer regelrechten Evaluationsbesessenheit überschattet, die nur teilweise ökonomisch ist, weil sie viel Zeit kostet und zu einem beständigen Ranking der MitarbeiterInnen anhand von Messlatten führt, was sie untereinander in eine ängstliche Konkurrenz bringen kann. Die Messlatten sind oft willkürlich gewählt, fast immer geht es um quantitative tauschwertartige oder tauschwertanaloge Werte. Gebrauchswerte oder »Lebenswerte« (Varoufakis 2015, S. 31–35) können nur schwer gemessen werden oder sie sollen gar nicht gemessen werden. Auch an den Universitäten herrscht spätestens seit dem Bologna-Prozess die »Evaluitis« (Giselher Guttmann) mit Hilfe von quantitativen Parametern.

Es war die berühmt-berüchtigte US-amerikanische Firma Enron, die das »Enron-Modell« entwickelt hat, nach dem es gilt, jedes Jahr die 10 Prozent der MitarbeiterInnen mit der schwächsten Leistung herauszufinden und ihnen zu kündigen – was im Falle von Enron zu massiven Bilanzfälschungen durch die verbliebenen MitarbeiterInnen und zum Bankrott des Unternehmens geführt hat. Das Rank-and-Yank-Prinzip setzte sich aber in den USA und darüber hinaus trotzdem durch: »Human-Resources Manager multinationaler Konzerne müssen einer 20/70/10 Regel folgen. Zwanzig von hundert Arbeitnehmern gelten dabei als Überflieger, siebzig sorgen für die kritische Masse und zehn Prozent müssen jedes Jahr vor die Tür gesetzt werden – auch wenn die Gewinn- und Wachstumsziele erreicht wurden« (Verhaeghe 2012, S. 119).

Auch politisch und medial wurde das Bild der Arbeitenden in den letzten 15 oder 20 Jahren in einer unrealistischen und gefährlichen Weise aufgespalten. Während in der Wirklichkeit jeder Lohnarbeiter / jede Lohnarbeiterin in sich einen leistungsbereiten *und* einen leistungszurückhaltenden Teil hat und in sich haben *muss*, wenn er/sie nicht krank werden und vor der Zeit ausgesondert werden will, wird auf den inneren Leistungszurückhalter eine öffentliche Jagd veranstaltet. Man jagt mit Freude sogenannte Sozialschmarotzer (»Florida-Rolf«) und arbeitsscheue Drohnen, während sich auf der anderen Seite die von der Jagd (gerade noch) verschonten MitarbeiterInnen als immer nur fleißige, nützliche Arbeitsbienen phantasieren dürfen. In der Mind Map sehen Sie am linken unteren Rand der Produktionssphäre die hinauspurzelnden Drohnen, am rechten unteren Rand, noch im Bienenkorb, die fleißigen (oder sich fleißig gebenden) Bienen. Deren aufgestaute Aggression wird aber oft genug an anderen, schwächeren Arbeitsbienen ausgelassen, welche dann die nächsten Kandidaten für Mobbing und Aussonderung werden. Die Gruppen der Arbeitenden sind zudem in solche mit einer gewissen sozialen Absicherung und solche ohne Absicherung mit niedrigeren Löhnen gespalten, die sich argwöhnisch gegenseitig beäugen und verdächtigen, statt unter dem Dach starker Arbeitnehmer-Organisationen zu kooperieren.

Identität in der Konsumtionssphäre

Aber auch der Homo oeconomicus und der Homo faber sind längst nicht alles. Die dritte sozialökonomische Insel, auf die wir uns nach dem listig-egoistischen Treiben auf den Märkten und nach den Anstrengungen der Arbeitswelt am Feierabend, am Wochenende und im Urlaub flüchten, ist die private Welt des Konsums, der Lebensfreude, des Glücks und einer möglichst ungetrübten *Liebe* zu Menschen und Dingen, in der wir uns möglichst nicht mehr verstellen und anstrengen wollen. Rechts oben in der Mind Map sehen sie eine kleine Familie mit Hund. (Hunde sind zu einer Art Familientherapeuten geworden.) Der Mann lässt sich vor dem Fernseher sitzend bedienen. (Aber der Besen der sorgenden Gattin ist auch schon leicht erhoben.) In der Konsumtions- oder Reproduktionssphäre (die immer noch überwiegend durch die Arbeit von Frauen hergestellt wird) ist der Homo amans beheimatet. Hier atmen wir auf und können uns regenerieren. Trotz der Gefühle von Freiheit, die hier (für den Mann) aufkommen, gehört diese Welt als Teilsystem ebenso notwendig zum funktionierenden kapitalistischen Gesamtprozess, wie das Produktions- und das Marktsystem. Was hat nun der Neoliberalismus in der Konsumtions- bzw. Reproduktionssphäre während der letzten Jahrzehnte mit den Menschen und ihrer Psyche gemacht? Eine erste Antwort ist: Er hat sie infantilisiert und sexualisiert. Während die von der Produktion geforderte Ethik auch im Neoliberalismus immer noch (oder sogar verstärkt) vom Individuum eine »protestantische« Askese, einen »Selbstzwang« (Norbert Elias) und eine beträchtliche Härte gegen sich selbst verlangt (»Nichts für Weicheier!«), wird dem Individuum in der Konsumtionssphäre ein infantiler Konsumismus nahegelegt und abverlangt. Versprochen werden »Spaß ohne Ende« und »Genuss ohne Reue«. Alles ist einfach geil. Die Kinder werden bereits zu Konsumisten sozialisiert und die konsumierenden Erwachsenen infantilisiert. Da sich aber Liebes- und Lebensglück nicht wirklich kaufen lässt, reicht das, was vom Markt her angeboten wird, niemals aus. Man kann von einem »depressiven Hedonismus« (Fisher 2013) der Individuen in der Konsumtionssphäre sprechen.

Das Nebeneinander von Asketismus und Konsumismus hat zu einer echten Anomie, zu einem massiven Normen- und Wertewiderspruch geführt, der den Sense of Coherence der neoliberalen »Standortbewohner« überfordert. Die Kinder und Jugendlichen wachsen zwischen den Extremen des konsumistischen »Schnullerkindes« (Verhaghe) und des fleißig-fitten Selbstoptimierers auf, der im Ranking nach oben kommt. Es sieht im Straßenbild der westlichen Metropolen zunehmend so aus, als gäbe es zwei Sorten von Menschen und Familien: die einen, deren sichtbares Übergewicht davon kündet, dass sie den Verlockungen des Konsumismus nichts entgegensetzen können und die tendenziell zu den »Losern« zählen, und die anderen, die es schaffen, sich mit Hilfe von Disziplin, ausgesuchter Ernährung und Teilhabe an der allgemeinen Fitnesskultur auf das Bild des erfolgreich-attraktiven Bewohners der westlichen Welt hin zu optimieren. Vermehrte Essstörungen in beiden Richtungen, zwischen den Extremen der Adipositas und der Anorexie, schaffen eine Nachfrage nach speziellen Therapien und Gesundheitsprogrammen. Die älter gewordenen Schnullerkinder und Extremkonsumisten gelten inzwischen als große Belastung für unser Gesundheitssystem.

Einen eigenen Markt auf der Seite der Selbstoptimierer hat in den letzten 15 oder 20 Jahren auch der Muskelkult hervorgebracht, dem insbesondere die Männer gefolgt sind. Die entsprechenden Trainingsstätten sind erschwinglicher geworden. *Der Spiegel* berichtet in einem großen Artikel vom Juli 2015 (31/2015), dass mittlerweile 9 Millionen Deutsche ins Fitnessstudio gehen. »Weil sie vom perfekten Körper träumen, nehmen viele illegale Medikamente« (Eberle/Großekathöfer 2015). Der gestählte Männerkörper, der zur Zeit der 68er-Bewegung kaum jemanden, weder Männer noch Frauen, interessiert hat, ist wieder total cool und attraktiv geworden. Logischerweise boomen auch die Kampfsportarten.

Die klassischen patriarchalischen Rollen des körperlich überlegenen außerhäuslichen Ernährers, des Beschützers der Frauen und Kinder sowie des souveränen Liebhabers und Erzeugers (Gilmore 1990) sind aus objektiven Gründen und aufgrund der Erfolge der Frauenbewegung in der Entwicklung des Kapitalismus eigentlich erodiert. Männliche Körperkraft wird in der kapitalistischen Arbeitswelt nicht mehr gebraucht. In den akademischen Männerberufen und im Bildungswesen sind die Frauen auf der Überholspur. Die modernen Bedrohungen und die moderne Kriegsführung machen den durchtrainierten und bewaffneten männlichen Beschützer (anders als im abendlichen TV-Programm) zu einer völlig überholten Figur. Und die alte These von der natürlichen sexuellen Überlegenheit des Mannes, z. B. beim Thema Orgasmus und Potenz, hat sich mittlerweile eher als Lachnummer erwiesen. Auch Männer werden heute verglichen und ausgetauscht – ein zusätzlicher Aspekt der Überzähligkeits- und Austauschangst. Der

Trend ging spätestens seit den 70er Jahren von der patriarchalisch-stabilen Familie in Richtung auf die »Verhandlungsfamilie auf Zeit« (Ulrich Beck).

Die Pornokultur ist etwa seit der Jahrtausendwende zu einem der größten Wirtschaftszweige geworden. Der Konsum hinterlässt bei vielen Usern die unerwünschte Nebenwirkung einer »Dysmorphophobie«. Der Vergleich mit den Körpern der kopulierenden DarstellerInnen fördert das Gefühl, hässlich zu sein und/oder unter einer »Organminderwertigkeit« zu leiden (was Alfred Adler für den Ursprung jeder Neurose hielt), woraus sich wiederum ein riesiger neuer Markt ergibt.

Überall in der Welt sind aber in den letzten Jahren die Neo-Machos aufgestanden, um der sexuellen Befreiung, der Gleichberechtigung der Frauen und der »dekadenten« Relativierung der Geschlechtsrollen (z. B. in Gestalt von Conchita Wurst) ein für alle Mal den Garaus zu machen. Die neue Internationale reicht von Moskau und der Türkei über Syrien und andere arabische Länder bis nach Uganda, Zimbabwe und in die USA. Die neuen Männer verteidigen das Recht des Mannes auf Bewaffnung oder Wieder-Bewaffnung. In Russland dürfen die Männer auch wieder straflos ihre Frauen und Kinder schlagen. In den USA können sie wieder ungestraft Frauen unter den Rock fassen und grobe Reden führen. Grobheit und Entdifferenzierung sind die Markenzeichen der neuen Männlichkeit.

Vor dem Zaun

Man kann den ökonomischen Alltag der Menschen im Neoliberalismus als ein sich immer schneller drehendes, aus drei Abschnitten (Produktion, Zirkulation, Konsumtion) bestehendes Hamsterrad sehen, welches beträchtliche Fliehkräfte entwickelt. Man muss sich gut festhalten. Diejenigen, die sich nicht gut festhalten oder zu schwach (nicht »resilient« genug) sind, fliegen einfach hinaus. Das sind die »Überzähligen«. Einige können vielleicht wieder einsteigen. Diese werden dann für eine gewisse Zeit KlientInnen in den Arbeitsmarktschulungen und Rehabilitationsprogrammen, in denen immer mehr PsychotherapeutInnen und GesundheitsarbeiterInnen Arbeit und Brot finden. Natürlich werden auch diese Programme evaluiert.

Die zweite große Gruppe der Überzähligen, die, wie in der Mind Map ganz unten zu sehen, an einem Zaun auf den Einstieg ins Hamsterrad warten müssen, sind die Flüchtlinge aus Kriegs- und Krisengebieten, deren Zahl sich in den letzten Jahren vervielfacht hat. Den Flüchtlingen wird unterstellt, dass sie der autochthonen Bevölkerung etwas wegnehmen wollen. Politiker und Medien mobilisieren eine Art von sozialem Geschwisterneid, wenn sie die Flüchtlinge als Lebewesen zeichnen, die zu uns gekommen sind, gleich etwas fordern, nicht arbeiten müssen, von Vater Staat und Mutter Gesellschaft (in Gestalt von »Gutmenschen« wie Angela Merkel) verwöhnt werden und dazu auch noch kein richtiges Deutsch sprechen. Der Neid derjenigen, die einige der im Kapitalismus vorprogrammierten Zurücksetzungen und »Gratifikationskrisen« erlebt haben, wird zum Hass auf die Fremden, die angeblich »alles gratis« bekommen, was sie sich nur wünschen. Zur Empathieabwehr aus Neid gesellt sich noch die Abwehr des Schreckens, des psychotischen Kosmos, dem viele Flüchtlinge entronnen sind. Der reale Albtraum darf einfach nicht wahr sein. Es ist angenehmer zu glauben, dass die Geschichten vom Grauen – soweit überhaupt erzählbar – auf Übertreibung beruhen und nur Erfindungen von egoistischen Simulanten bzw. Wirtschaftsflüchtlingen sind.

Verwirrung und Heilung

Der für unsere psychische Gesundheit wichtige »Sense of Coherence« und unsere zentrale ausgleichende »Ich-Identität«, die zwischen den Widersprüchen und Ambiguitäten vermitteln, eine kreative Balance zusammenbringen sollen, haben es im Neoliberalismus nicht leicht. Die Verhaltenszumutungen zwischen den drei Sphären, in denen wir uns in wechselnden Rollen als Homo oeconomicus, Homo faber und Homo amans durchschlagen, sind sehr widersprüchlich. Der Sense of Coherence bzw. unsere Ich-Identität versucht, zwischen den auseinandergetretenen Lebensinseln hindurchzunavigieren, möglichst nichts zu verwechseln, pünktlich zu sein und die gröbsten Widersprüche abzufedern. Sie sehen den Sense of Coherence (SOC) oder die Ich-Identität auf der Mind Map als Kopf mit dem Gesichtsausdruck einer leichten Verzweiflung in der Mitte zwischen den drei Sphären. Als Navigier-Instrument zwischen den Welten haben wir das Auto und seit Neuestem die Handys, Smartphones, das Internet usw., mit denen wir, auch wenn wir an einem Ort festsitzen, mental und qua Telekommunikation zwischen den sozialen Orten mit ihrer sehr unterschiedlichen Logik hin- und hernavigieren können. Kürzlich haben die Autos selbst noch einen Navigator bekommen, dessen Botschaften sich manchmal sehr unpraktisch mit denen des Handys oder der bereits eingebauten Telefonanlage überkreuzen. In einer solchen Situation sollte zumindest der reale Beifahrer nicht auch noch eine Diskussion anfangen. Die Synthese zu schaffen, der all diese Hilfsmittel eigentlich einmal dienen sollten, und dabei noch die Ruhe zu bewahren, wird immer schwieriger. Nur gelernte IT-Experten behalten den Überblick. Erholung stellt man sich auf jeden Fall anders vor. Man wünscht sich eine wieder einfache Identität.

Dazu kommt, dass um uns herum ein Wertechaos entstanden ist. Als Erziehungsziele für heutige Kinder stehen unverbunden und mehr oder weniger gleichberechtigt nebeneinander: Empathie und Egoismus, Ehrlichkeit und Austricksen des Konkurrenten, Kooperation und Karriereorientierung, »Brennen für die Firma« und Job-Distanz, Asketismus und Konsumismus, Sparsamkeit und die Geilheit des Habenwollens, Affektkontrolle und Infantilismus, Gewinnstreben und Gemeinwohl, Impressionsmanagement und Authentizität, Bindung und Freiheit von Bindung, partnerschaftliche Treue und öffentliche Sexiness, Machismo und Toleranz in Bezug auf die Gender-Diversität.

Die Sehnsucht nach einer Vereinfachung der moralischen Ordnung, nach »Reduktion von Komplexität« ist verständlich und hat neuerdings verschiedene Bewegungen der »Schiefheilung« (Sigmund Freud) auf den Plan gerufen. Eine uns schon bekannte Erlöserfigur ist der politische oder soziale Führer, der »ganz authentisch« ist und das »meint, was er sagt«. Diese Figur erweist sich allerdings in der Regel selbst als eine trügerische Inszenierung. Die größte Gefahr geht von den neo-patriarchalischen und neo-fundamentalistischen Bewegungen aus, die sich mit dem Glauben an die überlegene Stellung der eigenen Nation oder Religion verbinden. Fremde oder Ungläubige dürfen dann radikal bekämpft werden. Die Welt ordnet sich wieder in Gut und Böse, Licht und Schatten.

Die nationalistischen Kämpfer des Westens und die islamistischen Dschihadisten ähneln sich in ihrer Antwort, die sie auf die neoliberale Freizügigkeit (»Dekadenz«) gefunden haben. Theweleit (2014) hat vom »Dschihadisten Breivik« gesprochen. Auch Breivik sieht sich als ein frommer Ritter, der Norwegen und Europa vor einer fremden Religion und vor der freigesetzten Sexualität der Frauen retten will. Beide Seiten wünschen sich leidenschaftlich, dass das Patriarchat zurückkehrt und wieder Ordnung schafft.

Politische Radikale suchen neben der Vereinfachung vor allem Anerkennung. Sie wollen ihre männliche Ehre zurück und möchten in einem Großprojekt und in einer Mission gebraucht werden. Dagegen hilft der Entwurf einer Gesellschaft, in der möglichst viele Menschen über ihren Beitrag zu einer sinnvollen und ausreichend bezahlten *Arbeit* Anerkennung erfahren können, in der sie sich als gleichwertige *Rechtsubjekte* und *MarktteilnehmerInnen* anerkennen, und in der es ihnen möglich ist, als ganz besondere, nicht austauschbare Frauen und Männer in einer von ihnen selbst gewünschten *Liebesbeziehung* Anerkennung zu bekommen.

Literatur

Antonovsky, A. (1997): Salutogenese. Zur Entmystifizierung der Gesundheit. DGVZ, Tübingen.

Ben Jelloun, T. (2015): Der Islam, der uns Angst macht. Berlin-Verlag, Berlin.

Csikszententmihalyi, M. (2001): Lebe gut. Wie Sie das Beste aus Ihrem Leben machen können. dtv, München.

De Waal, F. (1991): Wilde Diplomaten. Versöhnung und Entspannungspolitik bei Affen und Menschen. Hanser, München.

Deckstein, D. / Feldenkirchen, M. / Großekathöfer, M. et al. (2013): Im Strafraum. In: Der Spiegel 18/2013. http://www.spiegel.de/spiegel/print/d-93419441.html [Zugriff: 17.6.2017].

Eberle, L. / Großekathöfer, M. (2015): Muskelspiele. In: Der Spiegel 31/2015, 25.7.2015. http://www.spiegel.de/spiegel/print/d-137324612.html [Zugriff: 17.6.2017].

Fisher, M. (2013): Kapitalistischer Realismus. VSA, Hamburg.

Haller, R. (2013): Die Narzissmusfalle. Ecowin, Salzburg.

Haller, R (2015): Die Macht der Kränkung. Ecowin, Salzburg.

Honneth, A. (1994): Kampf um Anerkennung. Zur moralischen Grammatik sozialer Konflikte. Suhrkamp, Frankfurt am Main.

Keysers, C. (2013):»Eine fast mystische Verbindung«. Interview, geführt von M. Dworschak. In: Der Spiegel 29/2013, 15.7.2013, S. 122–126. http://magazin.spiegel.de/EpubDelivery/spiegel/pdf/103361816 [Zugriff: 17.6.2017].

Klein, N. (2001/2015): No Logo. Der Kampf der global Players um Marktmacht. S. Fischer, Frankfurt am Main.

Ottomeyer, K. (2014): Ökonomische Zwänge und menschliche Beziehungen. Soziales Verhalten und Identität im Kapitalismus und Neoliberalismus. (Aktualisierte Ausgabe) LIT, Münster.

Ottomeyer, K. (2015): Arbeiten, Lieben, Kämpfen – Identität und Krise im Neoliberalismus. In: Systeme 2/15, Jg. 29, S. 101–124.

Schirrmacher, F. (2013): Ego – Das Spiel des Lebens. Karl Blessing, München.

Schoener, J. (2014): Die Gurus des Aufstiegs. In: Die Zeit, 28.5.2014. http://www.zeit.de/2014/23/bewerbung-ratgeber-juergen-hesse-christian-schrader/komplettansicht [Zugriff: 17.6.2017].

Schulz, T. (2017): Zuckerbergs Zweifel. In: Der Spiegel 14/2017, 1.4.2017, S. 12–21.

Schweitzer, J. / Bossmann, U. (2014): Freiheit, Gleichheit und Brüderlichkeit als überraschend aktuelle betriebliche Gesundheitsthemen im demographischen Wandel. In: Systeme 1/14, Jg. 28, S. 5–26.

Seidl, C. / Beutelmeyer, W. (1999/2006): Die Marke ICH. So entwickeln Sie Ihre persönliche Erfolgsstrategie. Überreuter, Frankfurt am Main.

Sennett, R. (2007): Handwerk. Berlin-Verlag, Berlin.

Sennett, R. (2012): Zusammenarbeit. Was unsere Gesellschaft zusammenhält. Hanser, Berlin.

Sie sind entlassen! Wie uns Computer und Roboter die Arbeit wegnehmen – und

welche Berufe morgen noch sicher sind. In: Der Spiegel 36/2016, 3.9.2016.
http://www.spiegel.de/spiegel/print/index-2016-36.html [Zugriff: 17.6.2017].

Stern, D. (2003): Die Lebenserfahrung des Säuglings. Klett-Cotta. Stuttgart.

Theweleit, K. (2015): Das Lachen der Täter: Breivik u. a. Psychogramm der Tö-
tungslust. Residenz-Verlag, St. Pölten / Salzburg / Wien.

Varoufakis, Y. (2015): Time for Change. Wie ich meiner Tochter die Wirtschaft
erkläre. Hanser, München.

Verhaeghe, P. (2013): Und ich? Identität in einer durchökonomisierten Gesellschaft. Kunstmann, München.

DANIEL HELL

Die Seele ist tot, es lebe die Seele

Einleitung – zum Sprachspiel des Begriffs »Seele«

Kaum ein Begriff hat das abendländische Menschenbild so geprägt wie »Seele«. Die Gedanken und Überlegungen, die sich philosophische Denker und religiöse Suchende zu verschiedenen Zeiten über die Seele gemacht haben, sind äußerst vielschichtig. Sie sind auch so vielseitig, dass sie nicht knapp zusammengefasst werden können. Doch kann versucht werden, einige wenige, zentrale Entwicklungslinien des Seelenbegriffs aufzuzeigen und darauf einzugehen, was zur Vermeidung des Seelenbegriffs in den modernen Wissenschaften und zu Ersatzbegriffen für ihn geführt hat. Dabei geht es mir auch darum aufzuzeigen, dass »Seele« nicht einfach durch andere Begriffe wie »Gehirn« und »Selbst« ersetzbar ist. »Seele« hat ein eigenes Sprachspiel und eine spezifische Bedeutung, so dass die modernen Ersatzbegriffe sie nicht einfangen oder ganz erfassen können.

Im zweiten Teil meiner Ausführungen möchte ich darauf eingehen, weshalb meines Erachtens der Symbolwert der Seele gerade auch für die spätmoderne Psychotherapie von großer Bedeutung ist und das Seelische in Psychiatrie und Psychotherapie nicht an den Rand gedrängt werden kann. Seelisches Erleben – was im Grunde ein Pleonasmus ist, weil alles Erleben seelisch ist – ist gerade auch dann von fundamentaler Bedeutung, wenn wir über Hightech-Instrumente verfügen, die ermöglichen, Hirnstrukturen und Hirnfunktionen zu studieren. Denn von bestimmten Hirnaktivitäten auf ein bestimmtes Fühlen oder Denken zu schließen, ist nur möglich, wenn zuvor das Erleben eines Menschen mit Hirnaktivitäten korreliert werden konnte. Einmal abgesehen davon, dass nur einfache Erlebensphänomene so studiert werden können, setzt die Interpretation der Hirnaktivitäten das voraus, was man erklären möchte: das primäre Erleben. Was ein Mensch erlebt, ist aber neben neurobiologischen Voraussetzungen stark von zwischenmenschlichen Beziehungen und biografischen Einflüssen abhängig. Umso wichtiger ist es, dem seelischen Erleben im »Zwischen von Ich und Du« nachzugehen.

Ein glaubhafter und verständiger Partner zu sein, ist besonders herausfordernd, wenn sich jemand schämt. Der Umgang mit Scham und Beschämung stellt eine Art Nagelprobe in der therapeutischen Arbeit dar. Er ist so wichtig, weil das Schamgefühl wesentlich zur Beziehungsgestaltung und zur Persönlichkeitsentwicklung beiträgt. Deshalb wähle ich auch in diesem Beitrag das schwierige Gefühl Scham als einen Ausdruck der Seele aus, das zu Unrecht als negatives Gefühl bezeichnet wird. Es trägt mit dazu bei, dass wir Jemand und nicht bloß Etwas, eine Sache, sind.

Manches kann ich angesichts der Fülle der Seelenthematik nur antippen und kurz erörtern. Ich bin mir aber sicher, dass Sie vieles, von dem ich sprechen werde, mit Beispielen aus Ihrer Praxis anreichern und illustrieren können.

Der Obertitel der diesjährigen IGT-Tagung »Seele und Geld« gibt mir Anlass, auf ein erstes Charakteristikum von Seele hinzuweisen: Seele und Geld stellen Gegensätze dar. Seele steht seit Urzeiten generell für Lebendigkeit und inneres Erleben. Geld – ein viel späteres Phänomen – kann zwar das Erleben eines Menschen beeinflussen, z. B. eine seelische Reaktion wie Angst, Neid oder Interesse hervorrufen. Geld kennzeichnet aber materiellen Besitz. Geld verweist selbst dann auf Materielles, wenn es nicht mehr als konkrete Gold- oder Silbermünze, sondern nur noch virtuell, z. B. über ein Bankkonto, gehandelt wird. Insofern ist Geld ein indexikalischer Hinweis auf eine Sache, während Seele ein Symbol für das Erleben einer Person ist.

Dieser Symbolcharakter der Seele kommt besonders schön in einem berühmten Satz von Heraklit zum Ausdruck: »Die Grenzen der Seele, soweit du auch gehst, wirst du nicht erreichen, ob du jegliche Straße abschrittest – so einen tiefen Sinn hat sie.« (Fragment 45) Hier werden räumliche Begriffe (wie »Grenzen«, »Straße«, »tief«) metaphorisch benutzt, um auf die seelische Erlebensdimension hinzuweisen. Es ist aber gerade nicht die Meinung von Heraklit, dass Seele räumlich (z. B. wie bei Descartes als Zirbeldrüse) fassbar ist.

Ein häufiges Missverständnis besteht darin, dass die Annahme einer Seele einen Substanzdualismus voraussetzt, wobei Substanz im modernen Sprachgebrauch unserer technisch-naturwissenschaftlich geprägten Welt als etwas materiell Fassbares verstanden wird und demnach Seele irgendwie mit empirischen Methoden nachweisbar sein muss (wie in den Untersuchungen, die beim Sterben eine Gewichtsdifferenz von einigen Gramm zwischen dem lebenden und dem toten Körper nachzuweisen suchten). Zwar wurde die Seele historisch immer wieder bildlich konkretisiert, z. B. als Herz oder als Taube. Diesen Vorstellungen lag aber nicht unser modernes biologisches Verständnis eines physiologischen Organs oder Lebewesens zugrunde. Auch kannten weder das alttestamentarische Judentum noch das frühe Christentum eine Aufspaltung von Körper und Seele, sondern verstanden beides als zusammengehörig, gleichsam als psychosomatisch oder holistisch. Sie gingen von einem leib-seelischen Zusammenhang aus. Ein Substanzdualismus von Seele und Körper kam vor allem mit dem Platonismus auf, der das spätere Christentum mit prägte.

These I

Der Gebrauch des Seelenbegriffs impliziert im Grunde nur, dass es mindestens zwei Zugänge zum Menschen und zur Welt gibt. Er setzt *keinen Substanzdualismus* im Sinne von »Körper und Seele« oder »Brain and Mind« voraus. Vielmehr verweist er darauf, dass ein Mensch neben der visuellen Wahrnehmung, die ein Ausmessen von Objekten erlaubt, mit anderen Sinnen auch spüren, fühlen und Anteil nehmen kann. Deshalb spricht man in der Philosophie auch von einem »*Aspekt- oder Eigenschaftsdualismus*«, was ein ganzheitliches Verständnis des Menschen mit körperlichen und seelischen Aspekten möglich macht.

Wenn wir von einem Menschen sagen, dass er eine »gute Seele« ist oder dass er »mit Leib und Seele« bei einer Sache ist, so meinen wir nicht, dass er ein gutes Gehirn hat, sondern dass er warmherzig, mitfühlend und engagiert ist. Es gilt eben zwischen einer Erlebensperspektive oder »Perspektive der ersten Person« und einer Beobachtungsperspektive oder »Perspektive der dritten Person« zu unterscheiden. Im unmittelbaren Erleben (aus der Perspektive der ersten Person) hat er einen privilegierten Zugang zu sich. Er erfährt sich gleichsam »aus erster Hand«. Wie er erlebt, sein Sosein (was philosophisch als Qualia bezeichnet wird), ist nicht objektivierbar. Gleichzeitig verfügt er aber auch über eine »beobachtende Außensicht« (oder Perspektive der dritten Person), mit der er Gegenstände, auch Organe, erfasst. Was er so wahrnimmt, ist überprüfbar, abbildbar und ausmessbar. Es ist auch zum Ausgangspunkt der evidenzbasierten Medizin geworden, wo nur gilt, was mehrere Menschen in gleicher Weise beobachten können.

Heute ist es bekanntlich möglich, durch bildgebende Verfahren nicht nur das Hirn strukturell abzubilden, sondern auch Aktivitäten verschiedener Hirnareale zu messen. Die dabei festgestellten elektrophysiologischen oder biochemischen Veränderungen bzw. deren Abbildung z. B. in einem funktionellen MRI kann aber mein Fühlen – etwa von Angst – nicht wiedergeben. Wer Angst nicht kennt, kann allein aus den veränderten Hirnaktivitäten keinen Schluss ziehen, wie sich Angst anfühlt. Was jemand erlebt, braucht andere Bilder, um auszusagen, wie es ihm geht – zum einen Sprachbilder wie der Vergleich mit einem Gefühl von Enge oder von zugeschnürter Kehle oder zum anderen künstlerische Darstellungen wie der Schrei von Munch. Diese Sprach- und Kunstbilder geben aber keine objektiven Verhältnisse wieder. Sie sind für die Naturwissenschaft nicht tauglich.

These 2

In der reinen Naturwissenschaft hat die Seele daher keinen Platz. Ihr methodischer Zugang beschränkt sich auf äußere Beobachtungen. In der Medizin und insbesondere in Psychiatrie und Psychotherapie ist die Situation insofern anders, als auch Einfühlung und zwischenmenschliche Begegnung von grundlegender Bedeutung sind. Hier bekommt die Erlebensdimension einen zentralen Stellenwert. Daraus folgt, dass man ein anderes Sprachspiel braucht, um von der Seele zu reden als wenn es darum geht, vom gegenständlichen Gehirn zu reden. Die Naturwissenschaft arbeitet mit Indices (z. B. Synapsen), die eine direkte, physisch hinweisende Beziehung zu einem Objekt haben. Der seelische Erlebensbereich kann nur mittels Symbolen (z. B. Metaphern) ausgedrückt werden.

These 3

Wenn aber in der Heilkunde das Seelische eliminiert wird (»Psychologie ohne Seele« [Friedrich Albert Lange]) oder das Seelische nur als Hirnbild vergegenständlicht wird, werden enorme Probleme geschaffen. So ist die hier sinngemäß wiedergegebene Feststellung von Karl Vogt aus dem 19. Jahrhundert »Die Seele verhält sich zum Gehirn wie der Urin zur Niere« ein Kategorienfehler und so nicht haltbar. Sehr prägnant hat der moderne Sprachphilosoph Wittgenstein dies auf den Punkt gebracht: »Meine Einstellung zu ihm ist eine Einstellung zur Seele, ich habe nicht die Einstellung, dass er eine Seele hat« (Philosophische Untersuchungen, Teil 2, Abschnitt 4).

Wenn früher Seelisches vor allem mit Atem, Herz oder Bauch – und nicht mit dem Gehirn – in Zusammenhang gebracht wurde, so wurden für die Charakterisierung der Seele Organe ausgewählt, die leiblich spürbar sind. Der Atem oder die Kehle als Ausdruck des Lebenshauchs, das Herz als Ausdruck von Wärme und pulsierender Bewegung, der Bauch mit dem Plexus solaris als Ausdruck des Spürens und Ahnens. Das Gehirn wurde traditionell als Seelenorgan nicht deshalb ausgespart, weil man seine Bedeutung unterschätzte, sondern weil das Gehirn nicht fühlbar und nicht spürbar ist. Selbst Antonio Damasio hat als moderner Neurowissenschaftler in seiner somatischen Markertheorie dem isolierten Gehirn die Fähigkeit zu fühlen abgesprochen. Es brauche sensorische Afferenzen aus Lunge, Herz, Bauch und Haut, um den Menschen wirklich fühlen zu lassen.

Von der Seele zum Gehirn und zum »Selbst« – ein kurzer geschichtlicher Rückblick

Die ältesten Seelenbilder, von denen wir Kenntnis haben, haben die Seele als meist geflügeltes Lebewesen oder als Hauch und Atem konkretisiert. So leitet sich das Wort »Seele« sowohl im Griechischen und Lateinischen als auch im Hebräischen und Sanskrit von »Hauch« oder »Atem« ab. Erst in der griechischen Antike wurde die Seele nach und nach von solchen Konkretisierungen gelöst und abstrakt beschrieben. Aber noch Platon gebrauchte immer Mythen und Bilder (wie dasjenige vom Wagengespann), um zu illustrieren, was er mit »Seele« in abstrahierender Theorie meint.

Platon prägte die Vorstellung einer immateriellen, unsterblichen Seele. Er schrieb: »Wenn das, was sich selber bewegt, nichts anderes als die Seele ist, folgt daraus notwendigerweise, dass die Seele weder etwas Geschaffenes noch etwas Sterbliches sein kann« (Phaidros, 245, 4c).

Sein großer Schüler Aristoteles verstand in einer gewissen Abgrenzung von Platon die Seele als eine Art Organisationsprinzip, mithin ein gestaltendes Prinzip bzw. eine Form. Sie war für ihn Teil der Natur und stellte eine übergeordnete Funktion der Organismen dar. Sowohl für Platon als auch für Aristoteles umfasste die Seele nicht nur das Gemüt, gleichsam die affektive Seite, sondern auch die körperlichen Triebe und den Verstand bzw. den Geist.

In der platonischen Philosophie hatte die Seele (insbesondere ihr höchster Teil: der Geist) Bezug zu den göttlichen Ideen. Sie war auf das Gute und Schöne gerichtet. Es galt, ihr Sorge zu tragen. Philosophie wurde als Therapie verstanden. Besonders von Plotin und dann im Mittelalter wurde der Beziehungsaspekt der Seele betont. Die Seele wurde als zwischenmenschliches Bindeglied verstanden, auch als Bindeglied zwischen dem Transzendenten und dem Körper (Seele als Resonanzboden).

In der Neuzeit ging die Seele als umfassendes Erleben von Körper, Gemüt und Geist verloren. Vor allem Descartes markiert im 17. Jahrhundert diesen beginnenden Seelenverlust, indem er dem

Geist als res cogitans die räumlich ausgedehnte Materie als res extensa entgegenstellte. Der damit einhergehende Verlust der Seele in der immer stärker technisch-wissenschaftlich geprägten Moderne hat mit zwei Entwicklungstendenzen zu tun, nämlich mit einer *Objektivierungstendenz*, welche die Perspektive der dritten Person (»die beobachtende Außensicht«) ins Zentrum stellt, und einer *Rationalisierungstendenz*, die das Seelische versachlicht und funktionalisiert.

Zur Objektivierungstendenz

Der Verlust des Seelischen führt in der Medizin zu einer immer stärkeren Fokussierung auf den Körper. So wurde ab dem 16. Jahrhundert durch anatomische Untersuchungen der Mensch zunächst als »Körpermensch« objektiviert. Im 19. Jahrhundert wurde zunehmend die Funktion der Organe erkannt und der Mensch mit seinen physiologischen Mechanismen als »Maschinenmensch« studiert. Im 20. Jahrhundert kam das Studium der Steuerung funktioneller Vorgänge durch Gene in der Molekularbiologie hinzu, wobei der Mensch oftmals zum »Computermensch« gemacht wurde.

Als Konsequenz dieser eindrücklichen technisch-wissenschaftlichen Entwicklung fand das Gehirn auch in der Psychiatrie immer größeres Interesse. In den letzten Jahrzehnten wurde die Psychiatrie zunehmend als angewandte Neurowissenschaft verstanden. Aus der ursprünglichen Seelenheilkunde, was *Psychiatrie* eigentlich meint, wurde teilweise eine *Encephaliatrie*, also eine Gehirnheilkunde.

Zur Rationalisierungstendenz

Neben der Fokussierung auf das Körperliche kam in der Moderne auch eine verstärkte Rationalisierungstendenz auf. Sie trug ebenfalls wesentlich zur Relativierung des seelischen Erlebens bei. So wurde in der Aufklärung das Verhältnis eines Menschen zu sich selbst betont (während früher die Beziehung eines Menschen zum Kosmos oder zu Gott im Vordergrund stand). Selbstverständnis und Selbstbewusstsein wurden in der aufklärerischen Philosophie auch deshalb sehr wichtig, weil das Verhältnis eines Menschen zu sich selber als Voraussetzung für Autonomie gesehen wurde. Nur wer Selbstbewusstheit hat, kann sich auch selber bestimmen. Der Begriff »Aufklärung« diente zunächst dem aufklärerischen Kampf für Demokratie und gegen autoritäre Herrschaftsformen. Dafür steht der bekannte Satz von Immanuel Kant: »Aufklärung ist der Ausgang des Menschen aus selbstverschuldeter Unmündigkeit« (in: Berlinische Monatsschrift, 1784, S. 481). Insbesondere die damaligen idealistischen Philosophen Deutschlands haben das »Selbst« als eine Art Selbstspiegelung verstanden. So ist nach Hegel das Selbst »das Bewusstsein, das auf sich selbst reflektiert« (Phänomenologie des Geistes). Dieses Selbstkonzept verbreitete sich vor allem im 20. Jahrhundert auch in der psychotherapeutischen Literatur. Der Begriff »Selbst« löste die Seele immer mehr ab.

Allerdings wurde das »Selbst« von den einzelnen therapeutischen Schulen recht unterschiedlich verstanden. So ist das Selbst z. B. bei C. G. Jung – im Anschluss an das östliche Verständnis von Atman – eine übergeordnete, umfassende Instanz, die weitgehend unabhängig vom Ich ist. Dieses Selbst kommt im Satz von Nietzsche zum Ausdruck: »Dein Selbst lacht über dein Ich und seine stolzen Sprünge« (Also sprach Zarathustra, Kapitel 15). Demgegenüber hat die psychoanalytische Schule Freuds das Selbst mehr und mehr als Struktur der Psyche mit Ich-Funktion verstanden, wobei es aber auch hier wesentliche Unterschiede (z. B. zwischen Kohut und Kernberg) gab und gibt.

Wenn wir auf das Sprachspiel von »Seele« und »Selbst« achten, wird deutlich, dass der Begriff »Selbst« tendenziell kognitive und geistige Wortassoziationen weckt (geistig, denkbar, kühl, mental, bewusst, reflektiert), während »Seele« tendenziell emotionale und leiblich spürbare Wortassoziationen hervorruft (lebendig, warm, herzlich, resonant, innig, geheimnisvoll). Auch die assoziierten Bilder zu »Selbst« (Kopf, Hirn, Ich im Spiegel) und zu »Seele« (Atem, Herz, Blut, Schmetterling, Musik etc.) sind unterschiedlich. Während also die Seele eher ein Symbol für das (Er-)Leben ist, so stellt das Selbst eher ein funktionelles Modell dar.

Die Übernahme des Selbstbegriffs hat auch Verhaltenstherapie und Psychoanalyse beeinflusst. Konnte die klassische Verhaltenstherapie die Seele (als Black-Box des Erlebens) nicht annehmen, so hat die kognitive Verhaltenstherapie mit einem Selbstkonzept keine Mühe. Der Selbstbegriff erleichterte auch der Psychoanalyse, die Trieborientierung durch Ausrichtung auf Objekt- und Selbstrepräsentationen zu ergänzen und störungsspezifischer zu arbeiten.

Probleme des Begriffs »Selbst«

Der Selbstbegriff ist nicht nur in der Psychotherapie ins Zentrum gerückt, sondern hat sich parallel dazu – und auch unter dem Einfluss psychotherapeutischer Schulen – in der Gesellschaft immer weiter verbreitet. Schlagwortartig lässt sich eine Entwicklung von der Selbstbehauptung (im 18. und 19. Jahrhundert) über die Selbstverwirklichung (im 20. Jahrhundert) zur Selbstoptimierung (heute) feststellen. Die große Bedeutung des Selbstbezugs macht den modernen Menschen psychisch auf neue Weise verletzlich. Anders als in der hierarchisch geregelten Sozialordnung mit patriarchalischen Zügen – in denen das »Du sollst«, das Über-Ich als verinnerlichte Autoritätsinstanz, eine große Rolle spielte –, wird in der heutigen Norm der Selbstverantwortung mehr auf das »Du kannst«, das Selbstideal Wert gelegt (»Yes, we can«). Dabei dürfte die Erwartung an sich selber (»Du kannst«) als ein noch stärkerer Antreiber wirken als das »Du sollst«. Sie wird deshalb auch von der neoliberalen Wirtschaft gefördert. Infolge dieser Entwicklung findet sich in der Psychodynamik moderner Menschen eine tendenzielle Verschiebung von Schuld- hin zu Schamgefühlen und besonders zu Kränkungen. Selbstwertprobleme haben die früheren Probleme der sozialen Unterordnung und der sexuellen Triebkontrolle teilweise abgelöst.

Zur Entwicklungspsychologie des »Selbst«

Die heutige Entwicklungsforschung geht davon aus, dass schon der Säugling ein Selbsterleben hat, das aber eher leiblich-coenästhetisch ist, also der »Innenperspektive« entspricht. Der Bezug zu sich selber und damit das Selbstbild entwickeln sich erst mit dem Selbstbewusstsein ab dem zweiten, dritten Lebensjahr. Es bedingt eine innere Differenzierung von Wahrnehmendem (Subjekt) und an sich selber Wahrgenommenem (Objekt). Das Kind sieht sich dann gleichsam von außen, was – so wird psychodynamisch meist geschlossen – eine Identifizierung mit dem Blick der Mutter oder anderer Bezugspersonen voraussetzt (Spiegelstadium). Ein Selbstbezug wäre aber nicht möglich, wenn es nur die »Außenperspektive« und nicht auch die »Innenperspektive« als primäre leib-seelische Empfindung gäbe. Die Entwicklung des »Selbst« setzt also gefühlte Lebendigkeit bzw. seelisches Selbsterleben voraus. Was in der Fachliteratur als Basis oder Kern des Selbst bezeichnet wird – Ur-Selbst (Spitz), existenzielles Selbst (Lewis), präreflexives Selbst (Emde), auftauchendes Selbst (Stern) – entspricht weitgehend dem Seelenbegriff. Auch die sogenannte intersubjektive Beziehung stellt im Grunde eine seelische Beziehung dar.

Das Seelische heute – zur Bedeutung des Seelischen am Beispiel des Schamgefühls

Im Folgenden möchte ich auf die Bedeutung der Seele für die therapeutische Beziehung am Beispiel des Schamgefühls konkreter eingehen. Scham ist – wie eingangs angedeutet – für die persönliche Entwicklung eines Menschen und für die Beziehungsgestaltung zwischen Menschen von kaum zu überschätzender Bedeutung. Scham regelt die Distanz, die Menschen zueinander einnehmen. Sie zeigt an, wenn ein Mensch in seiner Identität gefährdet und seine Würde in Gefahr ist. Sie nimmt im Seelenleben eine besonders wichtige Stelle ein.

Das Selbstgefühl der Scham trägt zur Selbstentwicklung bei. Denn die Abgrenzung von sich und anderen (von innen und außen) ist nicht nur ein kognitives Phänomen, sondern zeigt sich besonders deutlich im Schamerleben. Scham macht psychische Grenzen bewusst, während Schamlosigkeit z. B. in Manien oder

Schizophrenien diese Grenzen wieder aufhebt. Das Schamgefühl ist ein brennendes Gefühl. Es reicht von Pein bis Schreck, wobei leichtere Schamgefühle viel häufiger als schwere Schamgefühle vorkommen. Wie jedes Gefühl verändert auch Scham die Beziehung zu den Mitmenschen. Während Angst flüchten und Wut angreifen lässt, grenzt Scham ab. Wer sich schämt, möchte sich verbergen. Das Schamgefühl behält aber die Mitmenschen stets im »inneren Auge«, auch wenn sich jemand schamvoll verbirgt. Es lässt eventuell erröten und erheischt Schonung. Kein anderes Gefühl macht die Differenz zwischen sich und anderen, aber auch zwischen eigenen Idealvorstellungen und realen Fremd- oder Selbstbeurteilungen so unangenehm spürbar wie Scham. Das Schamgefühl alarmiert deshalb, dass die eigene Kohäsion oder Identität in Gefahr ist. Es gilt, sich zu schützen.

Das Schamgefühl ist dialektischer Natur. Es wirft einen Menschen einerseits auf sich selber zurück. Es stellt aber nicht nur das *Selbstgefühl* par excellence dar. Es ist vielmehr auch ein *Sozialgefühl*, das Nähe und Distanz zu den Mitmenschen regelt. Scham zu fühlen, macht Grenzen bewusst. Der Mensch erfährt sich in der Scham sowohl als Subjekt, das erlebt, als auch als Objekt, das gesehen wird (»Ich schäme mich meiner, wie ich Anderen erscheine« (Sartre, Das Sein und das Nichts, S. 406) – oder vor mir selbst).

Scham und narzisstische Kränkung

Was meines Erachtens viel zu wenig beachtet wird, ist der Unterschied zwischen Scham und Kränkung bzw. narzisstischem Gekränktsein. Auch in der wissenschaftlichen Schamliteratur wird eine solche Abgrenzung kaum betont. Wurmser, der sich sehr um die Berücksichtigung der Scham, die lange Zeit in der Psychotherapie vernachlässigt wurde, verdient gemacht hat, bringt die Scham sogar in die Nähe der narzisstischen Kränkung. Doch scheint mir die Abgrenzung dieser beiden Reaktionsweisen enorm wichtig, trägt doch Scham auch zur Überwindung von narzisstischer Kränkung bei.

Ohne hier ausführlicher auf die Schamentwicklung eingehen zu können, sei doch betont, dass das »Fremdeln« und später die narzisstische Kränkung des Kleinkindes der echten Scham vorausgehen bzw. Vorläufer der Scham darstellen. In der narzisstischen Position wird das »Selbst« meist noch als Einheit und als wenig abgegrenzt erlebt. Das Kind fühlt sich eins und anerkannt oder verloren und aberkannt. Deshalb machen kleine Kinder wohl besonders tiefgehende Kränkungen durch, wenn sie vorübergehend keine Aufmerksamkeit und Zuwendung erfahren. Sie sind für ihre Selbstbestätigung noch umfassend auf andere angewiesen.

Demgegenüber setzt das Schamgefühl einen weiteren differenzierenden Schritt in der Selbstentwicklung voraus. Um Scham zu erleben, muss sich das Kind noch deutlicher von anderen abgrenzen können. Es muss gewährleistet sein, dass ein Kind eine Enttäuschung an sich selber und nicht nur eine Enttäuschung an anderen erlebt. Konzeptuell wird dazu in der Regel die Entwicklung eines Selbstideals oder eines Selbstbildes vorausgesetzt. Das Kind schämt sich, wenn es eigenen Vorstellungen von sich nicht entsprechen kann. So schämt es sich zum Beispiel, wenn andere und es selbst erwarten, dass es einen Turm aus Bauklötzen aufbauen kann, ihm dies aber nicht gelingt.

Dieses frühe Schamgefühl macht im späteren Leben weitere Entwicklungsstadien durch – bis hin zur personalen Scham, bei der sich ein Mensch im Stillen vor sich selber schämt, weil er sich nicht so verhalten hat, wie es den eigenen Werten oder der eigenen Würde entspricht. Die verschiedenen Stadien der Selbstentwicklung, die hier nur angedeutet werden konnten, bewirken auch, dass Beschämungen im Leben ganz verschiedene Reaktionen auslösen können.

Sehr häufig bewirken Beschämungen *narzisstische Kränkungen*, auch weil sie einen Menschen tief verletzen können und Regressionen hervorrufen. Häufig reagieren Menschen auch mit Scham, vor allem wenn bei Bloßstellungen eigene Werte in Frage gestellt werden oder wenn sich jemand sekundär über seine vorausgehende narzisstische Reaktion schämt. Viel seltener tritt *stellvertretende Scham* auf, wenn sich jemand für eine andere Person, die auch der Beschämende sein kann, schämt.

Scham und Beschämung

In jedem Fall aber ist strikt zwischen Scham und Beschämung zu unterscheiden. Scham ist reflexiv und aktiv: »Ich schäme mich.« Beschämung ist sachlich und passiv: »Ich werde beschämt.« Im einen Fall bin ich auch Subjekt, im anderen nur Objekt. Das Gegenteil von Scham ist Schamlosigkeit, das Gegenteil von Beschämung ist Anerkennung. Scham ist ein Selbst- und Sozialgefühl, das auf die Gefährdung des Selbst hinweist (»Scham als Türhüter des Selbst« nach Wurmser und Hell 2013, S. 102). Beschämung ereignet sich auf der zwischenmenschlichen Ebene und stellt eine Kränkung oder Bloßstellung durch Dritte dar. Dabei kann als Komplikation auch eine verinnerlichte Beschämung auftreten, wenn sich jemand selbst beschämt.

Wer narzisstisch gekränkt ist, schämt sich nicht. Auch weil ihm das Schamgefühl fehlt, ist er versucht, die Beschämung aggressiv abzuwehren. Dann stellt sich häufig eine Beschämungs-Wut-Spirale ein – die eben keine Scham-Wut-Spirale ist, wie oft behauptet wird. Längerfristig kann sich Hass und Verbitterung breitmachen. (Im Schweizerdeutsch gibt es dafür das Wort »hässig«, was etymologisch mit verstecktem Hass in Verbindung steht.) Wer gekränkt ist, erbleicht manchmal. Er empfindet innere Leere und zugleich eine große innere Spannung.

Damit unterscheidet sich die narzisstische Kränkung auch phänomenologisch vom Schamgefühl. Man braucht sich – um den Unterschied deutlich zu machen – nur an ein eigenes Kränkungserlebnis zu erinnern und das dabei ausgelöste Kränkungsempfinden in einer zweiten Reminiszenz mit dem Schamgefühl zu vergleichen, das ausgelöst wurde, weil man sich eines eigenen Fehlers schämte. Während die narzisstische Kränkung ein ohnmächtiges »Ungefühl« der Erniedrigung und des Drangs nach Rache auslöst, fühle ich mich vom Schamgefühl intensiv ergriffen, unangenehm auf mich selbst geworfen und gleichzeitig in Verantwortung stehend. Ich empfinde keine Wut, sondern Bedauern. Das hat zur Folge, dass der Scham im Gegensatz zur bloßen Kränkungsreaktion ein emanzipatives Potential zukommt.

Die Tragik lebensgeschichtlich überhand nehmender Beschämungen liegt darin, dass sie es schwer machen, sich zu schämen. Sie sind entwicklungshemmend und behindern neue Kohäsions- bzw. Identitätsbildungen. Sie erhöhen zudem das Risiko von Selbstbeschämungen. Deshalb können Depressivität, Substanzabusus, Persönlichkeitsprobleme und weitere psychische Störungen die Folge sein. So konnte nachgewiesen werden, dass Belastungen, die durch Demütigungen oder Bloßstellungen hervorgerufen werden, viel häufiger zu depressiven Reaktionen führen als Belastungen, denen diese kränkende Komponente abgeht. Tritt Scham auf, ist die Depressionsprognose nach meiner Erfahrung günstiger, als wenn die Beschämung ausschließlich eine narzisstische Kränkung zur Folge hat.

Scham wird immer wichtiger. Gleichzeitig wird Scham kulturell – auch in der psychotherapeutischen Lehre – tendenziell abgelehnt. Im Gegensatz dazu nehmen Beschämungen in der Gesellschaft zu. Der amerikanische Wahlkampf als ein prägnantes Beispiel dafür dürfte hier nur die Spitze des Eisberges sein. Es ist wohl nicht ganz falsch, statt wie früher von einer Schuld- oder einer Schamkultur von einer Beschämungskultur zu sprechen. Dadurch wächst aber auch die Gefahr, dass narzisstische Kränkungen überhand nehmen. Das hat auch Folgen für die Psychotherapie. Diese sollte sich meines Erachtens der Schamthematik umso mehr annehmen, als die narzisstische Problematik nicht mehr zu übersehen ist. Scham ist aber der Gegenspieler eines überbordenden Narzissmus.

Zum Umgang mit Scham

Abschließend seien drei Punkte für den Umgang mit Scham summarisch hervorgehoben, die auch die Psychotherapie betreffen:

- In der zwischenmenschlichen Beziehung werden Distanz und Nähe weitgehend vom Schamgefühl beeinflusst (*Scham als Taktgefühl*).
- Gegenseitige, unwillentliche Beschämungen sind auch in Psychotherapien unvermeidlich. Entscheidend ist aber, wie damit

umgegangen werden kann (»*Widerstand (ist) ein falscher Name für Schuld und Scham*«, Helen Block Lewis).

- Die Abwehr von Scham ist weit verbreitet. Eine der häufigen Formen ist narzisstische Kränkung. Wenn das Gekränktsein als psychische Verletzung angenommen und das darin versteckte Schamgefühl therapeutisch bearbeitet werden kann, wird das Selbsterleben gestärkt (*Scham als Verarbeitungsprozess*). Es braucht deshalb neben aller fachlichen Kompetenz auch eine Art »Beschämungstoleranz« bzw. »Schamstärke« des Therapeuten bzw. der Therapeutin, um dem oft versteckten Schamerleben des Patienten mitfühlend und mit Fingerspitzengefühl gerecht zu werden und eigene und fremde Schamgefühle nicht abzuwehren.

Zusammenfassung

Weder reine Objektivierung noch reine Rationalisierung sind für die Psychotherapie ausreichend. Psychotherapie ist vor allem seelische Bezogenheit.

Der Seelenbegriff hat verschiedene Aspekte:

1. Er steht für das Phänomen des Erlebens, also für die Perspektive der ersten Person.
2. Er bezeichnet die Einmaligkeit und Kontinuität einer Person, aber auch ihre Unabgeschlossenheit. Er steht für Beziehungsfähigkeit.
3. Er widersetzt sich allem, was den Menschen zu einer Sache oder zu einem Zweck macht. Er charakterisiert den Menschen als nicht hintergehbar.
4. Er gibt dem Menschen Würde. Ausdruck dieser Würde ist nicht zuletzt die Scham. Beschämung ist würdelos. Anders das Schamgefühl. Es zeigt wie ein Sensor an, wenn die Werte und die Würde eines Menschen verletzt werden.

Literatur

Hegel, G. W. F. (2014): Phänomenologie des Geistes. Nachw. von L. B. Puntel. Reclam, Stuttgart.

Hell, D. (2013): Depression als Störung des Gleichgewichts. Wie eine personbezogene Depressionstherapie gelingen kann. Kohlhammer, Stuttgart.

Kant, I. (1784): Beantwortung der Frage: Was ist Aufklärung? In: Berlinische Monatsschrift. H. 12, S. 481–494.

Lange, F. A. (1974): Die Geschichte des Materialismus und Kritik seiner Bedeutung in der Gegenwart (2 Bde.; Nachdr. d. Erstausg. Berlin 1866). Suhrkamp, Frankfurt am Main.

Nietzsche, F. (1999): Also sprach Zarathustra I–IV. In: Sämtliche Werke. Kritische Studienausgabe in 15 Bänden (KSA). Hg. von G. Colli und M. Montinari. Bd. 4. Kapitel 15. dtv., München. S. 40.

Platon (2012): Phaidros oder Vom Schönen. Übertr. und eingel. von K. Hildebrandt. Reclam, Stuttgart.

Sartre, J. P. (2014): Das Sein und das Nichts. Rowohlt, Reinbek bei Hamburg.

Wittgenstein, L.: Philosophische Untersuchungen. 7. Aufl. Suhrkamp, Frankfurt am Main 2015.

Traugott Roser

Spiritual Care: psychische, ethische und ökonomische Aspekte spiritueller Begleitung

Mein Beitrag zur diesjährigen Herbsttagung der Internationalen Gesellschaft für Tiefenpsychologie geht das Tagungsthema »Seele und Geld« aus der Perspektive einer Entwicklung an, die unter dem Kunstwort »Spiritual Care« auch im deutschen Gesundheitswesen für Diskussion sorgt. Ich werde einiges zur Entwicklung des Konzepts sagen, Begrifflichkeiten klären und den besonderen Beitrag meiner eigenen Berufsgruppe der konfessionellen Seelsorge darstellen.[1]

1. Vom »Glücksfall« zur Herausforderung

In einem Beitrag hat der evangelische Theologe und Sozialethiker Ralph Charbonnier, derzeit Leiter des Referats für Sozial- und Gesellschaftspolitische Fragen der Evangelischen Kirche in Deutschland (EKD), die Palliativmedizin und -pflege als »Glücksfall für die Seelsorge« (Charbonnier 2010, S. 174) bezeichnet. Die »anthropologischen sowie individual- und organisationsethischen Grundlagen der Palliativversorgung sind gegenüber biblischer und protestantischer Anthropologie und Ethik ohne Abstriche anschlussfähig« (Charbonnier 2010, S. 174). Charbonnier weist mit Recht darauf hin, dass die zu Palliative-Care-Konzepten wesentlich gehörende Orientierung am einzelnen Menschen – der Patientin, dem Patienten und den An- und Zugehörigen – der Subjektzentrierung entspricht, die in der Seelsorgebewegung im Anschluss an Carl R. Rogers seit nunmehr fünf Jahrzehnten maßgeblich ist. Theologische Begründungen eines durch Sorge/Care bestimmten Ansatzes von Begleitung und Betreuung Schwerkranker, Sterbender und Trauernder – es sei zum Beispiel an den Ansatz einer Compassion von Johann Baptist Metz erinnert[2] – beschränken ihre Bemühungen um einen kranken Menschen nicht auf somatische Versorgung, sondern kümmern sich um die mit einer Krankheits- oder Leidsituation verbundenen Belastungen in allen Seinsdimensionen unter Einbeziehung der (fast immer vorhandenen) Ressourcen. Allerdings kann nicht gut behauptet werden, dass Seelsorge dem Sorge-Konzept von Palliative Care und Hospizbegleitung auf ganzer Linien voraus gewesen sei. Vielmehr ist festzuhalten, dass erst dank der Entwicklungen aus der (weitgehend ehrenamtlich profilierten) Hospizbewegung und der Professionalisierung der Palliative Care dem Thema Spiritualität im Gesundheitswesen die Aufmerksamkeit zuteilwurde, die sie heute hat.

Diese Entwicklung verdankt sich den Gründungsfiguren der Bewegung, in Europa vor allem Cicely Saunders, die immer wieder darauf hinwies,

»[d]ass es bei Palliative Care auch immer um die spirituellen Bedürfnisse der Patienten und ihrer Familien geht. Dies beruht auf einem Verständnis von Personsein, welches davon ausgeht, dass der Mensch eine unteilbare Einheit ist: Er ist sowohl ein körperliches als auch ein geistiges Wesen: ›Die einzig angemessene Haltung gegenüber einer Person ist der Respekt; das heisst [sic!] auch, jede einzelne Person im Kontext ihrer Kultur und ihrer Beziehungen wahrzunehmen und so jeder Person ihren individuellen Wert zuzubilligen. […] Diejenigen, die in Palliative Care tätig sind, sollten begreifen, dass auch sie selbst aufgefordert sind, all diese Dimensionen des Lebens und Fragens wahrzunehmen«« (Saunders 2009, S. 64).

Cicely Saunders hat auf Basis langjähriger Gespräche mit und Begleitungen von schwerkranken Patientinnen und Patienten das grundlegende Verständnis von Schmerz beschrieben, das den ganzheitlich orientierten Ansatz von Palliative Care bis heute prägt. Ganzheitlichkeit ist dabei nicht als idealistischer Begriff verstanden, der Erreichbarkeit eines idealen Zustands suggeriert, sondern als Beschreibung einer alle Bereiche des Menschseins erfassenden Erfahrung umfassenden Leids (»total pain«).[3] Den verschiedenen Dimensionen von Schmerz muss auch jegliche Behandlung oder Versorgung gerecht werden, wie Saunders betont:

»Schmerz hat nicht nur eine körperliche oder soziale Dimension, sondern auch eine tief emotionale. Mentaler Schmerz ist wohl der schwierigste von allen. [...] Deshalb braucht es mehr als Medikamente jemanden, der zuhören kann. Sicherlich ist eine Kombination von beidem hilfreich, um Erleichterung zu schaffen und es Patientinnen und Patienten zu ermöglichen, Probleme anzugehen, die ihnen vorher unlösbar schienen. Eine Behandlung muss sorgfältig evaluiert und kontrolliert werden, und es darf dabei nicht darum gehen, den Geist zu manipulieren, sondern einzig darum, dem Geist mehr Freiheit und Kraft zu geben, damit er die Realität anerkennen kann. Sakramente, die Gottes Vergebung zusprechen, können Frieden bringen. Und die Akzeptanz jener, welche die Patientinnen und Patienten umgeben, bestätigt dies ohne Worte« (Saunders 2009, S. 43).

Die Behandlung nur eines Aspekts von Schmerz führe nicht nur nicht zu dessen Linderung, sondern unter Umständen zu einer Erhöhung der Belastung durch andere Komponenten. Wenn Medikamente beispielsweise körperliche Symptome mindern, können existenzielle, soziale oder spirituelle Aspekte deutlicher zu Bewusstsein, gleichsam »an die Oberfläche« kommen. Zum umfassenden Schmerz gehört möglicherweise das Bedürfnis, in der konkreten Leidenssituation Sinn zu finden oder einen verlässlichen Halt, dem man vertrauen kann. Die Erfahrung, dass es einen solchen nicht gibt, beispielsweise, weil religiöse Gewissheiten nicht oder nicht mehr bestehen, kann als absolutes Leid erlebt werden.

Deshalb bedarf es einer Behandlung, die über den Einsatz von Schmerzmedikation hinausgeht und als komplexes System von Begleitung, Versorgung und Behandlung konzipiert ist. Die eigentliche Neuerung von Palliative Care besteht in einem auf individuelle Bedürfnisse abgestimmten multiprofessionellen Ansatz, bei dem für jeden Bereich eine Berufsgruppe verantwortlich ist. Im Team von ärztlichen und pflegerischen Kräften, Psychologinnen, Sozialarbeitern, weiteren Therapeutinnen und -therapeuten (Physio- und Ergotherapie, Kunst-, Musiktherapie) sowie Seelsorgenden hat jede und jeder einen jeweils eigenen Zuständigkeitsbereich, ohne den Blick für das Ganze zu verlieren. Die aktuell gültige WHO-Definition von Palliative Care hat den ganzheitlichen Ansatz präzisiert und mit dem Betreuungsziel »Wohlbefinden« versehen – um einen gleich noch zu klärenden Begriff zu verwenden. Wohlbefinden umfasst physische, psychische, soziale und spirituelle Aspekte. Spiritualität hat sich in Palliative Care zu einer der vier tragenden Säulen entwickelt:

Palliative Care ist ein »Ansatz zur Verbesserung der Lebensqualität von Patienten und ihren Familien, die mit Problemen konfrontiert sind, welche mit einer lebensbedrohlichen Erkrankung einhergehen. Dies geschieht durch Vorbeugen und Lindern von Leiden durch frühzeitige Erkennung, sorgfältige Einschätzung und Behandlung von Schmerzen sowie anderen Problemen körperlicher, psychosozialer und spiritueller Art« (WHO 2002).

Zur Definition von Palliative Care gehören u. a. folgende Konkretionen:
»Palliativmedizin:
- ermöglicht Linderung von Schmerzen und anderen belastenden Symptomen
- bejaht das Leben und erkennt Sterben als normalen Prozess an
- beabsichtigt weder die Beschleunigung noch Verzögerung des Todes
- integriert psychologische und spirituelle Aspekte der Betreuung
- bietet Unterstützung, um Patienten zu helfen, ihr Leben so aktiv wie möglich bis zum Tod zu gestalten
- bietet Angehörigen Unterstützung während der Erkrankung des Patienten und in der Trauerzeit

- beruht auf einem Teamansatz, um den Bedürfnissen der Patienten und ihrer Familien zu begegnen, auch durch Beratung in der Trauerzeit, falls notwendig
- fördert Lebensqualität und kann möglicherweise auch den Verlauf der Erkrankung positiv beeinflussen
- kommt frühzeitig im Krankheitsverlauf zur Anwendung, auch in Verbindung mit anderen Therapien, die eine Lebensverlängerung zum Ziel haben, wie z. B. Chemotherapie oder Bestrahlung, und schließt Untersuchungen ein, die notwendig sind, um belastende Komplikationen besser zu verstehen und zu behandeln.«[4]

Der interprofessionelle Ansatz bringt allerdings auch Herausforderungen mit sich, insbesondere eine Klärung von Zuständigkeiten und Hierarchien. Die Schweizer Palliativinitiative *palliative.ch* hat für die Komplexität ein Schaubild entwickelt, das die Gefahr von Unklarheiten und Überschneidungen in allen vier Bereichen – physisch, psychisch, sozial und spirituell – anschaulich visualisiert, die nicht nur, aber vor allem für den Patienten, die Patientin verwirrend sein können (*palliative.ch*, Schweizerische Gesellschaft für Palliative Medizin, Pflege und Begleitung 2012; das Schaubild ist im Internet einsehbar).

Dieser Bedeutungsgewinn des Bereichs Spiritualität in der Palliativversorgung, der Spiritual Care, bringt es mit sich, dass spirituelle Begleitung und Versorgung nicht mehr länger nur Sache der Seelsorge sind, sondern auch andere Disziplinen mit ihren je spezifischen Methoden, z. T. auch über eine Palliativversorgung hinaus, sich des Themas annehmen. Spiritual Care bezeichnet in diesem Sinne die »Organisation gemeinsamer Sorge um die individuelle Teilnahme und Teilhabe an einem als sinnvoll erfahrenen Leben im umfassenden Verständnis« (Roser 2017, S. 15). Dafür seien zwei Beispiele genannt:
1. 2015 wurde – für den Bereich Onkologie – die sogenannte »S3-Leitlinie Palliativmedizin« durch die Arbeitsgemeinschaft der Wissenschaftlichen Medizinischen Fachgesellschaften, die

Deutsche Krebsgesellschaft und die Deutsche Krebshilfe veröffentlicht. Diese Leitlinien stellen verlässliche Indikatoren für Struktur-, Prozess- und Ergebnisqualität von Versorgung in der Palliativmedizin dar und sind der maßgebliche Kriterienkatalog für eine kunstgerechte Betreuung Krebskranker. Spirituelle Begleitung spielt in diesem streng medizinisch orientierten Programm durchaus eine Rolle, zum Beispiel wenn es heißt, dass spirituelle Bedürfnisse kranker Menschen proaktiv angesprochen werden sollen, auch wenn eine Patientin oder ein Patient sie nicht von sich aus thematisiert. Es gibt ausreichend Evidenz, dass bei zahlreichen Symptomen einer schweren Erkrankung spirituelle und religiöse Faktoren Bedeutung haben. Entsprechend bedarf es bei der Anamnese von Schmerzsymptomen eines Screenings, das auch spirituelle Aspekte anspricht. Ähnlich lauten die Bestimmungen bei Depression und – überraschenderweise – auch beim Symptomkomplex Obstipation (Verstopfung), in dem auf subjektive Empfindungen von rein/ unrein im Zusammenhang mit religiösen Vorstellungen und Reinheitsvorschriften zu achten ist. Im Kapitel »Sterbephase« sind die Handlungs- und Begleitungsmöglichkeiten durch kirchliche Seelsorgeangebote fest verankert, etwa das Angebot von seelsorglichen Gesprächen und religiösen Ritualen. Die »Konsensbasierte Schlüsselempfehlung« lautet: »Nach dem Tod soll den Angehörigen ein Abschied vom Verstorbenen entsprechend ihren Bedürfnissen und Ressourcen, den kulturellen Gepflogenheiten und religiösen Pflichten ermöglicht werden« (Leitlinienprogramm Onkologie 2015, S. 169). Der Spiritual Care kommt ein begründeter Anteil in der umfassenden Versorgung zu; die Zuständigkeit für spirituelle Fragen muss aber interprofessionell geregelt sein.

2. In der World Psychiatric Association (WPA) wurde Anfang des Jahrzehnts bereits gefordert, den Gesundheitsbegriff um den Begriff der Spiritualität zu erweitern (Seyringer et al. 2007). Eine Arbeitsgruppe hatte 2010 in einem Positionspapier formuliert, dass spirituelles Wohlbefinden ein wichtiger Aspekt von

Gesundheit sei, religiöse und spirituelle Glaubensvorstellungen nachweislich Auswirkungen auf das gesundheitliche Befinden hätten und deshalb ein sorgsamer Umgang mit religiösen und spirituellen Einstellungen von Patientinnen und Patienten von Psychiaterinnen und Psychiatern zu verlangen sei. Psychiatrie könne in einer multireligiösen und multikulturellen Welt nicht länger an einer Pathologisierung religiöser und spiritueller Auffassungen festhalten, sondern müsse einsehen, dass belastete Patientinnen und Patienten Krankheitssymptome auch religiös deuten bzw. die Entscheidung für bestimmte Behandlungsstrategien auch von einer Übereinstimmung mit ihrem religiösen Weltbild abhängig machen. Unabhängig von der eigenen Einstellung oder ihrer eigenen religiösen Zugehörigkeit sollen Psychiaterinnen und Psychiater sensibel mit spirituellen und religiösen Einstellungen ihrer Klientel umgehen und, wo immer möglich, mit Seelsorgenden zum Wohl der Patientinnen und Patienten zusammenarbeiten (Verhagen/Cook 2010).

Die WHO hat erstmals in der Bangkok Charta für Gesundheitsförderung in einer globalisierten Welt 2005 explizit Spiritualität im Zusammenhang von Wohlbefinden und Lebensqualität genannt: »Health promotion is based on this critical human right and offers a positive and inclusive concept of health as a determinant of the quality of life and encompassing mental and spiritual well-being« (WHO 2005).[5] Die Begriffsbedeutung ist hier noch einigermaßen unklar und bedarf einer Klärung. Die Bangkok Charta stellt aber den Höhepunkt einer Entwicklung dar, die der Schweizer Theologe Simon Peng-Keller kürzlich als »stille Revolution« bezeichnet hat, die Mitte der 1980er Jahre ihren Ausgangspunkt genommen hat.[6]

Nötige Begriffsklärungen

Wohlbefinden / well-being

Der englische Begriff »well-being«, wie er in WHO-Dokumenten verwendet wird, meint keineswegs »wellness« im Sinne passiver Wohlfühlangebote. Theologisch empfiehlt sich eher ein Bezug zum semantischen Feld des hebräischen Schalom, das sich nicht in einem einzelnen Begriff (auch nicht als Ganzheit) abbilden lässt. Es geht um eine Verhältnisbestimmung von Sein zu politischen, rechtlichen, kultischen, sozialen und kreatürlichen Kontexten. Ein theologisch qualifiziertes Verständnis von well-being kann dann mit Recht darauf hinweisen, dass Schalom nicht menschlich, auch nicht therapeutisch machbar ist, sondern – als Gottesgabe – letztlich unverfügbar bleibt. Auf Schalom kann man aber mit Recht hoffen, gerade dann, wenn es an Wohlergehen fehlt.

Mehr noch: Es ist eine Aufgabe des Gesundheitswesens, Bedingungen zu schaffen, die Wohlergehen möglich machen – und Bedingungen zu reduzieren, die einem Wohlergehen entgegenstehen. Dazu gehört ein intensives Bemühen darum, die Effekte von Symptomlast und medizinischen (Be-)Handlungsoptionen auf das subjektive Empfinden zu verstehen. In den letzten Jahrzehnten hat dieses Bemühen vor allem in der medizinischen, pflegewissenschaftlichen und psychologischen Forschung seinen Niederschlag gefunden. Wer die entsprechenden Datenbanken im Internet befragt, findet zu den Begriffen Spiritualität und Religiosität eine seit Jahren zunehmende Anzahl von Publikationen in angesehenen, meist englischsprachigen Fachjournalen, in der Regel basierend auf empirischen Untersuchungen. Pro Jahr werden wohl knapp sechstausend Beiträge dieser Art veröffentlicht.[7]

Ein Großteil dieser Untersuchungen befasst sich damit, wie spirituelle Bedürfnisse, Ressourcen oder Unterstützung mit Gesundheitsaspekten physischer und psychischer Art (z. B. Krankheitsbewältigung, Angst, Hoffnung, Depression, Lebensqualität etc.) korrelieren. Harold Koenig gibt sechs Themenbereiche an, die in diesem Sinne gute und durch Studien belegbare Gründe liefern:

»1. Viele Patienten möchten, dass sich Gesundheitsfachleute ihres religiösen oder spirituellen Hintergrundes bewusst sind. 2. Unter den Patienten sind religiöse Überzeugungen häufig und diese helfen ihnen, ihre Krankheitssituation zu bewältigen. 3. Hospitalisierte Patienten sind oft von ihren religiösen Gemeinschaften isoliert. Alternative Möglichkeiten, die spirituellen Bedürfnisse zu erfüllen, sollten zur Verfügung gestellt werden. 4. Religiöse Überzeugungen können medizinische Entscheidungen beeinflussen, manchmal die medizinische Betreuung stören und das Verhältnis zwischen Gesundheitsfachperson und Patient (Compliance) beeinflussen. 5. Religiöse Überzeugungen und die religiöse Praxis wirken sich oft auf die eine oder andere Weise auf psychische und körperliche Gesundheitsergebnisse aus. 6. Der Einbezug der Religion kann die Art der Unterstützung und Pflege beeinflussen, die Patienten in der Wohngemeinde erhalten. Diese sechs Gründe unterstreichen den Bedarf an Ausbildung für Gesundheitsfachleute in diesem Bereich.« (Koenig 2012, S. 16).

Im Jahr 2017, zu Beginn des Reformationsjubiläums, lohnt sich vielleicht der Hinweis darauf, dass die Untersuchung eines Zusammenhangs von spiritualitätsbezogener Behandlung und psychischem Wohlbefinden nichts Neues ist, wenn es um eine Verbesserung der Behandlungspraxis geht. Martin Luther nutzt einen Fallbericht aus eigener Erfahrung, um anderen Menschen Behandlungsstrategien nahezulegen. An die Schwester eines der Mitbewohner seines Haushalts, Barbara Lißkirchen in Freiburg, schreibt Luther um 1530, als er hört, dass sie an einer schweren Depression leidet: »Ich kenne die Krankheit wohl und hab bis auf den ewigen Tod in dem Spital gelegen. [...] Ich will euch anzeigen, wie mir Gott davon geholfen und mit welcher Kunst ich auch noch täglich mich dagegen erhalte.«[8] Er empfiehlt ihr Musiktherapie durch die in der Reformation aufkommenden Psalmenlieder, Vertonungen und Umdichtungen der alttestamentlichen Psalmen (wie »Ein feste Burg«), weil dadurch die bestehenden Sorgen nicht kleingeredet, sondern ernst genommen und als krankmachend diagnostiziert werden. Außerdem wird auf diese Weise Bindung an einen Gott vermittelt, der sich als »Ich bin da« zu erkennen gibt, und Christus angerufen als derjenige, der stellvertretend für den einzelnen Menschen kämpft. Letzteres kann gewertet werden als eine symbolische Übertragung von Kontrolle oder als Aktivierung eines Bindungssystems.

Andere Untersuchungen fragen nach Kosten/Nutzen-Aspekten für das Gesundheitswesen oder für Kliniken. Einiges Aufsehen erregt haben Untersuchungen des Forschungsteams um Tracy Balboni, das nachweisen konnte, dass die Ermöglichung spiritueller Begleitung durch das Behandlungsteam und/oder Seelsorge sich deutlich auf die Behandlung von Patientinnen und Patienten am Lebensende auswirkt: 343 Patienten mit fortgeschrittener Krebserkrankung wurden zu ihrer Religiosität befragt sowie zu ihrer Zufriedenheit mit den Angeboten spiritueller Begleitung. Anhand einer Auswertung der Patientenakten nach ihrem Tod zeigte sich, dass Patienten, die eine spirituelle Begleitung bejaht hatten, in höherem Ausmaß palliativ betreut wurden (p = .003). Patienten mit hohem religiösem Coping, also einer Krankheitsbewältigung unter starkem Rückgriff auf religiöse Ressourcen, Vorstellungen und Praktiken, sowie intensiver spiritueller Begleitung erhielten am Lebensende weniger aggressive medizinische Maßnahmen. Vom Team oder von der Seelsorge spirituell begleitete Patienten wiesen am Lebensende eine höhere Lebensqualität auf. Patienten mit wenig spiritueller Begleitung dagegen mussten häufiger einer intensivmedizinischen Behandlung zugeführt werden, was zur Folge hatte, dass deren Behandlungskosten in etwa doppelt waren (Balboni et al. 2009).

Spiritualität

Spiritualität ist damit inzwischen in weiten Teilen des Gesundheitswesens als wichtiger Faktor für das Befinden von Patientinnen und Patienten anerkannt. Dies setzt – nicht immer explizit, sondern stillschweigend – voraus, was der US-amerikanische Psychotherapeut Kenneth L. Pargament folgendermaßen auf den Punkt gebracht hat (wobei Pargament auf langjährige Forschung verweisen kann): »Every person is a spiritual being as well as a physical, social, and psychological entity« (zitiert in: VandeCreek 2010, S. 2). Der Spiritualitätsbegriff ist freilich vielschichtig und – je nach Wissenschaftshintergrund – durch unterschiedliche Parameter bestimmt. Religionssoziologische und religionsphänomenologische Untersuchungen widmen sich dem Thema Spiritualität im Kontext der Wortfelder Religion, Religiosität, Glaube und (traditioneller) Frömmigkeit. Ein Beispiel aus der Schweiz ist die breite Untersuchung von Typen religiöser Zugehörigkeit anhand der Hauptparameter »institutionelle Religiosität« und »alternative Spiritualität« von Stolz und Könemann (2014). Das Forscherteam hat dabei die Schweizer Bevölkerung grob in vier Typen des (Un-) Glaubens eingeteilt: institutionell, alternativ, distanziert und säkular. Zum besseren Verständnis stellen Stolz und Könemann unterschiedliche Repräsentantinnen und Repräsentanten vor, z. B.:

- Mima: 50 J., Witwe, römisch-kath. aufgewachsen, nach mehreren Todesfällen in der Familie wird sie zornig auf Gott, Schicksal und die Kirche (distanziert),
- Barnabé: 58 J., verheiratet mit Kindern, Bauer, »entschiedener Christ« seit einem Bekehrungserlebnis, gehört zu einer Freikirche (institutionell),
- Julie, 24 J., Studentin, römisch-kath. aufgewachsen, durchlief eine »atheistische Periode«, wendet sich buddhistischer Meditation und esoterischen Praktiken zu, nach dem Tod des Vaters wendet sie sich der christlichen Orthodoxie zu (alternativ).

Es scheint der Individualisierung und Personalisierung zu bedürfen, um eine bestimmte Spiritualität zu entwickeln.

Streib und Keller (2015) haben die Bedeutung von Spiritualität in Deutschland erforscht, indem sie eine Kombination quantitativer und qualitativer empirischer Untersuchungen mit Fallstudien vorgenommen und diese in theologische und soziologische Diskurse zum Verständnis von Religion – von Schleiermacher über Troeltsch und Tillich bis zu Schütz und Luckmann – eingeordnet haben. Sie kommen zum Schluss:

»›Spiritualität‹ ist offenkundig eine attraktive Selbstbezeichnung sowohl für Menschen innerhalb, als auch außerhalb der Grenzen der Kirchen und Religionsgemeinschaften (nicht nur der christlichen). Und bei einem Viertel (Ost) bzw. einem Drittel (West) der AtheistInnen in Deutschland scheint ›Spiritualität‹ als Selbstbezeichnung gegenüber ›Religion‹ präferiert zu werden« (Streib/Keller 2015, S. 24).

Die These Streibs und Kellers ist, dass »gegenwärtige ›Spiritualität‹ […] ›Religion‹ [ist], die durch Erfahrungsorientierung und Privatisierung als spezifische Differenz gekennzeichnet ist und somit der Mystik entspricht«, wie sie bereits Troeltsch als »Drängen auf Unmittelbarkeit, Innerlichkeit und Gegenwärtigkeit des religiösen Erlebnisses« (Streib/Keller 2015, S. 32)[9] bestimmt habe.

Den Untersuchungen ist gemeinsam, dass sie zwar Aspekte und Dimensionen von Spiritualität generalisieren können, es aber letztendlich auf eine je individuelle Ausprägung ankommt, die in einer Begleitungssituation auch jeweils zu erkunden ist, sofern das Gegenüber dies zulässt und die Begleitperson entsprechend methodisch geschult ist. Zu den generalisierbaren Hauptmerkmalen gehören als wichtigste: Sinnsuche als Suche nach einem Sinn und einem Ziel im Leben, Selbsttranszendenz, eine Verbindung mit dem inneren Selbst, Glaube an sich selbst, Erfahrung von innerem Frieden sowie Sozialität als Erfahrung von Gemeinschaft mit sich selbst, mit der Natur oder der Umwelt, mit Gott oder dem Universum, mit anderen (Vachon et al. 2009).

Individuelle Spiritualität besteht in der Gegenwart häufig aus einem Patchwork verschiedener kultureller, ethnischer und religiöser Einflüsse, die im Lauf einer Biografie an Bedeutung gewinnen und sie wieder verlieren. Es entwickelt sich eine je einzigartige Ausprägung von Spiritualität, die in Lebenskrisen herausgefordert ist. Sie ist Gegenstand von Spiritual care. Sowohl in der seelsorglichen wie in einer für Spiritualität offenen psychotherapeutischen Begleitung kommt es zu einer Bestimmung der individuellen Spiritualität des Gegenübers durch Bewusstwerdung und Bewusstmachung.

Die Klärung ereignet sich dabei vor allem beim Patienten, bei der Patientin, und ihm oder ihr zum Guten! Um es einfacher zu sagen: Spiritualität ist, was der Patient, die Patientin dafür hält. Oder, Michel Foucault aufgreifend: Spiritualität ist das, was sich präzise auf den Zugang des Subjektes zu einer Seinsweise und zu Transformationen bezieht, die das Subjekt selbst vollziehen muss, um diese Seinsweise zu erreichen.[10]

Weil sich immer wieder Missverständnisse ergeben, wenn der Begriff Spiritualität ins Gespräch gebracht wird, ist es dennoch sinnvoll, mit einer Art Arbeitsdefinition umzugehen, die Offenheit im Umgang mit Patienten und Patientinnen zulässt und interreligiös kompatibel ist, und so haben sich im Gesundheitswesen entsprechende Arbeits- und Konsensusdefinitionen durchgesetzt. Das jüngste Beispiel dafür ist die Definition, die in der Charta der Weltreligionen für Palliative Care für Kinder (veröffentlicht in Rom 2015) verwendet wird und die auf US-amerikanischen und europäischen Konsensusdefinitionen beruht:

>»Spiritualität ist ein dynamischer und intrinsischer Aspekt des Menschlichen, durch den Personen letzten Sinn, Bedeutung und Transzendenz suchen und Verbindung zum Selbst, Familie, anderen, Gemeinschaft, Gesellschaft, Natur und zum Signifikanten oder Heiligen erfahren. Spiritualität findet Ausdruck in Glaubensvorstellungen, Wertvorstellungen, Traditionen und Praktiken. Sie ist eine universale Domäne.«[11]

Die Definition, die bei einer im Frühjahr 2017 in Rom stattgefundenen Konferenz für eine Charta der Weltreligionen für Palliative Care für ältere Menschen aufgegriffen wurde, setzt das Projekt fort, das sich der Zusammenarbeit nicht nur unterschiedlicher Religionen und Weltanschauungsgruppierungen, sondern auch der Kooperation zwischen unterschiedlichen Gesundheitsberufen – maßgeblich der Pflege, der Medizin, der Psychologie und der Seelsorge – verdankt. Das Projekt ist nur möglich, weil sich alle gemeinsam um eine koordinierte Sorge für den einzelnen Menschen – ob Kranker oder An- und Zugehöriger – bemühen. Dies ist nach meiner Definition das Anliegen von Spiritual Care als Organisation gemeinsamer Sorge (Roser 2017, S. 15).[12]

2. Spiritual Care als ein Impuls für eine ethische Organisationsentwicklung

Spiritual Care ist ein Organisationsbegriff. Das vom gemeinsamen Anliegen der Zuwendung zum einzelnen Menschen getragene Projekt einer Konsensusdefinition stellt einen eminent ethisch orientierten Beitrag zum Gesundheitswesen dar. Es ist um die Wahrung von Patientenrechten, um Teilhabegerechtigkeit und Inklusion bemüht. Niemand soll aufgrund seines Glaubens, aufgrund eines Persönlichkeitsmerkmals oder aufgrund der Zugehörigkeit zu einer ethnischen oder religiösen Minderheit von Leistungen des Gesundheitswesens ausgeschlossen werden. Zu den Leistungen gehört explizit auch die Begleitung aufgrund von spirituellen/religiösen Bedürfnissen, die gesundheitlich relevant sind.

Explizit geht es darum, die Sorge um religiöse und spirituelle Bedürfnisse einerseits der konzeptionell vereinbarten Zuständigkeit professioneller Seelsorgerinnen und Seelsorger anzuvertrauen, andererseits aber der Gefahr einer »Pastoralmacht« zu wehren, vor der Michel Foucault eindringlich gewarnt hat. Es geht um den Schutz »der Freiheit des Subjektes angesichts ausgefeilter Techniken seiner Beherrschung« (Schieder 2009, S. 384). Sowohl Seelsorge als auch Psychotherapie stehen dank kommunikativer Techniken und wegen der Besonderheit der Beziehung zwischen Klient und Begleiter, Patientin und Psychotherapeutin, potentiell in der Gefahr eines Missbrauchs oder auch übergriffigen Verhaltens.

Wird Spiritual Care als ein gemeinschaftliches Bemühen verstanden, verlangt dies von den Beteiligten, insbesondere den für diesen Bereich besonders zuständigen Berufsgruppen die Bereitschaft zur Transparenz und zur Absprache des Vorgehens bei Wahrung der berufsspezifischen Vertraulichkeit (wie des Beichtgeheimnisses und der seelsorglichen Verschwiegenheit). Zielpunkt allen Handelns ist es, das Gegenüber zur eigenen Sorge für das Wohlbefinden und zur Erschließung individueller spiritueller Ressourcen zu befähigen. Auch ein im Sterben befindlicher Patient ist noch in der Lage, für seine Seele zu sorgen. Er ist noch immer Akteur des eigenen Lebens.

Eine Einrichtung des Gesundheitswesens, die eine ganzheitliche Versorgung und Begleitung möglich machen will, muss den Bereich spiritueller Begleitung zum eigenen Anliegen machen und darf dies nicht einfach an die Religionsgemeinschaften delegieren. Es bedarf klarer Absprachen und Regelungen, die sich nicht allein auf Finanzierungsfragen beschränken, sondern sich vor allem folgenden Themen zuwenden:

• Multiprofessionalität: Alle patientennahen Berufsgruppen sind sensibel für spirituelle Bedürfnisse und Ressourcen.

• Zuständigkeit: Nicht alle Berufsgruppen sind gleichermaßen zuständig für spirituelle Begleitung. Es gibt Abstufungen und Weisungsbefugnisse. Qualifizierte und dazu von einer Religionsgemeinschaft beauftragte Seelsorge hat Leitungsfunktion.

• Ausbildung und Ausbildungsstandards: Alle Berufsgruppen, die sich um spirituelle Bedürfnisse bemühen, müssen aus Gründen der Patientensicherheit ausgebildet sein. Dies gilt sowohl für ehrenamtliche als auch hauptamtliche Begleitende. Mit Leitung beauftragte Seelsorgerinnen und Seelsorger müssen eine Berufsqualifizierung nach den Standards der Verbände vorweisen.

Seelsorge arbeitet nach pastoralpsychologischen Standards, erfolgt aus einer anerkannten Religionsgemeinschaft und in deren Auftrag. Ihr Angebot gilt allen in einer Einrichtung betreuten Patienten und Patientinnen, deren Angehörigen sowie den Mitarbeitenden anderer Berufsgruppen. Ein Angebot qualifizierter Begleitung ist Anrecht des Patienten, der Patientin. Die Finanzierung ist zwischen den Kostenträgern zu klären.

Sowohl auf der Ebene der Organisation als auch in der Face-to-Face-Beziehung der einzelnen Begleitung bringt Spiritual Care eine ethische Grundhaltung zum Ausdruck: Respekt für die Würde des Individuums und gegenüber unterschiedlichen Glaubensgemeinschaften als Basis des Verhaltens in Seelsorge- und therapeutischen Beziehungen, in Ausbildungs- und Supervisionskontexten, in der Gestaltung des Verhältnisses zur eigenen Glaubensgemeinschaft, im Umgang mit anderen Berufsgruppen und Kolleginnen und Kollegen sowie in Öffentlichkeitsarbeit und Forschung.[13] Die Offenlegung des eigenen, ethisch begründeten und reflektierten Selbstverständnisses nicht nur nach innen, als Kommunikation innerhalb der eigenen Berufsgruppe, sondern auch nach außen gegenüber der Kirche und anderen Religionsgemeinschaften, gegenüber anderen Berufsgruppen und Leitungen von Einrichtungen des Gesundheitswesens, gegenüber der gesellschaftlichen Öffentlichkeit, vor allem aber gegenüber den Gesprächspartnerinnen und -partnern, ist ein auf Kommunikation ausgerichteter Beitrag zur Organisationskultur von Spiritual Care.

Anmerkungen

1   Der Beitrag enthält Passagen, die in ähnlicher Fassung auch enthalten sind in: Roser (2017).
2   Metz schreibt über Empathie als Zentrum biblischer Gottesvorstellungen als Ausdruck eines ›schwachen‹ und empathischen Monotheismus. Vgl. Metz (2000).
3   Vgl. dazu Holder-Franz (2012), bes. S. 78–81; vgl. auch – nach wie vor grundlegend – Cassell, 2003): »[...] the reduction of sick persons to their physical, psychological, or social dimensions is both artificial and leads away from the relief of their suffering. We are of a piece; virtually nothing happens to one part that does not affect the others« (S. IX).
4   Diese deutsche Übersetzung der WHO-Definition von Palliative Care findet sich in einem im Internet zugänglichen Papier der Deutschen Gesellschaft für Palliativmedizin:
https://www.dgpalliativmedizin.de/images/stories/WHO_Definition_2002_Palliative_Care_englisch-deutsch.pdf [Zugriff: 31.3.2017].
5   Quelle: http://www.who.int/healthpromotion/conferences/6gchp/hpr_050829 _ %20BCHP.pdf?ua=1 [Zugriff: 29.9.2016]. Die offizielle deutsche Übersetzung verwendet bezeichnenderweise statt »spirituell« das Wort »geistig«: »Gesundheitsförderung basiert auf diesem wesentlichen Menschenrecht. Dieses po-

sitive und umfassende Konzept begreift Gesundheit als einen Bestimmungsfaktor für Lebensqualität einschließlich des psychischen und geistigen Wohlbefindens« (http://www.who.int/healthpromotion/conferences/6gchp/BCHP_German_version.pdf?ua=1 [Zugriff: 29.9.2016]).

6   Bei einem Plenarvortrag beim 1. Ökumenischen Kongress für Seelsorge im Krankenhaus und Gesundheitseinrichtungen, München, 16. März 2017. Der Vortrag wird im Lauf des Jahres 2017 im Tagungsband veröffentlicht.

7   Die Angaben beziehen sich auf eine Abfrage der Online-Datenbank Medline.

8   Vgl. zu Luthers Seelsorge Schwarz (2015).

9   A. a. O., S. 32.

10   Vgl. zum Spiritualitätsbegriff bei Foucault: Schieder (2009), S. 387.

11   Diese deutsche und andere Übersetzungen sind im Internet zu finden unter: http://religionsworldcharter.maruzza.org/translations [Zugriff: 2.4.2017].

12   Dort heißt es: »Spiritual Care ist die Organisation gemeinsamer Sorge um die individuelle Teilnahme und Teilhabe an einem als sinnvoll erfahrenen Leben im umfassenden Verständnis.«

13   Vgl. den entsprechenden Abschnitt in den Standards der Sektion KSA der Deutschen Gesellschaft für Pastoralpsychologie (DGfP) zu Ethik in Seelsorge, Supervision und Kursleitung (ethische Themen) und Ethik der Seelsorge, Supervision und Kursleitung (ethische Grundsätze und Berufs-Ethik): http://www.pastoralpsychologie.de/uploads/media/Standards_KSA_Freising_2014.pdf [Zugriff: 11.10.2016].

Literatur

Balboni, T. A. / Paulk, M. E. / Balboni, M. J. et al. (2009): Provision of spiritual care to patients with advanced cancer. Associations with medical care and quality of life near death. In: J Clin Oncol 27, DOI 10.1200/JCO.2009.24.8005.

Cassell, E. J. (2004): The Nature of Suffering and the goals of medicine. 2. Aufl. Oxford University Press, Oxford.

Charbonnier, R. (2010): Seelsorge in der Palliativversorgung. In: Burbach, C. (Hg.): … bis an die Grenze. Hospizarbeit und Palliative Care, S. 165189.

Deutsche Gesellschaft für Palliativmedizin (o. J.): WHO Definition of Palliative Care 2002 / Deutsche Übersetzung. https://www.dgpalliativmedizin.de/images/stories/WHO_Definition_2002_Palliative_Care_englisch-deutsch.pdf [Zugriff: 31.3.2017].

Holder-Franz, M. (2012): »… dass du bis zuletzt leben kannst.« Spiritualität und Spiritual Care bei Cicely Saunders. TVZ Theologischer Verlag, Zürich.

Koenig, H. G. (2012): Spiritualität in den Gesundheitsberufen. Ein praxisorientierter Leitfaden. Kohlhammer, Stuttgart.

Leitlinienprogramm Onkologie der Arbeitsgemeinschaft der wissenschaftlichen medizinischen Fachgesellschaften (AWMF), Deutschen Krebsgesellschaft (DKG) und Deutschen Krebshilfe (DKH) (Hg.) (2015): S3-Leitlinie Palliativmedizin für Patienten mit einer nicht heilbaren Krebserkrankung. Kohlhammer, Stuttgart.

Metz, J. B. (2000): Compassion. Zu einem Weltprogramm des Christentums im Zeitalter des Pluralismus der Religionen und Kulturen. In: Ders. / Kuld, L. / Weisbrod, A. (Hg.): Compassion. Weltprogramm des Christentums. Herder, Freiburg im Breisgau u. a., S. 9–18.

palliative ch, Schweizerische Gesellschaft für Palliative Medizin, Pflege und Begleitung (2012): Kompetenzen für Spezialisten in Palliative Care. Broschüre. https://www.palliative.ch/fileadmin/user_upload/palliative/fachwelt/E_ Standards/Kompetenzkatalog_DE.pdf [Zugriff: 30.6.2017].

Roser, T. (2017): Spiritual Care. Der Beitrag von Seelsorge zum Gesundheitswesen. Kohlhammer, Stuttgart.

Saunders, C. (2009): Sterben und Leben. Spiritualität in der Palliative Care. Theologischer Verlag, Zürich.

Schieder, R. (2009): Seelsorge und Lebenskunst. In: Engemann, W. (Hg.): Handbuch der Seelsorge. Grundlagen und Profile. 2. Aufl. Evangelische Verlagsanstalt, Leipzig, S. 377–389.

Schwarz, R. (2015): Martin Luther. Lehrer der christlichen Religion. Mohr Siebeck, Tübingen.

Seyringer, M.-E. / Friedrich, F. / Stompe, T. et al. (2007): Die »Gretchenfrage« für die Psychiatrie. Der Stellenwert von Religion und Spiritualität in der Behandlung psychisch Kranker. In: Neuropsychiatrie 21, S. 239–247.

Stolz, J. / Könemann J. et al. (2014): Religion und Spiritualität in der Ich-Gesellschaft. Vier Gestalten des (Un-)Glaubens. TVZ Theologischer Verlag, Zürich.

Streib, H. / Keller, B. (2015): Was bedeutet Spiritualität? Befunde, Analysen und Fallstudien aus Deutschland. Vandenhoeck & Ruprecht, Göttingen.

WHO (2005): The Bangkok Charter for Health Promotion in a Globalized World. http://www.who.int/healthpromotion/conferences/6gchp/ hpr_050829_%20BCHP.pdf?ua=1 [Zugriff: 31.3.2017].

Vachon, M. / Fillion, L. / Achille, M. (2009): A conceptual analysis of spirituality at the end of life. In: Journal of Palliative Medicine 12, S. 53–59.

VandeCreek, L. (2010): Defining and Advocating for Spiritual Care in the Hospital. In: J Pastoral Care Counsel 64.5, S. 1–10.

Verhagen, P. J. / Cook, C. C. H. (2010): Epilogue. Proposal for a World Psychiatric Association Consensus or Position Statement on Spirituality and Religion in Psychiatry. In: Ders. / Praag, H. M. et al. (Hg.): Religion and Psychiatry. Beyond Boundaries. Wiley-Blackwell, New York, S. 615–632.

CHRISTINA VON BRAUN

Geld und Geschlecht

»Und vergib uns unsere Schuld – wie auch wir vergeben unseren Schuldigern«, heißt es im Vaterunser. Im Deutschen gibt es keine sprachliche Unterscheidung zwischen »Schuld« im Sinne von »Sünde« und »finanzieller Schuld«. Die meisten anderen Sprachen dagegen bieten zwei lexikalische Felder, um zwischen Geldschuld (z. B. frz. *dette*) und Schuld im Sinne von »schuldig werden« (frz. *Culpabilité,* eng. *culpability*) zu unterscheiden. Doch im »Lord's Prayer« der englischen King James Bible ist von *debts* (Schulden, Verschuldung) und *debtors* (Schuldnern) die Rede. Auch im italienischen Vaterunser heißt es nicht *peccati* (Sünden), sondern *debiti* (Schulden). Die »Schuldiger«, denen es zu vergeben gilt, heißen *debitori* (Schuldner). Auch für »vergeben« wird ein ökonomischer Begriff verwendet: *rimettere*, was so viel wie »zurückgeben« bedeutet. Sowohl Wirtschaftstheoretiker als auch Theologen neigen dazu, zwischen Religion und Ökonomie strikt zu unterscheiden: Die Religion gehöre dem Bereich des Transzendenten an und entziehe sich dem logischen Denken, die Wirtschaft dagegen sei rational und weltimmanent. Doch angesichts der auffallenden Parallelen zwischen dem Appell ans »Vertrauen« und an den »Glauben«, der Religion und Geldwirtschaft gemeinsam ist, angesichts der sprachlichen Verwandtschaft von *credo* und *Kredit* überzeugt die Unterscheidung zwischen Geld und Religion kaum. Dieser Eindruck verstärkt sich noch, wenn man in die Geschichte des Geldes und der Gelddeckung blickt. (Zur Geschichte des Geldes vgl. von Braun 2012.)

Wenn wir Geld als Tausch- oder Zahlungsmittel, als Wertmesser oder Wertaufbewahrungsmittel bezeichnen, so benennen wir damit nur seine Funktionen, nicht aber sein Wesen. Seinem Wesen nach ist Geld ein Schriftsystem und war es von Anfang an. Heute gehen Schrifttheoretiker sogar davon aus, dass die Schrift aus den

Notwendigkeiten der Buchhaltung entstand und sich mit der wachsenden Tempel- oder Palastwirtschaft entwickelte (Schmandt-Besserat 1982, S. 37ff.; dies. 1982, S. 871–878; dies. 1996; dies. 1999). Diese enge Verbindung von Geld und Schrift erklärt auch die parallele Evolution der beiden Medien: Hundert Jahre nach der Einführung des Alphabets in Griechenland wurden die ersten Münzen geprägt. Bald nach der Erfindung des Buchdrucks entstand das erste Papiergeld. Und heute, da wir über E-Mails miteinander kommunizieren, zirkuliert auch das Geld als elektronischer Impuls. Mit dem voraussehbaren Verschwinden des Bargelds werden wir es dann mit einem reinen Zeichen zu tun haben. Historisch wie aktuell gilt: Dort, wo die intensivste schriftliche Kommunikation stattfindet, zirkuliert auch die größte Geldmenge. Diese Entwicklung hatte wiederum die zunehmende Geldmenge zur Folge. Denn je substanzloser das Geld ist, desto leichter lässt es sich vermehren. Diese Entsubstantialisierung unterscheidet den Industriekapitalismus vom Finanzkapitalismus, der auf jede Anbindung an die Realwirtschaft verzichtet – einer der Gründe für die letzte Bankenkrise. Mit der Entwicklung des Geldes zum reinen Zeichen stellte sich immer nachdrücklicher eine Frage, die schon die gesamte monetäre Geschichte begleitet hat: Wie wird Geld beglaubigt? Bei der Beantwortung dieser Frage kommt die Theologie ins Spiel.

Die Beglaubigung des Geldes

Historisch gesehen gibt es drei Formen der Gelddeckung. Die erste besteht in der Autorisierung durch den Souverän: Einer Münze wird das Symbol einer Gottheit, einer Stadt oder eines Herrschers aufgeprägt. Dieses Zeichen beglaubigt das Geld. Auch hieran zeigt sich die Nähe des Geldes zur Schrift. Alexander der Große war der Erste, der das Porträt der Gottheit durch das eigene ersetzte; die römischen Kaiser taten es ihm nach. Schon bald missbrauchten die Herrscher ihre Gewalt über die Geldemission, um Gewinne für sich selbst oder für die Staatskasse daraus zu ziehen. Das begann bereits in der Antike und zog sich durch die gesamte Geschichte: »Gelegentlich überstieg das Staatseinkommen Frankreichs durch Währungsmanipulationen das aller anderen Einnahmequellen«, inklusive Steuern (Reinhart/Rogoff 2009, S. 88). Zur Zeit der Herrschaft Heinrichs VIII. und seines Nachfolgers verlor das Englische Pfund 83 Prozent seines Silbergehaltes (ebd., S. 175).

Die Beglaubigung durch den Souverän hat nur sporadisch gegriffen – ein Problem, mit dem sich alle Geldtheorien der letzten 800 Jahre auseinandergesetzt haben und das Friedrich von Hayek 1977 veranlasste, für eine generelle Abschaffung nationaler Währungen zu plädieren: »Wenn man die Geschichte des Geldes studiert, kann man nicht umhin, sich darüber zu wundern, dass die Menschen den Regierungen so lange Zeit eine Macht anvertraut haben, die sie über 2000 Jahre hinweg in der Regel dazu gebraucht haben, sie auszunützen und zu betrügen« (von Hayek 1977, S. 144).

Die zweite Form besteht darin, dass Geld durch Realien wie etwa Getreide oder Vieh gedeckt wird. Das offenbart sich in vielen Geldbegriffen: *Schekel* z. B. kommt aus dem Akkadischen und bedeutet »wiegen«. Das lateinische Wort für Geld, *pecunia*, leitet sich ab von *pecus*, Vieh, dem meistverbreiteten Wertmesser der Antike und vieler indigener Kulturen. Auch unser Begriff *Kapital* bezeichnet eigentlich die Kopfzahl einer Herde; deren Junge sind die »Zinsen«. Über lange Zeit galten Grund und Boden – wegen ihrer angeblichen Unvergänglichkeit – als die sicherste Form der Gelddeckung. Doch auch Grund und Boden lassen sich vermehren – etwa durch Bewässerung oder Entwässerung. Oder sie verschwinden – wie durch die Erderwärmung und den steigenden Meeresspiegel. Die Prekarität des Bodens scheint einer der Gründe dafür zu sein, dass in den Niederlanden – wo ein Großteil des Gebiets unterhalb des Meeresspiegels liegt – schon früh der Handel mit virtuellen Waren florierte. Das zeigt die Tulpenspekulation von 1635. Ging es bei dieser Spekulation zunächst um reale Tulpenzwiebeln, so wurden diese bald nur noch auf der Basis von Katalogbildern gehandelt: Zettel mit Eigentumsüberschreibungen wanderten von Hand zu Hand, und Händler verkauften Tulpen, »die sie gar nicht liefern konnten, und zwar an Käufer, die über kein Bargeld verfügten, sie zu bezahlen, geschweige denn die Absicht hatten, sie jemals einzupflanzen« (Dash 2001, S. 177). Nicht zufällig entstand in Amsterdam auch die erste Börse oder florierte in den Niederlanden schon früher als anderswo die Kunst als eine alternative Währung.

Als im 18. Jahrhundert Papiergeld eingeführt wurde, versuchte man, dieses noch durch Grund und Boden zu beglaubigen. Die ersten Noten entstanden in den USA und waren durch Tabak gedeckt, auch in Staaten wie New Jersey, wo gar kein Tabak angepflanzt wurde. Hinter dem ersten französischen Papiergeld, dem *Livre tournois* von 1720, standen angeblich reiche Bodenschätze in den französischen Kolonien Amerikas. Als Zweifel an deren Vorkommen aufkamen, brach die Währung innerhalb weniger Tage zusammen. Große Vermögen verschwanden – dafür war die Kasse der französischen Krone saniert. Das Papiergeld setzte sich dennoch durch – auch ohne Deckung. Parallel dazu entstanden Aktien, die ihre eigene materielle Beglaubigung schufen: die Industriewaren. Diese wiederum beglaubigten rückwirkend das Kreditgeld, das sie überhaupt ermöglicht hatte. Geld wurde so zum Motor der Innovation – und zugleich auch der sozialen Mobilität. Aktie und Papiergeld ebneten den Aufstieg des Bürgertums; sie trugen dazu bei, die starren Klassenbarrieren des Feudalismus zu durchbrechen. Dieser demokratisierende Effekt des Geldes galt schon für die Antike und steigerte sich mit zunehmender Geldmenge. Das Papiergeld verschaffte den Vereinigten Staaten die Unabhängigkeit vom Mutterland. Assignaten, ebenfalls ein Papiergeld, finanzierten die Französische Revolution, und ohne Papiergeld wäre auch die Russische Revolution gescheitert.

Wenn sich unter den materiellen Formen der Gelddeckung die Edelmetalle am längsten hielten, so deshalb, weil ihr Wert gerade *nicht* materieller, sondern symbolischer Art ist. Man kann Gold oder Silber wiegen oder auf ihren Feingehalt prüfen, doch ihr Wert ist und war immer fiktiv. In Babylon wurde er nach *sakralen* Gesichtspunkten festgelegt: Während der gesamten Antike und noch bis weit ins Mittelalter und die Neuzeit hinein betrug das Wechselverhältnis von Gold und Silber 1:13⅓. Warum? Gold war ein Symbol der Sonne, Silber ein Symbol des Mondes, und das Wertverhältnis zwischen beidem wurde abgeleitet »aus dem Verhältnis der Umlaufzeiten der Gestirne zueinander« (Laum 2006, S. 128f.). In Europa hielt sich diese Wertbestimmung über Jahrhunderte, und interessanterweise entspricht sie auch in etwa dem Verhältnis von Eigenkapital und Kreditvolumen, wie es beim Abkommen von Basel I festgelegt wurde. Die Bankenregulierung funktionierte also nach einem Schlüssel, den die babylonischen Priester vom Himmel geholt hatten. Mit Basel II wurde ein Wechselverhältnis von 1:40 ausgehandelt. Es entspricht keinem tradierten Maßstab, sondern hat einzig die Funktion, den Banken größeren Spielraum zu geben. Diese Einigung war der Beginn der Deregulierung. Basel III wird zurzeit noch ausgehandelt.

Mit der materiellen Deckung des Geldes ist es also auch nicht weit her. Heute findet bekanntlich nur noch ein Bruchteil des zirkulierenden Kapitals in materiellen Werten oder in der »Realwirtschaft« seine Entsprechung. Der größte Teil des Geldes ist Kreditgeld – und dieses setzt, wie die Theologie, auf Hoffnungen, Versprechen und Vertrauen. Damit kommen wir zur dritten Form der Gelddeckung – und hier wird die Beziehung zwischen Geld und Geschlecht besonders deutlich.

Die sakrale Gelddeckung

Die dritte Form der Beglaubigung entstand in Griechenland, der Wiege Europas, und kommt aus dem sakralen Opferdienst im Tempel. Das ahd. Wort *gelt* bedeutet u. a. auch »Götteropfer«. Das Verb *gelten* heißt so viel wie »(zurück)zahlen, kosten, wert sein, vergelten, entschädigen«. Geld ist »die der Gottheit zu entrichtende Abgabe« (ebd., S. 39). Vom Wort *Geld* leitet sich der Begriff *Gilde* ab, der zunächst »Opfergemeinschaft« bedeutete (ebd.). Was hat

Geld mit dem Opfer zu tun? Das griechische Wort *obolós*, von dem der »Obolus« in der Kirche stammt, bezeichnete einen »Bratenspieß«, wie er bei den großen Opfermahlzeiten zum Einsatz kam. In vormonetärer Zeit dienten Stücke dieser Spieße als Zahlungsmittel. Sie hatten keinen materiellen, sondern nur einen symbolischen Wert, der sich aus ihrer sakralen Funktion ableitete. Sechs *oboloi* entsprachen einer *drachme*. Das Wort *drachme* wiederum heißt:»So viel, wie man mit einer Hand halten kann.« Unter Solon im 7. Jh. v. Chr. erfuhr das Opferwesen eine erste Einschränkung (Loraux 1990). Bald danach wurden die ersten Münzen geprägt. In dem Maß, in dem die Geldwirtschaft sich etablierte, gingen die Opferriten zurück (Hénaff 2009, S. 313). Die Teile der Bratenspieße wurden durch Münzen ersetzt, auf denen dann nur noch Symbole für die Opfertiere – etwa Stierhörner – oder für die Opferwerkzeuge geprägt waren. Die erste Münze Griechenlands hieß in Anlehnung an den Opferspieß: *obolós*. Und auch die Bezeichnung *drachme* fand sich in der Währung wieder. Kurz: Die Geldwirtschaft substituierte das Opferwesen. Doch das Opfer musste symbolisch darin bewahrt bleiben, damit das Geld seine Glaubwürdigkeit nicht verlor.

Warum wurde geopfert? Es ging um ein Tauschgeschäft. Das der Gottheit dargebrachte Opfer sollte diese dazu bewegen, den Feldern, der Viehzucht oder dem Kinderreichtum ihren Segen zu verleihen. Deshalb fanden die Opferkulte in den Tempeln von Fruchtbarkeitsgöttinnen wie Hera statt. In diesen Tempeln befanden sich auch die Münzstätten und Banken Griechenlands und Roms. Die ältesten bekannten Münzen wurden in Ephesos, dem Heiligtum der Artemis, lat. Diana, gefunden. Diesen Appell an die Fruchtbarkeit findet man auch auf vielen modernen Münzen, wie etwa dem Groschen mit seiner Getreideähre. Allerdings geht es schon lange nicht mehr um die Fruchtbarkeit der Felder, sondern um die Vermehrungsfähigkeit des Geldes. Der Transfer der sakralen Fruchtbarkeitssymbolik auf das Geld erklärt, warum das Vokabular der Finanzwirtschaft so biologistisch klingt und in den Börsenberichten von Zyklus, Blüte, Wachstum, Kreislauf usw. die

Rede ist. An diese Tradition schließt auch die Deutsche Bank an, wenn sie ihre Anlageberater als »Gärtnerinnen« darstellt, die »sich um die zarten Pflanzen in Ihren Depots kümmern«.

Das Überleben antiker Symbolik gilt auch für die Beglaubigung des Geldes durch das Opfer: Der Stier war das wichtigste Opfertier in der Antike. Auch als in Griechenland und Rom das Münzwesen in die Hand des Staates übergegangen war, diente das Stiersymbol als Beglaubigung des Geldes. Bis in die Moderne setzt das Finanzwesen vor allem auf die theologische Autorisierung. Das zeigt sich etwa an der Architektur vieler Banken und Börsen, die griechische Tempel nachahmt. Die religiös begründete Gelddeckung galt als die nachhaltigste – und sie erlaubte es den Banken schließlich, auf die Konvertibilität ihrer Noten zu verzichten. Die Bank of England tat als erste diesen Schritt. Je abstrakter das Geld wurde, je prekärer seine Deckung durch materielle Werte oder durch den Souverän, desto nachdrücklicher wurde der Appell der Geldwirtschaft an die sakrale Beglaubigung. Bekanntlich steht auf den US-amerikanischen Dollarnoten: »In God we trust« und nicht: »In Gold we trust.« Das ist nur eines von vielen Beispielen für die lange – unbewusste – Erinnerungskette, die wir im Geld finden – eine Memorialform, die sonst nur Mythen und Religion zu leisten vermögen.

Das Opfer als Bindeglied zwischen Schuld und Schulden

Das Opfer ist also bis heute der Gelddeckung eingeschrieben. Wie aber kann ein Opfer Geld beglaubigen? Der Opferritus greift das Prinzip von Gabe und Gegengabe vormonetärer Gesellschaften auf – nun jedoch im Tausch mit der Gottheit. Opfer und Gabe haben aber nur dann einen Wert, wenn sie den Gebenden »enthalten«. Denn bei der Gabe, so der Anthropologe Marcel Mauss, gibt man sich selbst, »und zwar darum, weil man sich selbst – sich und seine Besitztümer – den anderen ›schuldet‹« (Mauss 1990, S. 118). Ähnlich beim Opfer. Auch hier geht es darum, »etwas von sich selbst als Pfand abzutreten, etwas, was mit dem Körper oder den

Gütern des Opfernden oder der Gruppe, die die Opfergabe darbringt, assimiliert wird« (Hénaff 2009, S. 266ff). Dass der Mensch
sich als Opfernder im Opfer selbst darbringt, wird an den Opferriten deutlich: »In Ägypten stellte das Siegel, mit welchem die Opfertiere bezeichnet wurden, einen knienden Mann dar, der mit auf
den Rücken gebundenen Händen an einen Pfahl befestigt ist und
dem das Messer an der Kehle sitzt« (Laum 2006, S. 146). Das Opfertier – zumeist ein Stier – ist demnach Stellvertreter des Menschen und wird *für ihn* geopfert. In letzter Instanz beruht also der
Wert des Geldes auf dem Menschenopfer. Dass der Stier den Menschen substituiert, erklärt sich damit, dass er das höchste Opfertier
der Antike war. Zugleich war er Wertmesser und Tauschmittel,
stellte also eine Vorform von Geld dar, wie die Ableitung von
pecunia aus *pecus*, Vieh, verdeutlicht. Im Stier verbinden sich also
Opferkult und Geld – und das gilt bis heute, wie nicht nur das
Symbol des Stiers in der Finanzwelt, sondern auch die modernen
Geldzeichen zeigen: Laut Alfred Kallir, der die Entwicklung der
Schriftzeichen untersucht hat, sind die beiden Striche im Dollar
($), dem englischen Pfund (£) und neuerdings auch dem Euro (€)
Relikte der Stierhörner (Kallir 1961, S. 243). Das heißt, auch das
moderne Geld beruft sich auf den Opferkult, der das erste nomina-
listische Geld beglaubigte. Das gilt sogar für die Bitcoins, die
jüngste, elektronische Währung, die jeden Bezug zur Substanz auf-
gegeben hat.

Doch warum soll der Mensch sich überhaupt opfern? Opferriten tauchen mit den ersten Gesellschaften auf, die Landwirtschaft
betrieben, Tiere gezüchtet und in die Natur eingegriffen haben.
Bei den Jägern und Sammlern gibt es keine Opferriten: Sie treffen
sich auf Augenhöhe mit den anderen Lebewesen der Natur. Dagegen erhoben sich die agrikulturellen Gesellschaften über die Natur.
Diese Ermächtigung fand einerseits im Spatengeld – winzige Spa-
ten, die etwa in China als Münzen zirkulierten – ihren Ausdruck;
führte andererseits aber auch zu Sühnehandlungen. Überall, wo es
eine Opferkultur gibt, »ist die geopferte Weihgabe ein Haustier
oder eine Kulturpflanze, kurz, ein von den Menschen erzeugtes

Leben« (Hénaff 2009, S. 257). Nie wird ein wildes Tier geopfert, immer nur ein Haustier: Warum?

Mit den Hirten- und Ackerbaugesellschaften entstand eine »Schuld« gegenüber der Schöpfung: für den Eingriff des Menschen in die Natur – und das Opfer stellte die Sühne für diese Schuld dar. Aus dieser Logik einer »Schuld« gegenüber der Schöpfung und dem Schöpfer leitet sich die in der Hebräischen Bibel geforderte Abgabe des Erstgeborenen einer Herde oder des Zehnten des Ertrags der Ackerfrucht ab. Dass damit aber eigentlich das Menschenleben gemeint ist, offenbart gerade die Bestimmung, nach welcher der Mensch vom Erstlingsopfer ausgenommen ist: Die erstgeborenen Kinder sollen »gelöst«, d. h. durch ein junges Tier ersetzt werden – wie in der biblischen Geschichte von Isaak (Ex 13,13). In diesem Kontext eines Sühneopfers konstituierte sich also der ursprüngliche Zusammenhang von Schuld, Schulden und Schuldgefühlen, dem das Geld seine nachhaltigste Art der Deckung verdankt.

Die Deckung des Geldes durch das weibliche Opfer

Dass der Mensch nicht nur andere für sich sterben lässt, sondern auch selbst »zur Kasse gebeten« wird, zeigen zwei Opferrituale: Das eine gilt dem weiblichen, das andere dem männlichen Körper. Der »weibliche« Opferakt ist älter und zeigt deutlich seine Ableitung vom Konzept einer Schuld gegenüber der Natur. Er offenbart sich im Muschelgeld: einer »Währung«, die in einigen Teilen der Welt noch im 20. Jahrhundert verwendet wurde. Auch in den chinesischen Schriftzeichen stehen Muscheln für Geldbegriffe. In der Gesellschaft der Gabe ist der weibliche Körper das höchste Tauschgut. Dabei ist das Brautgeld, etwa eine Kette von Kaurimuscheln, das Pfand dafür, »daß der Gebergruppe zu gegebener Zeit eine andere Gattin zurückgegeben wird« (Hénaff 2009, S. 467).

Dieses Symbol greift der Opferkult im Tausch mit den Göttern auf. Das Opfer wird freilich auf symbolische Weise erbracht: durch die Domestizierung der weiblichen Sexualität. Dass die Kauri-muschel zum Symbol dieses Opfers und damit selbst zu Geld wurde, lag an ihrer Gestalt, die den weiblichen Genitalien auffallend ähnlich sieht. Die Domestizierung der weiblichen Sexualität implizierte die Aufhebung sexueller Selbstbestimmung und die Unterwerfung der weiblichen Fruchtbarkeit unter das Regelwerk der Gemeinschaft – so wie es auch mit der Natur geschehen war.

Dieser Opferakt fand seinen Ausdruck in vielfältiger Form: in der Genitalbeschneidung, den abgebundenen Füßen der Chinesinnen und vor allem in der Einrichtung der Ehe. In der einen oder anderen Weise ging es immer um die Beschneidung der sexuellen Freiheit der Frau. So symbolisierte die bezähmte weibliche Sexualität einerseits den Prozess der Domestizierung der Natur, andererseits wurde dadurch auch die Sühne für diese Schuld geleistet. Diese Opfergabe beglaubigte wiederum das Geld.

Die Deckung des Geldes durch das männliche Opfer

Das Opfer, das sich auf den männlichen Körper bezieht, ist unserer Geldwirtschaft historisch näher. Diese Art der Gelddeckung entstand mit dem Opferspieß und den ersten Münzen. Auch hier geht es um eine durch ein Opfer gesicherte Fruchtbarkeit. Die Antike hatte den Stier zum höchsten Opfertier erkoren, weil er männliche Potenz und Fruchtbarkeit symbolisierte. In großen Opferritualen wurde er Fruchtbarkeitsgöttinnen wie Hera oder Artemis (bzw. Juno oder Diana) dargebracht. Lange hielt man die Kugeln auf dem Brustpanzer der Artemis für Brüste. In Wirklichkeit handelt es sich um die Hoden der Stiere, die der Göttin geopfert wurden. Auch bei dieser Opferhandlung bringt der Mensch das Wertvollste von sich selbst dar: seine Potenz und Fruchtbarkeit, substituiert durch das Tier. Das Opfer implizierte hier die Domestizierung der männlichen Sexualität. Im Ritus der Beschneidung ist ein Relikt dieser Opfervorstellung enthalten. Der Bezug zum Geld zeigt sich u. a. am englischen Verb *to geld* (der mit dem deutschen Wort *Geld* verwandt ist): Laut Oxford English Dictionary bezeichnet *to geld* Entmannen und Unterbinden der Fortpflanzungsfähigkeit – eine Bezeichnung, die bis ins 17. Jahrhundert gebräuchlich war und in der Tierzucht noch heute verwendet wird; So heißt der ›Wallach‹ im Englischen ›gelding‹ (OED 1964, S. 95). Die Kastration entsprach immer einer Opferhandlung. Mackensen leitet den Begriff vom altlateinischen *castrum*, »Messer«, ab (Mackensen 1985, S. 204). Die genaue Bedeutung von lat. *castus* ist: »rein zum Opfer« (zitiert nach Bloch 1912, S. 544). Da das englische *to geld* etymologisch mit dem ahd. Wort *gelt* (Götteropfer) verwandt ist, ist das Opfer der Kastration bis heute der Imagination über das Geld eingeschrieben.

Wie alle Opfer bewirkte auch dieses Fruchtbarkeit, allerdings von einer neuen Art, welche die Geschichte unseres Alphabets zeigt – ein weiteres Indiz für die enge Verbindung von Schrift und Geld. Alle Zeichen des Alphabets sind ursprünglich Hieroglyphen, sakrale Symbole. *Alpha* – der erste und wichtigste Buchstabe unseres Alphabets – leitet sich von dem semitischen Wort *eleph* (Stier, Ochse) ab. Die Gestalt des Schriftzeichens Alpha durchlief viele Phasen, ausgehend von einem klar erkennbaren Stierkopf. Im Laufe seiner Geschichte stellte das Zeichen sich quer, wobei es u. a. die Bedeutung des Pfluges assimilierte, um schließlich auf dem Kopf stehend durch einen Querstrich ergänzt zu werden. Dieser verweist auf das Joch und damit auf den kastrierten Stier: »Die Bezähmung des Ochsen ist die große Errungenschaft, der sich entwickelnden Agrarzivilisation und stellt, wie die Erfindung des Alphabets, einen Meilenstein im Fortschritt des Menschen dar« (Kallir 1961, S. 39). Die beiden Ereignisse vollzogen sich zeitlich parallel. Zuletzt nahm das Zeichen – wie die Götter Griechenlands – anthropomorphe Gestalt an: Die beiden Striche des A, die ursprünglich die Stierhörner markierten, weisen nach unten und markieren die Beine des aufrecht stehenden Menschen. Das Alpha symbolisiert nun den über die Natur herrschenden Mann, ermächtigt durch den Geist der Schrift.

Derselbe Prozess, den der Wandel des Buchstaben *Alpha* spiegelt, ist bis heute bei jedem Stierkampf zu beobachten (vgl. von Braun 2012; Stier, S. 110ff.). Beim Kampf betritt der Stier die Arena als Repräsentationsfigur männlicher physischer und *sexueller* Potenz. Im Vergleich zu ihm erscheint der Torero fragil, was durch seine feminine Kleidung betont wird. Er symbolisiert die *geistige* Potenz, welche sexuelle, physische Männlichkeit besiegen soll.

Dass mit geistiger auch ökonomische Potenz gemeint war, zeigen antike Vasenmalereien, auf denen männliche Macht – ob gegenüber der Ehefrau, der Hetäre oder dem Schüler – als ein Geldbeutel dargestellt wird. Nicht durch Zufall, so Eva C. Keuls, hat dieser Beutel die Form des männlichen Genitals:»Der Geldbeutel ist ein ökonomischer Phallus« (Keuls, 1983, S. 229; vgl. dies. 1985, S. 260–264; vgl. von Reden ([1995] 2003). In Griechenland, dessen große Innovationen auf dem Alphabet und geprägtem Geld basieren, verwandelt sich der männliche Samen in Geld, und dieses befindet sich in einem»Beutel«, der auf ein neues Konzept von männlicher Zeugungskraft verweist: *Sêma* (Zeichen) verbindet sich mit *semen* (Sperma) und wird fähig, neue Arten von»Sprösslingen« *(tokoi)* zu zeugen. Das geprägte Geld Griechenlands war das erste, auf das es»Kinder« geistiger, ökonomischer Art gab: Zinsen.

Worin genau bestand die Domestizierung der männlichen Sexualität? Im Winter 2015 gab es an den Litfaßsäulen von Berlin das Bild eines Mannes, dem ein Stier aus dem Kopf wächst. Dieses Bild erzählt davon, dass der Stier als Symbol für männliche Potenz vom genitalen Bereich in den Kopf gewandert ist. Genau darin besteht das Opfer, besteht die symbolische Kastration: Geld und Alphabet forderten die Unterwerfung des männlichen Körpers unter das Gesetz der Abstraktion. Wenn im Griechenland des 4. Jahrhunderts v. Chr. die großen Opferriten weitgehend verschwunden waren, so deshalb, weil die beiden großen»Domestizierungsmaschinen« Alphabet und nominalistisches Geld die Funktion der Opferriten übernommen hatten: Der Opfernde bringt einen Teil seines Selbst dar. Doch anders als beim traditionellen Opfer war der »Empfänger« keine Gottheit, sondern das *Prinzip* Vernunft und Logik, das die Polis regierte und sich im männlichen Körper als Disziplin und Berechenbarkeit inkarnieren sollte. Dies war der Grund dafür, dass Text, Theorie, Bildung, Wissen, aber eben auch Geld über Jahrhunderte dem Machtbereich des Männlichen vorbehalten blieben. Und es war der Grund dafür, dass männliche Askese immer wieder als Voraussetzung für die Fruchtbarkeit des Geldes verstanden wurde.

Erst vor dem Hintergrund der Verwandlung von männlicher sexueller Zeugungskraft in eine geistige, die auf dem Zeichen beruht, versteht man, warum in den höheren Etagen der Finanzwirtschaft quasi vatikanische Verhältnisse herrschen: Damit das Geld sich vermehren kann, müssen die Geldinstitute frauenrein bleiben. Die Bedeutung des männlichen Askeseideals für die Geschichte des Geldes bildet *keinen* Widerspruch zu den »Lustreisen« mancher Versicherungen, zur sexuellen Käuflichkeit von Betriebsräten oder zur geografischen Nähe der Bordelle zum Banken- und Börsenviertel, denn dabei geht es immer um eine bezahlte und von der physischen Fruchtbarkeit abgekoppelte Sexualität. Diese behindert nicht die Vermehrung des Geldes, im Gegenteil.

Dem modernen Finanzkapitalismus sind nicht nur Sexualbilder eingeschrieben, auch die Phantasie einer geldbedingten Fortpflanzung ist aktiv. Hier verbindet sich die Vermehrung des Geldes mit der menschlichen Reproduktion. Schon in der Antike spielte die Vorstellung von der biologischen Zeugungsfähigkeit des Geldes eine wichtige Rolle: Zeus schwängert Danaë durch einen Regen von Goldmünzen, und Euripides lässt seinen Titelhelden Hippolytos träumen:

»O Zeus, was brachtest du ans Sonnenlicht die Frauen,
ein heuchlerisches Übel für die Menschheit? Denn
gedachtest du den Stamm der Menschen fortzupflanzen,
so brauchtest du das nicht durch Frauen zu gewähren,
nein, brauchten nur die Sterblichen in deinen Tempeln
für Gold, für Eisen oder schweres Kupfer sich

die Sprößlinge zu kaufen, jeder für den Preis,
der seinem Steuersatz entspricht, und könnten dann
in ihren Häusern wohnen, frei, der Weiber ledig!«
(Euripides, »Hippolytos«, S. 143–144, Verse 616–624)

In der Renaissance hieß es von den Ehefrauen der Geldwechsler, sie seien unfruchtbar, damit sich das Geld ihres Mannes vermehren könne (vgl. Shell 1995, S. 126). Dieser Verzicht ist heute nicht mehr nötig. Mit den Reproduktionstechniken des 20. Jahrhunderts wurde beides möglich: Kinder *und* Geldvermehrung. Mit ihren Samenbanken, Börsenagenturen für Eizellen und bezahlten Leihmüttern gehört die Reproduktionsmedizin zu den Sektoren der Wirtschaft mit den höchsten Wachstumsraten (im monetären wie im biologischen Sinne des Wortes). Schon im 19. Jahrhundert nahmen Begriffe wie »Anlage«, »Erbe«, »Depot« oder »Banken« eine sowohl biologische als auch ökonomische Bedeutung an (vgl. Bock von Wülfingen 2012). Im 20. Jahrhundert wurden Reproduktion und Geld eins. Anfang dieses Jahrtausends gab Großbritannien (das nicht nur in der Finanzwirtschaft, sondern auch in der Reproduktionsforschung eine besonders liberale Politik vertritt) eine neue Zweipfundmünze heraus: auf der einen Seite die Queen, auf der anderen die Doppelhelix, das Symbol einer neuen Art von Genealogie.

Eine Leihmutter kostet heute in den USA ca. $ 20 000. In Indien ist es billiger. Frauen mit genetisch »geeigneten Anlagen« – womit meistens Haut- und Augenfarbe gemeint ist – erhalten für ihre Eizellenspenden zwischen $ 2500 und $ 20 000. Für das Ei einer »Ivy-League«-Absolventin werden auch schon mal $ 50 000 geboten. Der männliche Samen ist günstiger zu haben und kann auch besser gelagert werden – mit dem Erfolg, dass es inzwischen Samenspender gibt, die über ihre verstreuten Kinder Excel-Tabellen führen. Die *New York Times* berichtete kürzlich von einem Vater, aus dessen in einer Samenbank gelagertem Samen 150 Sprösslinge hervorgegangen sind. Alles zusammengenommen – die Kosten für Samenspende, Eispende, Leihmutterschaft, medizinische Leistungen, Maklergebühren, Verträge und juristische Beratung – müssen Eltern für solche »Hightechkinder« mit Auslagen von mindestens $ 120 000 rechnen.

Ei- und Samenspende, Surrogatmutterschaft, Embryoadoption – alle diese Techniken werfen die Frage nach der Elternschaft auf. Schon 1990 war ein Gericht bei einem Streit zwischen den intentionalen Eltern und einer Leihmutter, die das Kind nicht hergeben wollte (es war auch genetisch ihr Kind), zu dem Urteil gekommen, dass die Frau, »die die Zeugung des Kindes beabsichtigt hatte«, als »die natürliche Mutter« zu gelten habe. Ähnlich entschied auch der Oberste Gerichtshof von Kalifornien: Die Frau, »die die Zeugung des Kindes arrangiert hat«, sei die wahre Mutter (ebd., S. 84). Das bedeutet im Fall der Reproduktionsmedizin, dass die Frau, die gezahlt hat, auch als Mutter zu gelten hat.

Konsequent zu Ende gedacht, impliziert dies, dass das Geld zum Erzeuger des Kindes wird. Dass es also fähig geworden ist, das Menschenleben, durch das es beglaubigt wird, selbst zu produzieren. Der menschliche Körper war immer der sicherste »Goldstandard« – aber heute wird diese Deckung vom Geld selbst erzeugt.

Christliche Religion und Geld

Es gibt vielleicht noch eine Frage, die Sie beschäftigt: Wie konnte sich diese gesamte Symbolik von Opfer, geistiger Potenz und Fruchtbarkeit so lange halten? Verkürzt gesagt: Nach der Antike verband sich das Geld erneut mit religiösem Denken und fand in den christlichen Lehren den idealen kulturellen Nährboden. Dabei waren mehrere Faktoren ausschlaggebend: erstens die Bedeutung, die im Christentum dem Glauben zugewiesen wird. Das Prinzip des Glaubens schuf die Voraussetzungen für eine Verbreitung der Kreditwirtschaft und für einen Finanzsektor, der auf Vertrauen basiert. Zweitens sorgten die christlichen Opfer- und Inkarnationslehren für eine erneute Verankerung der Gelddeckung im Opfer (vgl. auch Hörisch 2009). Schon ab Konstantin dem Großen diente der Leidensweg Christi der Geldbeglaubigung: Das Kreuz wurde Münzen aufgeprägt. Im Symbol des Kreuzes bilden, wie beim Geld, Opfer und Fruchtbarkeit eine Einheit: Das sogenannte »Kreuzesparadox« besagt, dass das Kreuz Opfer *und* Auferstehung, Tod *und* Leben symbolisiert. Erst als das Kreuz diese doppelte Bedeutung angenommen hatte, wurde es von den Christen als Symbol des Glaubens akzeptiert. Fortan diente es auch der Beglaubigung des Geldes.

Als sich im 13. Jahrhundert die Geldwirtschaft, zum ersten Mal seit der Antike, wieder durchsetzte, Handel und städtisches Leben erneut wuchsen, nahm die Hostie die Form einer Münze an: »Die Hostie wurde ausdrücklich wie eine Münze hergestellt: Sie wurde zwischen zwei Hostieneisen gepresst und wie Münzen mit Insignien versehen« (Shell 1995, S. 12). Die Ablehnung des Geldes im Christentum des Mittelalters, so Marc Shell, basiert auf ebendieser Nähe von Theologie und Ökonomie, doch selten werde »die Internalisierung der Geldform in die Doktrin« (ebd., S. 16) thematisiert.

Reliquien gehörten zu den wichtigsten und teuersten Handelswaren des Frühmittelalters: Das Martyrium, für das sie standen, trug einerseits zur Beglaubigung des Geldes bei, hatte andererseits aber auch Auswirkungen auf den Handel. Dort, wo es Reliquien gab, entstanden die ersten Messen: Sie waren sowohl Pilgerstätten als auch Handelsmärkte (daher die Doppelbedeutung des Wortes »Messe«). Bis zum Ausgang des 12. Jahrhunderts ergingen in Deutschland neun von zehn Privilegien für Marktgründungen an die Geistlichkeit (Kulischer 1958, S. 91f.). Eine weitere Möglichkeit, den Glauben pekuniär zu gestalten, bot das Fegefeuer, das im 11. Jahrhundert erfunden und im 13./14. Jahrhundert theologisch ausformuliert wurde. Die Lehre, die eine Verdammnis »auf Zeit« vorsah, »führte zu einer wahren Buchhaltung über das Jenseits« (Le Goff 1984, S. 276), denn es gab nun eine »zeitlich begrenzte« Hölle. Mit Spenden konnte man die Zeit im Fegefeuer verkürzen: für sich oder verstorbene Angehörige. Dem Fegefeuer verdankte sich wiederum der einträgliche Ablasshandel, der später zu einem der Auslöser der Reformation wurde.

Schließlich gibt es noch einen weiteren Faktor, der die christliche Religion zum geeigneten kulturellen Nährboden für die Weiterentwicklung der Geldwirtschaft machte: die der Religion inhärente Vorstellung von »Schuld«. In der christlichen Religion ist es nicht der Mensch, der Gott ein Opfer darbringt, sondern andersherum: Gott opfert sich – in seinem Sohn – für den Menschen. Dieses göttliche Opfer implizierte einerseits eine ungeheure Befreiung: Durch das einmalige Opfer Christi, so die Lehre, erübrigt sich jedes weitere Opfer. Der Mensch ist aus seiner Schuld (gegenüber der Schöpfung und dem Schöpfer) ein für alle Mal erlöst – ein Versprechen, das es erlaubt, jede weitere Hemmung gegenüber Welt- und Natureroberung abzulegen.

Doch die Sache hat einen Haken: Auf eine solche göttliche Gabe kann der Gläubige mit keiner Gegengabe antworten. Das Gesetz des Tausches ist ausgehebelt. Es entsteht eine Schuld, die niemals zu begleichen ist. Dieses Schuldverhältnis lässt dem Christen nur drei Möglichkeiten. Die erste ist der blinde, gehorsame Glaube. »Die Gabe des Gläubigen ist zuerst die Gabe seiner selbst durch den Glauben, die Geste absoluten Vertrauens« (Hénaff 2009, S. 408). Die zweite Möglichkeit des Christen, mit der Schuld gegenüber Gott umzugehen, besteht im »Ausgang aus der selbstverschuldeten Unmündigkeit« (Kant) durch die Aufklärung. Sie verlangt nach Emanzipation von der kirchlichen Bevormundung und dem Prinzip der Schuld: sowohl im theologischen als auch im ökonomischen Sinne. Will sich der Mensch aus der Schuld befreien, so bleibt ihm nichts anderes übrig, als Gott »zu töten«. Diesen Weg beschrieb Nietzsche: »[…] ja die Aussicht ist nicht abzuweisen, dass der vollkommene und endgültige Sieg des Atheismus die Menschheit von diesem ganzen Gefühl, Schulden gegen ihren Anfang, ihre prima causa zu haben, lösen dürfte. Atheismus und eine Art zweiter Unschuld gehören zu einander« (Nietzsche 1988, S. 329f.). Die dritte Möglichkeit besteht darin, die »Schuld« für das Selbstopfer Gottes an einen anderen zu verweisen: und dies war vor allem »der Jude«. Indem der Christ ihn zum »Gottesmörder« erklärte, entband er sich selbst von der Notwendigkeit einer Gegengabe:

Denn wenn Christus einem »Verbrechen« zum Opfer fiel, hatte er sich nicht selbst geopfert. Es gab also kein Schuldverhältnis gegenüber Gott.

Freilich: Keiner dieser Auswege führte aus der Schuld gegenüber der Natur. In diesem Fall blieb nur die Hoffnung auf ein Lösegeld. Der paradoxe christliche Emanzipationsdrang *aus* der Schuld, der immer wieder *in* die Schuld führt, wurde so zum Motor des Kapitalismus und der Geldakkumulation: Wenn es nur genügend Geld gibt, so das Phantasma, lassen sich endlich alle Schulden gegenüber der Schöpfung und dem Schöpfer tilgen; wir wären ein für alle Mal erlöst. Vielleicht werden Finanzmanager deshalb so teuer bezahlt: Man erhofft sich von ihnen – durch die Akkumulation von Kapital – den Sieg über eine uneinlösbare Schuld. Ein Auftrag, den der Vorstandsvorsitzende der US-Investmentbank Goldman Sachs, Lloyd Blankfein, mit dem Satz quittierte, er sei ja nur »ein Banker, der Gottes Werk verrichtet« (Sunday Times London, 8.11.2009). Dieses Phantasma wird noch dadurch verstärkt, dass das Geld inzwischen auch tatsächlich Leben zu erzeugen vermag: dank Genetik und Reproduktionstechniken. Die modernen Gesellschaften haben mehr Schulden akkumuliert als alle anderen zuvor. Doch offenbar sind sie auch auf dem besten Wege, die Schöpfung zum Schuldner des Menschen zu machen. Kurz: Die christliche Religion ist mehr als geldkompatibel. Es ist kein Zufall, dass Kapitalismus und freie Marktwirtschaft sich ausgerechnet im christlichen Kulturraum entwickelt haben.

Literatur

Bloch, I. (1912): Handbuch der Gesamten Sexualwissenschaft in Einzeldarstellungen. Bd. 1: Die Prostitution. Marcus, Berlin.

Bock von Wülfingen, B. (2012): Economies and the Cell. Heredity and Conception Around 1900 and 2000. Habilitationsschrift, Berlin 2012.

Braun, C. von (2012): Der Preis des Geldes. Eine Kulturgeschichte. Aufbau, Berlin.

Dash, M. (2001): Tulpenwahn. Die verrückteste Spekulation der Geschichte. Übers. v. E. Peschel. Ullstein, München.

Euripides (um 428 v. Chr.):»Hippolytos«. In: Ders.: Tragödien, griechisch und deutsch. Hg. von D. Ebener. Akademie-Verlag, Berlin 1972–1980 (= Schriften und Quellen der alten Welt 30: 1–6). Band 2 (1975): Alkestis, Hippolytos, Hekabe, Andromache, S. 93–199.

Hayek, F.A. von (1977): Entnationalisierung des Geldes. Eine Analyse der Theorie und Praxis konkurrierender Umlaufsmittel. Übers. aus dem Englischen von W. Gräfin von Klinckowstroem. Mohr, Tübingen.

Hénaff, M. (2009): Der Preis der Wahrheit. Gabe, Geld und Philosophie. Übers. aus d. Französischen v. E. Moldenhauer. Suhrkamp, Frankfurt am Main.

Hörisch, J. (2009): Bedeutsamkeit. Über den Zusammenhang von Zeit, Sinn und Medien. Hanser, München.

Laum, B. (2006): Heiliges Geld. Eine historische Untersuchung über den sakralen Ursprung des Geldes. [Tübingen 1924] Semele, Berlin.

Le Goff, J. (1984): Die Geburt des Fegefeuers. Übers. aus d. Französischen v. A. Forkel. Klett-Cotta, Stuttgart.

Loraux, N. (1990): Die Trauer der Mütter. Weibliche Leidenschaft und die Exzesse der Politik. Übers. aus d. Französischen v. E. Moldenhauer. Campus, Frankfurt am Main / New York.

Kallir, A. (1961): Sign and Design: The Psychogenetic Sources of the Alphabet. Clarke & Co,. London (dt.: Sign and Design. Die psychogenetischen Quellen des Alphabets. Kadmos, Berlin 2002).

Keuls, E. C. (1983):»Attic Vase-Painting and the Home Textile Industry«. In: Moon, W.G. (Hg.): Ancient Greek Art and Iconography. University of Wisconsin Press, Wisconsin, S. 209–230.

Keuls, E. C. (1985): The Reign of the Phallus. Sexual Politics in Ancient Athens. Harper & Row, New York.

Kulischer, J. (1958): Allgemeine Wirtschaftsgeschichte des Mittelalters und der Neuzeit. Bd. 1: Das Mittelalter. Wissenschaftliche Buchgesellschaft, Darmstadt.

Kuls, N. / Knop, C. (2009): Goldman-Sachs-Chef Blankfein:»Ich bin ein Banker, der Gottes Werk verrichtet«. In: faz.net vom 9.11.2009. http://www.faz.net/aktuell/wirtschaft/unternehmen/goldman-sachs-chef-blankfein-ich-bin-ein-banker-der-gottes-werk-verrichtet-1886316.html [Zugriff: 23.5.2017].

Mackensen, L. (1985): Ursprung der Wörter. Etymologisches Wörterbuch der deutschen Sprache. VMA-Verlag, Wiesbaden.

Mauss, M. ([1950] 1990): Die Gabe. Form und Funktion des Austausches in archaischen Gesellschaften. Übers. aus d. Französischen v. E. Moldenhauer. Suhrkamp, Frankfurt am Main.

Nietzsche, F. (1988): Sämtliche Werke. Kritische Studienausgabe in 15 Bänden. Hg. von G. Colli und M. Montinari. Band 5: Jenseits von Gut und Böse. Zur Genealogie der Moral. dtv, München.

Reden, S. von ([1995] 2003): Exchange in Ancient Greece. Duckworth, London.

Reinhart, C.M.; Rogoff, K.S. (2009): This Time is Different. Eight Centuries of Financial Folly. Princeton University Press, Princeton.

Schmandt-Besserat, D. (1982): Vom Ursprung der Schrift. In: Spektrum der Wissenschaft, S. 37ff.

Schmandt-Besserat, D. (1982): »The Emergence of Recording«. In: American Anthropologist, 1982, Vol. 84, No. 4, S. 871–878.

Schmandt-Besserat, D. (1996): How Writing Came About. University of Texas Press, Austin.

Schmandt-Besserat, D. (1999): »Accounting with Tokens in the Ancient Near East«. http://archive.li/8SMqN [Zugriff: 23.5.2017].

Shell, M. (1995): Art and Money. University of Chicago Press, Chicago.

The Concice Oxford Dictionary of Current English: Based on the Oxford Dictionary. Hg. von H.W. Fowler / E. McIntosh. Clarendon Press, Oxford 1964.

CLAUDIA NAGEL

Macht und Magie des Geldes – die Psychodynamik der Finanzmarktkrise aus heutiger Sicht

Einleitung

Fast zehn Jahre sind seit Ausbruch der Finanzmarktkrise 2008 vergangen, und bis heute gilt sie nur zum Teil als überwunden. Die dahinterstehenden Psycho- und Soziodynamiken sind hingegen kaum bekannt. Hierzu gehören die mythisch-magische Rolle des Geldes ebenso wie das narzisstische Strukturdefizit einer Gesellschaft und eine sich daraus im Umgang mit dem Geld ergebende perverse Dynamik. Als Eingangsthese lässt sich daher formulieren: Die Entstehung der Finanzmarktkrise lässt sich mit der Psychodynamik der Perversion erklären, wobei das Geld als Fetisch funktioniert. Den Fetischcharakter erhält das Geld durch seine mythisch-magische Ursprungsgeschichte.

Wie dies im Einzelnen zusammenhängt, werde ich im Folgenden erläutern.

Die besondere Bedeutung des Geldes – seine magische und archetypische Dimension

Die Vorläufer des heutigen Geldes waren erste geprägte Münzen aus Gold. Die Wurzel des Münzbegriffes liegt im lateinischen *moneta* (»Münzstätte, Münze«). Aus *moneta* wurde im Althochdeutschen *muniza*, später *Münze*; im Französischen heißt es *monnaie*, im Englischen *money* (Kluge 2002). Gold war für Münzen nicht nur ein besonders geschätztes Metall (Baßeler/Heinrich/Koch 1988), auch die Verbindung von Gold und Münzgeld basiert auf

92

der Entstehung des ersten Münzgeldes bei den Lydern im 7. Jahrhundert vor Christus: Die Lyder gelten als die »Entwickler« des Münzgeldes, weil sie Goldstaub zu Münzen verschmolzen haben, um damit ihre Söldner zu bezahlen.

Da Gold strahlt und glänzt wie die Sonne, wird es von vielen Kulturvölkern als Zeichen für die Sonne bzw. den Sonnengott verwendet. In den lateinischen Wörtern *aurum*, »Gold«, und *aurora*, »Morgenröte«, zeigt sich die sprachliche Verwandtschaft von Gold und Licht; in der Kabbala findet sich das Wort *aur* für »Geist Gottes« und schafft eine Verbindung von Licht und Gott.

Das dialektische Verhältnis von sakralen und teuflischen Aspekten als archetypische Grundlagen des Geldes

Als Ausgangsbasis dient hier Neumanns (1956/1985) Vorstellung der Struktur des Archetyps der Großen Mutter. Er geht davon aus, dass der Archetyp der Großen Mutter nicht nur, wie alle anderen Archetypen, einen positiven oder negativen Pol hat, sondern auch einen sogenannten Elementar- und einen Wandlungscharakter besitzt. Damit legt er dem Archetyp der Großen Mutter eine vierpolige Struktur zugrunde. Geld hat zwei zentrale kreditwirtschaftliche Funktionen, die mit diesen beiden Charakteren verwandt sind. Die Wertaufbewahrungsfunktion des Geldes (Jarchow 1987) wird durch den Elementarcharakter dargestellt, während die Tauschfunktion des Geldes (ebd. 1987) durch den Wandlungscharakter für die verwandelnde Kraft oder Energie des Geldes steht, denn Geld »verwandelt« sich in das gekaufte Gut und alles, was damit verbunden ist. Anhand von Mythen, Märchen und Riten werde ich diese archetypische Bedeutung verdeutlichen.

Der positive Elementarcharakter im sakralen Stieropfer

In frühgriechischen und -römischen Zeiten wurden die Opfertiere auf einem hauseigenen Altar oder aber im Rahmen einer staatlichen Feierlichkeit geschlachtet. In diesem zentralen religiösen Ritual des gemeinschaftlichen Verzehrs verbinden sich die Opfernden über das Opfertier mit dem Gott und introjizieren dessen göttliche

Kräfte. Vor allem der Stier spielt in der Kultur des Abendlandes eine besondere Rolle als Opfertier. Er repräsentierte häufig die höchste Gottheit (Lurker 1984). Beim Stieropfer wurde das Fleisch des Tieres an einem Spieß (*obelós*, später *obulus*) gebraten und geopfert. Da sich in antiken Tempelinventaren eine große Anzahl von Spießen (*oboloi*) findet, geht man davon aus, dass die Tempel die erste, vorwirtschaftliche Tauschstätte waren. Der Fleischspieß galt im Lauf der Zeit als eigener Wertgegenstand: Er wurde gehandelt und statt der ursprünglichen Opfertiere erworben und geopfert (Laum 1924). Auf den ersten Münzen war der Stier wie ein Totemtier dargestellt, und auch heute noch spielt das Symbol des Stieres als Zeichen der wirtschaftlichen Fruchtbarkeit eine Rolle: Es verkörpert die Hausse bzw. positive Kursentwicklung am Kapitalmarkt und steht für Wachstum und Gewinne.

Die Vereinigung des männlichen Stierblutes (im Sinne von Animus) mit der weiblichen Erde (im Sinne von Anima) im Stieropfer ist als Fruchtbarkeitssymbol zu sehen und steht für eine fruchtbare Vereinigung und den Wunsch nach kreativer Kraft. Es kann also als Introjektion schöpferischer Kraft und Stärke begriffen wie auch als Opfer der menschlichen Triebnatur gedeutet werden. Die Verbindung von Animus und Anima kann zudem als Wunsch nach Selbstwerdung und Geld als ein Selbstsymbol verstanden werden. Die Entwicklung des Selbst als kreativer Akt geschieht jedoch nicht durch Festhalten oder Anhäufen, sondern durch das Hingeben bzw. durch Hingabe und Opfer. Im Festhalten, im Geiz und in der Gier nach Mehr verkehrt sich die positive Wirkung des Geldes und des Goldes in ihr Gegenteil. An dieser Stelle befindet sich der Wendepunkt des Elementarcharakters, an dem sich die magisch-schöpferische Kraft durch »falsche Nutzung« in ihr Gegenteil, in den negativen Elementarcharakter verwandelt.

Der negative Elementarcharakter im teuflischen »pecunia (non) olet«

An der Stelle, da die positiv haltenden Kräfte in das übermäßige Festhaltenwollen kippen, befindet sich dieser Wendepunkt zum negativen Elementarcharakter. So wird das Geld häufig als schmutzig beschrieben – der Satz »Geld stinkt nicht« *(pecunia non olet)* bedeutet nämlich genau das Gegenteil: In der Entdeckung des Analcharakters beschreibt Freud, wie eine gestörte Reinlichkeitserziehung des Kindes und der Umgang mit dessen Faeces zu zwangsneurotischen Zügen wie übertriebener Ordentlichkeit, Sparsamkeit und Geiz führen können (Freud 1999). Aus der Bewältigung der sogenannten analen Phase ergibt sich nach Freud der Umgang mit Geld.

Die Geld-Faeces-Gleichung wurde zwar von Freud für die Psychoanalyse genutzt, sie hat aber sehr viel ältere Wurzeln, die sich in Geschichten, Kunst und Literatur finden lassen. Äsops Fabel von (Äsop 2004) der Gans, die goldene Eier legt, gehört ebenso in diesen Bereich wie auch der vorn und hinten Gold speiende Esel in Grimms Märchen »Tischlein deck dich« (Grimm 1984). Die wohl berühmteste Verarbeitung der Teufelsthematik mit eindeutigen Hinweisen auf die Geld-Faeces-Gleichung findet sich jedoch in Goethes *Faust*. Gretchen erhält von Faust ein Kästchen mit goldenen Schmuckstücken, um sie für sich zu gewinnen. Es ist Mephistopheles, der dieses Kästchen herbeigezaubert hat, und wie es nach Gretchens berühmter Aussage heißt: »Nach Golde drängt / Am Golde hängt / Doch alles. Ach wir Armen« (Goethe, Faust, Vers 2802–2804). Die Mutter merkt jedoch gleich, was sich denn hinter dem Gold eigentlich verbirgt:

»Die Mutter kriegt das Ding zu schauen
Gleich fängts ihr heimlich an zu grauen:
Die Frau hat gar einen feinen Geruch
Schnuffelt immer im Gebetbuch
Und riechts einem jedem Möbel an
Ob das Ding ist heilig oder profan
Und an dem Schmuck, da spürt sies klar
Dass dabei nicht viel Segen war«
(ebd., Vers 2815–2822).

Der Geruch des Goldes verrät die Verwandlung aus Unrat, es wird damit als Teufelsgeschenk erkennbar. Es ist also vor allem eine Frage der historischen und religiösen Perspektive, ob man im Teufel – wie in der christlichen Kirche des Mittelalters begonnen – nur das Böse und die Destruktivität erkennt oder noch – wie in anderen religiösen Zusammenhängen – seine Herkunft als schöpferischen Zerstörer mit wilden, unbeherrschbaren Trieben sieht. Denn auch wenn Teufel und Kobolde das Prinzip des Chaos, der Unordnung und der Zerstörung repräsentieren, so besitzen sie auch eine die Grenzen sprengende Kraft, die der Ursprung der Lebensenergie sein kann (Campbell 1996 [1959]). Als Herrscher der Unterwelt wird der Teufel auch als Herrscher des Unbewussten verstanden. Das Unbewusste hat eine Kraft und Energie, die den Menschen besitzen, steuern und lenken kann, ohne dass er sich dessen bewusst ist. Besessenheit, auch Geldbesessenheit – im Sinne eines Schattenkomplexes – ist eine Folge der Stärke dieser Kraft und der »teuflischen« Seite, die diese zunächst unbeherrschbar erscheinen lässt. Für Geld gilt daher Ähnliches: »Reiche besitzen ihr Geld nicht, sondern werden von ihm besessen« (Blaton 1977). Die Schattenprojektion auf das Geld kann umschlagen in eine befreiende, kreative Erlösung, wenn es gelingt, sich von der Fixierung ans und dem Festhaltenwollen am Geld zu befreien.

Der positive Wandlungscharakter des Geldes im Märchen »Die Sterntaler«

Der Wandlungscharakter des Geldes beschreibt die dem Geld innewohnende Möglichkeit, den Menschen durch seinen Besitz zu verändern. Diese Veränderung erfolgt vor allem durch vom Geld ermöglichte Wunscherfüllung und die damit wiederum verbundene Projektion der Wunscherfüllung auf das Geld – denn Geld soll den Menschen (angeblich) glücklich machen. Durch Geld kann man sich in fast alles verwandeln und wird dann hoffentlich auch selbst verwandelt.

Grimms Märchen »Die Sterntaler« ist ein besonders schönes Beispiel hierfür: Ein kleines, frommes, elternloses Mädchen ist so arm, dass es kein Zuhause mehr hat, nur noch ein Stück Brot und die Kleider, die es auf dem Leib trägt. Es wird von mehreren Menschen um Hilfe gebeten und gibt Stück für Stück alles weg, was es besitzt. Schließlich gelangt es in einen dunklen Wald und dort verschenkt es sogar sein letztes Hemd, weil es im Dunkeln ja niemand sehen könne.

»Und wie es so stand und gar nichts mehr hatte, fielen auf einmal die Sterne vom Himmel und waren lauter blanke Taler: und obgleich es sein Hemdlein weggegeben, so hatte es ein neues an, und das war vom allerfeinsten Linnen. Da sammelte es die Taler ein und war reich für sein Lebtag« (Grimm 1984, S. 76).

Das Mädchen wird für sein selbstloses Verhalten belohnt, und da es dies nicht aus Berechnung getan hat, sondern allein aus Hilfsbereitschaft, wird es beschenkt, und in diesem Geschenk wird ihm lebenslanges Glück zuteil. Geld hat also wieder einen magischen Charakter, der sich hier in den vom Himmel fallenden Sternen zeigt. Diese stehen hier wohl für inneren Reichtum, der durch ein äußeres Opfer und eine Reise durch die Nacht, also Depression und Einsamkeit erreicht wird. Dann findet das Mädchen den Weg zu eigenem inneren Reichtum, der »vom Himmel fällt«. Dieser Himmel ist jedoch ein Sinnbild für den Himmel im Menschen, der es ermöglicht, den eigenen inneren Reichtum zu erkennen. Das Geld ist also auch ein Zeichen für den Reichtum, den jemand erfährt, wenn er eine schwierige Aufgabe bewältigt oder etwas für ihn Wichtiges hergibt und verzichtet. Es steht als Symbol für das Ergebnis eines inneren Wandlungsprozesses und für den inneren Reichtum, den jemand erlangen kann, der sich auf diesen schwierigen Prozess einlässt.

Der negative Wandlungscharakter des Geldes in »Das kalte Herz«

Das Märchen »Das kalte Herz«, das wichtigste in Wilhelm Hauffs Sammlung *Die Karawane* (Hauff 2002 [1826]) soll den negativen

Wandlungscharakter verdeutlichen. Es erzählt von blinder Besessenheit und dem Verkauf des eigenen Herzens, um wirtschaftlichen und gesellschaftlichen Aufstieg und Ansehen zu erreichen. Der junge Peter Munk, der etwas Besseres sein will als nur ein Köhler, erfährt Hilfe und Reichtum durch das Glasmännlein. Da seine Wünsche jedoch sehr töricht sind, ist der erworbene Reichtum schnell wieder vernichtet. Deshalb verkauft er sein Herz dem Holländer-Michel, erhält stattdessen einen Stein, wird unermesslich reich, aber auch furchtbar geizig, betrügerisch und tötet seine Frau in einem Anfall aus Jähzorn. Ihr Tod berührt ihn dann doch, und er gewinnt mit Hilfe einer List sein richtiges Herz zurück. Nach Erleben echter und tiefer Reue, in der er sich den eigenen Tod wünscht, wird er vom Glasmännlein mit der Wiederbelebung seiner Frau beschenkt, um glücklich weiterzuleben.

In diesem Märchen wird die verwandelnde Kraft des Geldes deutlich, die aus dem netten jungen Mann Peter Munk einen herzlosen Menschen macht: Aus Unzufriedenheit mit der eigenen Situation wünscht sich Peter Munk Geld und Reichtum, denn dann wäre er ein angesehener »Jemand«. Erst durch äußere Werte erhält er also ein Gefühl von seinem eigenen Wert als Mensch, erst durch Geld wird er selbst wertvoll, so glaubt er. Er verkauft sein Herz – psychologisch betrachtet seine Seele, seine Anima – und erhält stattdessen ein kaltes, steinernes Herz, Reichtum und Ansehen. Die Hinwendung zum und die Besessenheit vom Geld verhindern, dass »der Reiche« tiefe Gefühle und Freundschaften (ohne Gegengabe bzw. ohne sie zu kaufen) erfahren und sein Herz zu ihm sprechen kann. Aus dem netten jungen Mann, der Peter Munk zuvor war, macht das Geld einen gefühlskalten, geizigen, gierigen und spielbesessenen Menschen. So zeigt sich der negative Wandlungscharakter des Geldes.

Problematisch ist dieser negativ wirkende Aspekt des Geldes insofern, als die Verwandlung zunächst einmal positiv erscheint. Reichtum und gesellschaftliche Anerkennung vermögen das innere Loch, das in mangelndem Selbstwertgefühl besteht, erst einmal zu stopfen. Die durch den materiellen Reichtum möglich gewordene

Befriedigung der Wünsche wird als angenehm empfunden, und das Gefühl des Mangels entsteht nicht (mehr). Wenn es aber oberflächlich gesehen kein Gefühl des Mangels mehr gibt, ist der Leidens- und Veränderungsdruck gering (Cremerius 1984). Wenn dann doch ein Gefühl des Mangels auftritt, versucht der Mensch, dieses durch mehr Reichtum und materielle Werte zu beseitigen. Die dahinterliegende seelische Leere wird dadurch immer wieder zugedeckt und nicht empfunden, weil sein Streben nach Mehr den Betreffenden vollständig in Anspruch nimmt.

Das Geld wirkt dann symbolisch wie ein Spiegel, es wirft die eigene Bedeutsamkeit durch die erworbenen Güter zurück. Dieser Spiegel erinnert an den Spiegel des Narziss. Dieser verliebt sich nach der Sage von Ovid beim Betrachten seiner selbst unsterblich in sein eigenes Spiegelbild, das vom Wasser zurückgeworfen wird. Da es sich bei jeder Berührung zerstört, stirbt Narziss aus unerfüllbarer Sehnsucht nach ihm, nach seiner selbst, nach einer Begegnung mit dem anderen in sich selbst. Ähnlich ist es bei Peter Munk. Er sucht durch den Reichtum die Anerkennung, die aber gerade aufgrund seines Reichtums nicht um seiner selbst erfolgen kann und damit als echte Anerkennung seines eigenen Wertes unmöglich ist. Geld ist Ersatz für Selbstwertgefühl und Selbstliebe und repräsentiert hier das Selbst bzw. den Mangel an Selbstentfaltung und den Wunsch nach einem Selbst – eine typische narzisstische Reaktion[1].

Das Märchen erhält insofern eine Warnung, als der Wunsch nach Geld aus narzisstischen Gründen zwar vordergründig zur Triebbefriedigung, aber letztlich zur inneren Verhärtung führt und damit genau das Gegenteil des Gewünschten, wie Liebe und Anerkennung, erreicht.»Das kalte Herz« zeigt, dass Geld die vordergründige Möglichkeit besitzt, nicht vorhandenes Selbstwertgefühl zu kompensieren. Durch diesen vermeintlich wirksamen Kompensationsmechanismus werden andere Gefühle wie Freundschaft, Liebe und Mitgefühl zerstört bzw. können sich auch aufgrund des Krankheitsbildes gar nicht erst entwickeln.

Zusammenfassung: Geld als Archetyp

Geld als Archetyp zeichnet sich durch große Ambivalenz aus. In ihm stehen sich ein göttlich-schöpferischer Aspekt und ein teuflisch-zerstörerischer Aspekt dialektisch gegenüber. Der Archetyp des Animus befindet sich im Zentrum der archetypischen Symbolik des Geldes, seine männlich schöpferische geistige Kraft kann sich zu zerstörerischer Gier und nicht mehr loslassendem Geiz entwickeln. In seinem positiven Elementarcharakter verspricht Geld Geborgenheit, Sicherheit und kreative Schöpfungskraft; in seinem positiven Wandlungscharakter verheißt es inneren Reichtum und seelisches Wachstum. Hierzu sind jedoch immer die unterstützenden Kräfte der Anima notwendig, die durch Opferbereitschaft und Hingabe erst die positive Wirkung ermöglichen. In diesem Zusammenwirken wird das Geld als Selbstsymbol verstanden. Die Gefahr kommt jedoch von dem negativen Elementarcharakter und seinen besitzergreifenden Kräften, die zu zwangsneurotischen Verhaltensweisen führen können, sowie der ihm innewohnenden Möglichkeit, narzisstische Kränkungen durch Macht und Reichtum zu kompensieren, statt darauf mit Depression zu reagieren.

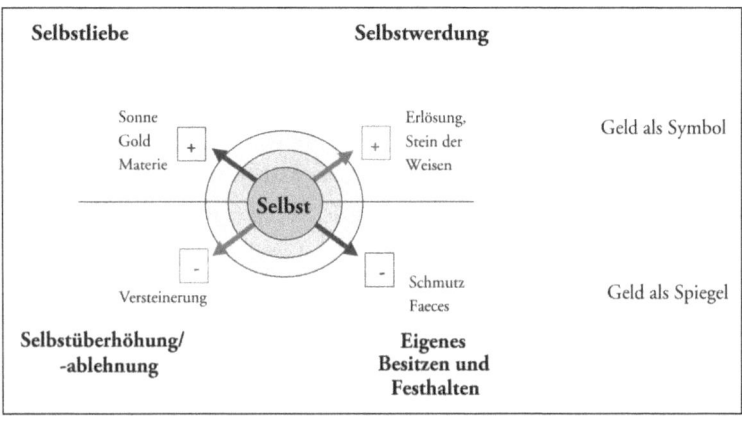

Abb. 5: Archetypische Aspekte des Geldes

100

Geld als Fetisch im Sinne einer Perversion und als phantastisches Objekt

Aufbauend auf der oben dargestellten archetypischen Bedeutung des Geldes und seiner Funktion als Selbstobjekt kommt dem Geld damit auch eine Fetischrolle zu.

In der klassischen Auffassung wird die Perversion als Regression auf eine kindliche Form der Sexualbetätigung verstanden, die durch ödipale Kastrationsangst und Verdrängung eingeleitet wird. Diese wurzelt wiederum in einem traumatischen Kindheitserlebnis: der Entdeckung der Penislosigkeit der Mutter. Hinzu kommt die Idealisierung eines unlebendigen Fetisches, der die Verleugnung des Geschlechtsunterschiedes sichert und für den Phallus der Frau steht. Das traumatische Erlebnis des Kindes wird als Erwachsener zu einem Triumph umgekehrt und benötigt dafür die Angstlust zur Steigerung der Erregung (Berner 2002). Der Fetisch hat gleichzeitig etwas Erregendes und dient der Angstabwehr. Als Objekt der Begierde und der Lust tritt er an die Stelle des idealisierten inneren Objektes. Im Unterschied zu einem Übergangsobjekt, das einen beruhigenden Charakter hat, ist der Fetisch von auf- und erregender Natur.

Bereits Freud hatte den Unterschied zwischen der Neurose und der Perversion herausgearbeitet: In der Neurose wird der Wunsch abgewehrt, verkleidet oder gehindert, aus Rücksicht auf Gefahren, die in der Wirklichkeit wahrgenommen werden (Freud 1948, S. 204), während in der Perversion die Wahrnehmung der Realität verändert und der Wunsch beibehalten wird (Grossmann 1993). Unerwünschte (Realitäts-)Wahrnehmungen werden verleugnet, um zu vermeiden, dass geliebte Phantasien und Glaubensinhalte der Allmacht, Beherrschbarkeit und Omnipotenz in Frage gestellt werden. Träume werden als real und Wahrnehmungen als Träume behandelt (Wurmser 2002). In Bezug auf die Arbeit mit Patientinnen und Patienten kann es beispielsweise bedeuten, dass diese »wegschauen«, wenn eine treffende Deutung angeboten wird. So kann es passieren, dass eine ungemütliche Realität wie ein Traum oder ein Witz aufgefasst wird. Träume werden betrachtet, als wären sie wahr, und die Wahrheit, als wäre sie ein Traum. Diese Spaltung ist ein die Perversion durchgängig kennzeichnendes Merkmal. Im Gegensatz zur horizontalen Spaltung der Verdrängung, in der ichdystone Reaktionen vom wahren Selbst abgespalten werden, wird hier ein vertikaler Spaltungsmechanismus verwendet, d. h. es entsteht ein unverbundenes Nebeneinander entgegengesetzter unbewusster Ich-Anteile, die auf unterschiedliche Art Befriedigung suchen und verschiedenen moralischen und ästhetischen Werten nachstreben. Die Spaltung ist Ausdruck mangelnder Integration und wird in der Selbstpsychologie als Störung des Selbst oder auch als narzisstische Störung verstanden. Das Fehlverhalten und die Aktivität des abgespaltenen Sektors sind vorwiegend Ausdruck eines strukturellen Defizites (Goldberg 1998). Ähnlich wie der andere als Objekt benutzt werden kann, dient der Fetisch der Stabilisierung und Vervollständigung des Selbst. Er ersetzt, was fehlt. Der Fetisch steht sozusagen für das fehlende Stück, denn »ein bedeutendes Stück fehlt« (Wurmser 2002). Der Archetyp des Invaliden drückt die Perversion und die allgemeine Psychopathie aus. Die Krücke des Invaliden ersetzt im übertragenen Sinn das fehlende Stück. Der Fetisch kann die Rolle der Krücke übernehmen.

Die wesentlichen Merkmale einer Perversion können mit Wurmser (2002, S. 18f.) folgendermaßen zusammengefasst werden:
- die Spaltung von Verleugnung und Anerkennung, das Nebeneinander von Ja und Nein,
- die magische Verwirklichung der Phantasie als Illusion,
- die Entmenschlichung der Beziehung,
- die Doppelheit des Selbst und die Spaltung der Wirklichkeit in ein Universum von Allmacht versus Ohnmacht,
- die Spaltung des Über-Ichs im Sinne der überwältigenden Scham und Schuld,
- die Verleugnung der wesentlichen Unterschiede: zwischen Phantasie und Realität, zwischen konkret und symbolisch, zwischen belebt und unbelebt,

- die Verleugnung des Verlaufs der Zeit und damit die ewige Wiederkehr des Gleichen.

Phantastische Objekte funktionieren so ähnlich wie ein Fetisch: als mentale Repräsentation, welche die geheimsten Wünsche erfüllt, ganz so wie Aladins Wunderlampe (Tuckett/Taffler 2008, S. 88f.). Die Wunderlampe muss gerieben werden, dann erscheint ein Geist und erfüllt den jeweiligen Wunsch. So ist es auch mit dem Geld: wenn es ausgegeben wird, erfüllt sich der Wunsch nach Schönheit, Ansehen, Macht und Einfluss, Beherrschung, Begehren und auch Lust.

In der Finanzmarktkrise lassen sich diese Aspekte sowohl auf der individuellen Ebene der Akteure wie auch auf einer gesellschaftlichen Ebene nachvollziehen.

Die Finanzmarktkrise

Die Finanzmarktkrise – Entstehung und erste Phase

Ausgangspunkt einer ersten Betrachtung der wirtschaftlichen Zusammenhänge ist der »globale Finanztopf«, der auf der Suche nach Anlagemöglichkeiten ist. Es geht also zunächst um die Seite der Anleger (Blumberg/Glass 2009a). Institutionelle Investoren wie Versicherungen, Pensionskassen, Fonds, Hedgefonds oder auch Family-Offices von großen Privatvermögen verfügten 1980 noch über 2.964 Mrd. USD, aber 2007 bereits über 70 000 Mrd. USD (70 000 000 000 000 USD) (OECD 2004; Blumberg/Glass 2009a). Dieser globale Finanztopf ist immer auf der Suche nach einerseits renditestarken, andererseits auch risikoarmen Anlagemöglichkeiten. Lange Zeit galten vor allem US-Staatsanleihen als besonders sicher.

Die Niedrigzinspolitik der USA auch schon zu Beginn des 21. Jahrhunderts verbilligte sowohl die Kreditaufnahme des Staates als auch die der Hauskäufer. Beides war politisch gewünscht und möglicherweise ein später Ausdruck der Traumatisierung durch den

11. September 2001. Amerikanische Staatsanleihen waren damit weniger interessant geworden und der globale Finanztopf war auf der Suche nach alternativen, hoffentlich ebenfalls risikoarmen Anlagemöglichkeiten. Er entdeckte die *Mortgage Backed Securities*, bei denen es sich um verbriefte, im Paket gebündelte und weiterverkaufte Hypothekendarlehen handelte. Weil Hypothekendarlehen bisher als eine sehr sichere Anlageform galten – die Ausfälle waren sehr gering –, stieg von Seiten des globalen Finanztopfs die Nachfrage nach diesen gebündelten, verbrieften Hypothekendarlehen.

Dann geschah Folgendes: Weil die Nachfrage steigt, werden mehr Hypothekenbanken aktiv, neue Hypothekenmakler kommen hinzu, es werden mehr Häuser gekauft. Die Häuserpreise steigen, die Hausinhaber lösen die alten Darlehen durch neue ab, es werden neue Produkte entwickelt, CDOs, *Collateralized Debt Obligations*. CDOs sind gebündelte und in Tranchen unterschiedlicher Werthaltigkeit aufgeteilte *Mortgage Backed* oder auch *Asset Backed Securities*. In den Tranchen befinden sich erstklassige Hypothekendarlehen *(Prime Mortgages)*, aber auch weniger gut beurteilte Darlehen *(Subprime Mortgages)*. Die Rating-Agenturen schätzen die Papiere als nicht riskant ein, aufgrund der bisherigen geringen Ausfallwahrscheinlichkeit der Hypothekendarlehen in der Vergangenheit. Mit der Zeit und der weiterhin vorhandenen Nachfrage nach CDOs passiert Folgendes: Nicht nur die Häuserpreise steigen, sondern es kommen mehr (und damit weniger qualifizierte) Hypothekenmakler auf den Markt, mehr Hypothekenbanken (die sich alle refinanzieren müssen) wollen mitmachen, jeder möchte sich den amerikanischen Traum eines Eigenheimes leisten, und die zunächst hohen Ansprüche an die Kreditwürdigkeit der Hauskäufer sinken. Auf der letzten Stufe der sinkenden Kreditansprüche stehen die sogenannten NINA-Darlehen: *No Income, No Assets* – es war weder ein Einkommensnachweis noch ein Vermögensnachweis notwendig.

An dieser Stelle gilt es, kurz innezuhalten und den Geisteszustand (»state of mind« [Long 2008, S. 34 ff.]) des Systems zu beschreiben. Warren Buffet drückt den Zustand aus heutiger Anlegersicht treffenderweise so aus, indem er sagt:»Nothing sedates rationality like large doses of effortless money« (zit. nach Plender 2009). Vor allem in den Banken (aller Arten: Investment-, Hypotheken- und Geschäftsbanken) und bei den Hypothekenmaklern entsteht ein Gefühl der Unschlagbarkeit und der Eindruck, das »Perpetuum mobile« des Geldes erfunden zu haben. Jeder will an diesem unendlichen Zirkus des leichten Geldverdienens mitmachen, Gier und Neid spielen hier eine wichtige Rolle. Allerdings ist dieses System viel komplexer, als dass die Gier der Investmentbanker allein ausreicht, um den psychologischen Zusammenhang zu erklären.

Auch wenn einige wenige Marktteilnehmer bereits ein warnendes Bauchgefühl haben, werden sie von vermeintlich rationalen Argumenten in der Art wie »Wenn die anderen das machen, müssen wir mitmachen, sonst verlieren wir Marktanteile« oder Ähnlichem übertönt.

Etwa November 2006 beginnt das System langsam zu kippen – Auslöser sind fallende Häuserpreise, weil die Kredite von immer mehr überforderten Kreditnehmern fällig werden, die Häuser verkauft werden müssen und die Preise fallen. Die Investmentbanken merken dies als Erste und stoppen den Kauf der hochriskant gewordenen Hypothekendarlehen. Das bedeutet plötzlich große Schwierigkeiten für Hypothekenbanken und -makler und hat bereits eine Reihe von Insolvenzen auf dem amerikanischen Hypothekenbankenmarkt zur Folge.

Die Finanzmarktkrise – die zweite Phase

Erst im September 2008 bekommt die Krise Momentum (Blumberg/Glass 2009b), denn am 15.9.08 muss Lehman Brothers Konkurs anmelden, einen Tag später AIG (American International Group). Die beiden amerikanischen Immobilienfinanzierer Freddie Mac und Fannie Mae werden nur mit Hilfe staatlicher Unterstützung vor dem Konkurs bewahrt, die amerikanische Investmentbank Bear Stearns wird von JPMorgan gekauft, Merrill Lynch kurze Zeit später von der Bank of America.

Lehmans Konkurs hat zwei Effekte: Lehman war ein wichtiger Emittent von *Commercial Papers*, die Unternehmen als eine Art Überziehungskredit dienen, um Liquiditätsschwankungen auszugleichen. Diese *Commercial Papers* werden von Investmentbanken emittiert und an Geldmarktfonds weiterverkauft.

Kurz bevor Lehman Konkurs anmelden muss, ziehen nun institutionelle Anleger aus einem der größten amerikanischen Geldmarktfonds, dem *Reserve Funds*, mit einem Gesamtvolumen von 64 Mrd. USD, sozusagen über Nacht 41 Mrd. USD ab, weil sie von dem bevorstehenden Konkurs erfahren hatten und Lehman ein Emittent der Papiere war, welche die Geldmarktfonds kauften (Waggoner 2008). Das hat zur Folge, dass der Geldmarktfonds das erste Mal in der Geschichte unter 100 Prozent notiert, in den nächsten zwei Tagen 100 Mrd. USD aus anderen Geldmarktfonds abgezogen werden und schließlich die Geldmarktfondsmanager keine Commercial Papers mehr für ihre Fonds kaufen, Unternehmen keine Commercial Papers mehr emittieren können und damit Beschaffungen und Investitionen absagen müssen (Blumberg/Glass 2009b).

Psychologisch ist hier vor allem der sichtbar werdende totale Vertrauensverlust interessant, der zu verzeichnen war, obwohl die Lehman-CP nur 1 oder 2 Prozent des Reserve-Funds-Portfolios ausmachten. Der Vertrauensverlust und die damit verbundene Angst waren von einer überdimensionalen irrationalen Dimension. Die Geldmarktfonds vertrauten den Banken nicht mehr und die Unternehmen gerieten dadurch in Finanzierungsschwierigkeiten.

Die Finanzmarktkrise – die dritte Phase

Als einen Tag nach dem Konkurs von Lehman Brothers auch AIG, der amerikanische Versicherungskonzern, in Schwierigkeiten gerät, liegt die Ursache in einem weiteren Instrument, den sogenannten Credit Default Swaps (CDS) (vgl. für die folgenden Ausführungen Egli/Schneider/Weber 2009). Bei CDS handelt es sich um Wertpapiere, die ursprünglich eine Art Versicherung gegen den Kreditausfall eines Unternehmens sind, deren Anleihe der Käufer der CDS besitzt. Diese Papiere werden als sogenannten OTC-Geschäfte (Over-the-Counter-Geschäfte) bilateral gehandelt, wobei sie keiner Regulierung oder Börsenaufsicht unterliegen und damit im Grunde jederzeit zwischen zwei Parteien geschlossen werden können. Ein Register oder Ähnliches existiert nicht.

Diese CDS können aber nicht zur Risikoabsicherung genutzt werden, sondern nur zu Spekulationszwecken, da mit einem relativ geringen Kapitaleinsatz (der Verkäufer der Prämie geht in der Regel nicht davon aus, dass das zugrunde liegende Unternehmen insolvent wird und es damit zu einem Ausfall und einer Zahlungsverpflichtung käme) relativ einfach Geld zu verdienen ist. Oft war es auch so, dass die CDS verkaufende Bank sich den gleichen Versicherungsschutz bei einer anderen Bank wieder eingekauft hat, um sich zu »hedgen«. Durch diesen Prozess des Netting entstand ein komplexes, vielfach miteinander verflochtenes System von Verbindlichkeiten der Banken und banknahen Institutionen untereinander, für die es keine Übersicht gibt – eine Folge der Deregulierung der Finanzmärkte.

Hinter dem etwas harmlos klingenden Wort »Spekulation« verbergen sich Spielwetten auf die Kreditqualität von Unternehmen. Allein durch die Emission und den Verkauf von CDS kann sich die Kreditqualität eines Unternehmens ohne dessen Zutun verschlechtern.

Solange kein Unternehmen oder keine Bank ausfällt, erscheint dieses System zunächst unproblematisch. Nur wenn ein Glied in dieser Kette bricht, entsteht eine negative Spirale von unvorstellbaren Ausmaßen, denn den ursprünglich zu versichernden Unternehmensanleihen in Höhe von 5000 Mrd. USD stehen CDS in Höhe von 60 000 Mrd. USD gegenüber.

AIG war, wie auch Lehman Brothers, einer der wesentlichen Marktteilnehmer. Der Konzern war, zusätzlich zu den bereits problematischen Kreditausfallversicherungen im Immobilienmarkt, bei den CDS Verpflichtungen in Höhe von 400 Mrd. USD eingegangen. Als Lehman Konkurs anmelden muss, hat AIG als Kreditversicherer für Lehman plötzlich ein Problem.

In dieser dritten Phase spielen zwei wichtige psychologische Aspekte eine Rolle. Im Vorfeld dieser globalen, vernetzten Spekulation, d. h. dem exzessiven Eingehen von Wetten, lässt sich eine große Lust an Spiel und Risiko erkennen, die wohl auch mit einer Verkennung der Realität einhergeht. Zu dieser Lust am Spiel gehören auch der Wunsch nach Nichtregulierung und der ständige Versuch, die vorhandenen Regeln zu umgehen. In der Krise kommt es dann zu einem totalen Vertrauensverlust. Durch den Mangel an Regulierung weiß niemand, welche Risiken und Papiere die andere Partei in ihrem Portfolio hat.

Fasst man den Geisteszustand des Systems zusammen, wäre folgende Übersicht möglich:

Regulatorische Ebene	Fehlkalkulation des Risikos	Keine Markttransparenz		Mangelhafte Kontrollmechanismen	Falsche Anreizsysteme	Mangelnde Regulierung
Emotionale Ebene	Ich will auch	Gier	Neid	Lust am Spiel	Unbesiegbarkeit	Stolz und Hochmut
Rationalisierungsebene	Die anderen? Interessiert mich nicht	Es wird schon gut gehen!			Risiko? Wir müssen Geschäfte machen!	Es ist doch lange Jahre gut gegangen!
Unbewusste Ebene	ANGST KOMPLEXITÄT					

Abb. 6: Der Geisteszustand des Finanzmarktsystems

Hinter diesem komplexen Geisteszustand verbirgt sich eine Dynamik, die als pervers bezeichnet werden kann (Long 2008). Als Nährboden für diese Entwicklung dient eine narzisstische Grunddynamik auf gesellschaftlicher Ebene.

Ein perverses System

Können die weiter oben dargestellten allgemeinen Überlegungen und Merkmale einer Perversion auf ein System, ein Unternehmen, eine Gesellschaft übertragen werden? Eine Gesellschaft kann auf der Basis einer bestimmten, beispielsweise narzisstischen Dynamik systemisch den Einzelnen und sein Verhalten so beeinflussen, dass es dem Geisteszustand *(state-of-mind)* des Systems entspricht. Ein perverser Geisteszustand lässt sich durch die in Abbildung 6 genannten Aspekte charakterisieren.

Für die Entwicklung eines perversen Systems ist eine Art Basis notwendig, ohne die es nicht zu dieser Entwicklung käme. Hier wird angenommen, dass es sich um ein generelles strukturelles Defizit handelt, das in Form der narzisstischen Gesellschaft (Lasch 1979) auftritt. In der Psychodynamik der narzisstischen Gesellschaft herrscht das Ziel der individuellen maximalen Selbstinszenierung vor, um sich im Sinne von Anerkennung und Gesehenwerden durch Dritte zu spiegeln und auf diese Weise das Selbstwertgefühl zu erhöhen und dem eigenen Leben Bedeutung zu verleihen.

Spaltungsmechanismen

In der Spaltung wird das Gefühl der eigenen Machtlosigkeit und Unwissenheit abgewehrt; es ist zu angstvoll, um es aushalten zu können. Die Wirklichkeit ist zu komplex, als dass sie beherrscht werden könnte; die Nichtbeherrschung kann zwar gesehen, gleichzeitig aber doch nicht gesehen werden.

Insbesondere in der ersten Phase der Krise wird ein Leugnungsmechanismus sichtbar. Zu Beginn entwickelt sich alles nur nach oben, der globale Finanztopf will immer mehr von diesen wunderbaren Produkten, die angeblich risikolos und mit guter Verzinsung sind. Nur – das hat es bisher nie gegeben: risikoarm und mit einer gleichzeitig interessanten Rendite versehen. Hier hätten schon die Alarmglocken aller Anleger schrillen müssen. Gerade institutionelle Anleger, die täglich Investmententscheidungen fällen, aber auch private Anleger, die Zertifikate oder Optionen kaufen, hätten dies erkennen müssen, da es sich um eine Grundregel der Anlage handelt.

Doch nicht nur die Anleger wollten eine der Wirklichkeiten – geringes Risiko würde niedrige Rendite bedeuten – nicht sehen. Geleugnet wurde auch die Komplexität der Instrumente. Bei den neu entwickelten strukturierten Wertpapieren und all ihren Nachfolgern für den Privatanlegerbereich in Form von Zertifikaten handelt es sich um hochkomplexe Instrumente, die mit gesundem Menschenverstand allein nicht mehr durchdrungen werden können. Und auch die Banker haben ihre eigenen Produkte nicht mehr verstanden. Ein partiell ungutes Gefühl wurde verdrängt, denn das hätte bedeuten können, an den möglichen Gewinnen nicht beteiligt zu sein.

In der Auseinandersetzung mit der Finanzmarktkrise werden an dieser Stelle häufig Gier und Neid als Motive erwähnt, der Leugnungsmechanismus scheint mir hier jedoch eher vorherrschend zu sein, während Gier und Neid auf einer bewussteren Ebene vorhanden sind. Sie dienen eher der Rationalisierung und der Abwehr der unbequemen Erkenntnis dieser Leugnungsmechanismen.

Es entstand ein kollektiver Zustand des Mitmachens, um in kurzer Zeit viel Geld zu verdienen, und vor allem auch des Wegschauens. Gier und Neid sind der oberflächliche Antrieb, so wie Nichtverpassen und Mitmachen-Wollen, aber hinter der Gier liegt die Leugnung der Unbeherrschbarkeit des Systems, die Angst vor der Komplexität und eine große Angst vor der eigenen Ohnmacht. Mitmachen hieß, Teil des Systems zu sein und die Illusion der Beherrschbarkeit aufrechtzuerhalten.

Ein weiterer Spaltungsmechanismus wird deutlich, als die Krise durch den Konkurs von Lehman und die Schwierigkeiten von AIG plötzlich Momentum bekam und aus dem Gefühl des »Alles geht« buchstäblich über Nacht »Nichts geht mehr« wurde. Das Objekt wird in der Spaltung als nur gut oder nur böse erlebt. In diesem plötzlichen, totalen und völlig irrationalen Umkippen der Systemmeinung findet sich der Wechsel in der Objektwahrnehmung:

Plötzlich wird aus dem wundersamen, Geld vermehrenden, Reichtum schenkenden Markt über Nacht ein Monster, dem auf keinen Fall mehr getraut werden kann, weil man sonst von ihm verschlungen wird. Dieser borderlineähnliche Spaltungseffekt in der Perversion verhindert eine Wahrnehmung der ganzen Wirklichkeit, zu der beide Seiten des Objektes gehören würden, die positive und die negative. Das wiederum verhindert die Wahrnehmung der eigenen Angst, Ohnmacht und Hilflosigkeit. Dieser Spaltungsmechanismus erinnert an die paranoid-schizoide Position nach Melanie Klein, in der aus dem guten, hilfreichen Objekt das verfolgende, zerstörende wird. In diesem archaischen Zustand ist der Mechanismus der projektiven Identifikation wirksam, so dass auf einer systemischen Ebene zwischen den Banken eine gegenseitige Schuldzuweisung über die Verursacher der Krise stattfindet, während die ambivalente, ganze Wirklichkeit bei sich selbst und den anderen nicht gesehen werden kann.

Illusionen

Zum Spaltungsmechanismus gehört die Bildung von Illusionen. In der Regel handelt es sich um Illusionen über die eigene Großartigkeit und Allmacht, die für wahr gehalten werden, während die Wirklichkeit der schmerzhaften Ohnmacht und Hilflosigkeit ausgeblendet wird. Auch die Illusion der Grenzenlosigkeit gehört hierzu. Durch das zeitweilige Leben in einer Art Phantasiewelt wird der Konfrontation mit der Realität ausgewichen.

Neben der Illusion der eigenen Großartigkeit entstand ein Gefühl der Beherrschung des Systems des Geldverdienens – das Perpetuum mobile des Geldes schien erfunden zu sein. Die wundersame Geldvermehrung schien unendlich, und alle profitierten davon: Hausbauer und -käufer, Hypothekenmakler und -banker, Geschäfts- und Investmentbanker, institutionelle und private Anleger. Es schien ewig so weitergehen zu können – schließlich war es ja viele Jahre gut gegangen. Beides verhindert die Wahrnehmung des realen Gegenteils, der Nichtbeherrschung und Nichtkontrolle der komplexen Wirklichkeit.

Schamangst

Zur Scham gehören viele verschiedene Schamaffekte wie Gefühle der Minderwertigkeit oder des Gedemütigtseins, Peinlichkeitsgefühle, Hemmungen oder auch Schüchternheit. An der Wurzel der Schamangst liegt ein Mangel an Selbstwertgefühl und Selbstvertrauen, weil es in der Schamangst um das Ansehen der eigenen Person im sozialen Kontext geht und damit um den eigenen Wert in den Augen der anderen. Die Befürchtung, die hinter der Schamangst steht, ist die Angst vor Zurückweisung, vor Liebesverlust und vor Objektverlust, sie ist eine besondere Form der Trennungsangst. Die Reaktionen können vom Vermeiden der entblößenden Situation bis hin zur physischen Hemmung und Blockierung reichen (Jacoby 2004, Wurmser 2002). Die in der Perversion wirksamen Abwehrmechanismen von Spaltung und Illusionsbildung können dazu dienen, eine zugrunde liegende Schamangst abzuwehren.

In der Finanzkrise getätigte Äußerungen deuten vielfach darauf hin, dass eine immer komplexer werdende Finanzwelt nicht mehr verstanden wurde und von den meisten, weder Bankern noch anderen Fachleuten, geschweige denn den Anlegern, verstanden werden konnte. Diese Einschätzung schildern Mitglieder der Finanzszene heute im privaten Kreis, aber vor einigen Jahren wäre es undenkbar gewesen zuzugeben, man verstünde die Instrumente, mit denen man arbeitet, nicht. Es war ein ungeschriebenes Gesetz der Finanzmärkte, die Undurchschaubarkeit nicht zu benennen. Und wenn es doch einer tat, wurde er nicht gehört.

Ausgesprochen werden durfte das jedoch nicht. Meine Vermutung ist, dass Schamangst die Ursache für das Nichteingeständnis der eigenen Unwissenheit war. Gerade in dem Segment der vermeintlich allwissenden Investmentbanker wäre dieses Eingeständnis wohl einer Art Ausschluss aus der Gruppe der machtvollen Allwissenden (im Sinne von Tom Wolfes »Masters of the Universe«) gleichgekommen und hätte eine schwer aushaltbare narzisstische Kränkung bedeutet. Perverser Stolz, der sich im Zusammenhang mit den Illusionen der Allmacht und Beherrschbarkeit des Systems gebildet hat, ist auch ein Abwehrmechanismus der Schamangst (Long 2008).

Entmenschlichung von Beziehungen und Instrumentalisierung des anderen

Durch die Spaltungsmechanismen und Illusionen wird vermieden, einen Unterschied zwischen sich selbst und dem anderen wahrzunehmen. Der ursprünglich bei Freud gemeinte Unterschied von der Penislosigkeit der Frau im Vergleich zum Mann kann sich auch auf generelle Unterschiede zwischen dem Betrachter und dem Objekt beziehen, auf die Andersartigkeit des anderen an sich. Durch Grenzenlosigkeit, Unterschiedslosigkeit wird der andere zum verlängerten Selbst. Die Grenzen zum anderen werden nicht nur nicht aufrechterhalten, sondern zerstört. Narzisstische Selbstbezogenheit und die Verfolgung eigener Interessen, auch zulasten der Allgemeinheit, scheinen legitim zu sein. Diese Entmenschlichung von Beziehungen, die sich als ein Mangel an Eros verstehen lässt, setzt sich fort in einer Instrumentalisierung des anderen. Ein respektvoller Umgang und ein gegenseitiges Geben und Nehmen sind nicht möglich, stattdessen herrscht Gebrauch und Missbrauch des anderen. Dieser Missbrauch wird gleichzeitig wahrgenommen und geleugnet. Hierin ist auch der Charakter einer Täter-Opfer-Dynamik verborgen.

In der Finanzmarktkrise gehörte die Instrumentalisierung des anderen zu den Grundzügen des Systems und wurde auf den verschiedenen Ebenen praktiziert. Zum einen entstand eine Rücksichtslosigkeit bezüglich der möglichen negativen Folgen des eigenen Handelns: Für den Hypothekenmakler war es unwichtig, ob sein Kunde den Kredit zurückzahlen konnte oder nicht, entscheidend war die eigene Provision. Für die Hypothekenbank ging es um die Anzahl der Kredite, die sie bündeln und weiterverkaufen konnte. Für die Geschäftsbank, die sich über die Fristenkongruenz ihres Kunden Hypothekenbank hätte Gedanken machen müssen, war das eigene Geschäft wichtiger als die Reflexion der Ausfallrisiken.

Für die Investmentbanker bestand durch die Bündelung und Verbriefung keine Beziehung mehr zu den Hypothekenkreditnehmern. Diese waren nur Nummern in einem Excel-Spreadsheet. Ebenso ist es den institutionellen Anlegern ergangen. Ihre Assets legten sie für und im Auftrag von anderen Anlegern an, nur war es nicht mehr fühlbar, wer denn der andere hinter den Assets war. Hier handelt es sich eher um den Verlust der Vorstellung, für wen gearbeitet wird. Man könnte auch von einer »Entfremdung des Geldes« sprechen.

Es scheint, als ob in der Perversion die Grenze zwischen Benutzen und Missbrauchen verschwimmt (Long 2008). Ist es nur ein geschicktes Ausnutzen des Systems, wenn bestimmte Informationen eher zum eigenen als zum Vorteil des Kunden genutzt werden, oder ist das schon Missbrauch des Systems? Die Illusion der Grenzenlosigkeit gehört zur Perversion mit dazu.

Die Instrumentalisierung ging so weit, dass vorhandene Regularien und Kontrollmechanismen bewusst umgangen worden sind bzw. die letzten Schlupflöcher gefunden und ausgenutzt werden mussten. Der Mangel an Eros, den Guggenbühl-Craig (1980) als Hauptmerkmal der Psychopathie ausmachte, ist in allen Beispielen offensichtlich. Einfühlung in und Nachdenken über den anderen sind zugunsten von Macht- und Beherrschungswünschen und maximaler Verfolgung eigener Interessen untergegangen. Dies erzeugt nicht nur einen Mangel an Eros, sondern auch einen Mangel an Moral.

Insgesamt scheint dies Ausdruck einer allgemeinen narzisstischen Tendenz in der Gesellschaft zu sein, in welcher der andere als verlängertes Selbstobjekt genutzt wird, aber eine wirkliche Beziehung zum anderen häufig nicht zu gelingen scheint. Aspekte dieser narzisstischen Struktur lassen sich in den Medien, im Konsumverhalten, in der Spiritualität, in der Musik und in allen anderen Lebensbereichen finden. Die Illusion der Erreichbarkeit des Superstarstatus für jeden und die Möglichkeit der projektiven Identifizierung scheinen einen Bindungs- und Beziehungsverlust auf familiärer und partnerschaftlicher Ebene und in anderen

»Kleinsystemen« wie örtlichen Strukturen, Kirchen, Vereinen kompensieren zu wollen.

Das Vermeiden der Wahrnehmung des anderen und seiner Grenzen stellt einen Mangel in der Differenzierungsfähigkeit dar und geht in der Regel mit einer eingeschränkten Symbolisierungsfunktion einher (Wurmser 2002). Die Symbolisierungsfunktion ist aber von entscheidender Bedeutung, um bei der Betrachtung eines Objektes unterscheiden zu können zwischen dem Objekt als Selbstobjekt und damit als verlängertem Selbst, dem Objekt als Übergangsobjekt, d. h. als etwas Drittes, das etwas anderes symbolisiert, und dem Objekt als eigentlichem Objekt im Sinne des anderen. In der Analyse des Fetischs sind Symbolisierungs- und Differenzierungsfähigkeit von zentraler Bedeutung.

In der Finanzmarktkrise wird der Fetischcharakter insbesondere im Handeln der CDS deutlich: im Sinne einer Casinomentalität mit Lust an der Wette auf bewusst unregulierten Märkten. Die Lust am Spiel, verbunden mit Instrumentalisierung und Größenphantasien, hat ein unwahrscheinliches Ausmaß angenommen.

In ähnlicher Weise argumentieren Tuckett und Taffler (2008), wenn sie den Kauf und Verkauf von Assets als das imaginäre Eingehen von Objektbeziehungen beschreiben. In diesen Objektbeziehungen wirken bewusste und unbewusste Faktoren einschließlich unbewusster Phantasien bezüglich Erregung, Gier, Angst und Schuld sowie die Abwehr dieser Gefühle, da sie Schmerzen verursachen. In ihrer Auseinandersetzung mit der Internetblase zwischen 1995 und 2000 kommen Tuckett und Taffler zu dem Schluss, dass Internetaktien als »phantastic objects« (ebd., S. 3) bei dieser Blasenentwicklung gewirkt haben, so dass bekannte und vorhandene Informationen nicht beachtet wurden.

Zirkel

Eine Kettenreaktion aus Leugnung, Selbsttäuschung und Komplizenschaft führt wiederum zu weiterer Leugnung, Selbsttäuschung und Komplizenschaft. Durch die Verkettung der psychischen Mechanismen untereinander ist es schwierig, aus diesem Kreislauf auszusteigen. Dazu gehört auch die Leugnung des Verstreichens von Zeit; das Getrenntsein wird vermieden durch ewige Verschmelzung, damit kommt es zur »ewigen Wiederkehr des Gleichen« (Wurmser 2002, S. 19, der hier Nietzsche mit dem Hinweis auf dessen schmerzliche Vereinsamung zitiert).

In der aktuellen Diskussion der Finanzmarktkrise ist zu merken, wie schwierig es ist, aus diesem Zirkel auszusteigen und sich des perversen Mechanimus bewusst zu werden. Eine öffentliche Auseinandersetzung mit der Perversion hat bisher kaum stattgefunden – die Leugnung der Realität und die Spaltungsmechanismen sind heute noch eher undiskutiert.

Zur Vermeidung des Ausstiegs gehört es auch, einen Sündenbock für die Entstehung der Krise zu suchen – dieser war auch schnell gefunden: der Investmentbanker und seine Gier. Gerade die Sündenbockmentalität zeigt aber auch, wie wenig die eigene Verantwortung und Schuld thematisiert werden. Tuckett und Taffler (2008) gehen davon aus, dass Leugnung, Wut und Schuldzuweisung statt Auseinandersetzung mit der Schuld zur Folge haben wird, dass der Abwehrmechanismus (paranoid-schizoid abwehrend statt depressiv und realistisch) aufrechterhalten wird. Vor dem Hintergrund der Analyse einer Perversion scheint der perverse Zirkel sich weiter fortzusetzen und Geld als Fetisch noch nicht seine Macht verloren zu haben.

Was sollte nach der Krise kommen?

Kann ein solcher systemischer perverser Geisteszustand überhaupt therapiert werden? Ist es erlaubt und sinnvoll, in der Einzelanalyse gewonnene Therapieerkenntnisse auf die gesellschaftliche Situation zu übertragen?

Charakteristisch für die Arbeit mit der Pathologie der Perversion scheint, dass sich die Spaltungstendenz auch in der Behandlung widerspiegelt und dass es zu einer doppelten Übertragung kommen kann, deren beide Teile parallel existieren. Das kann dazu führen, dass der eine oder andere Teil der Übertragung unsichtbar bleibt. Entscheidend ist es, diesen nicht sichtbaren Anteil durch Deutung sichtbar zu machen und zu integrieren. Die damit einhergehenden negativen Gefühle wie Scham können zu Beginn oft nicht zugelassen werden, stattdessen wird eher eine Zufriedenheit mit der eigenen Perversion behauptet. Die weist jedoch auf eine tiefere Spaltung hin (Goldberg 1998). Übertragen auf eine systemische Ebene könnte es bedeuten, diesen Spaltungsmechanismus öffentlich zu machen. Problematisch ist dabei, dass es Teil der perversen Dynamik ist, die Richtigkeit unangenehmer Deutungen zu leugnen. Das macht die Deutung auf einer systemischen Ebene noch schwieriger.

In einer Krise wie der Finanzmarktkrise wäre es wichtg, die grundlegende gesellschaftliche Problematik zu thematisieren und sich mit der Frage von Ohnmacht und Hilflosigkeit in einer komplexen, globalisierten Welt auseinanderzusetzen. Es wäre auch wichtig, die Trauer über das individuelle eigene Scheitern zu realisieren und durchzuarbeiten. Dazu wäre es in einem weiteren Schritt notwendig, sich mit Gefühlen der Schuld und der Scham zu beschäftigen. Wie ein derartiger Prozess auf einer gesellschaftlichen Ebene geführt werden kann, ist jedoch unklar. Vermutlich kann dies nur stellvertretend in der Politik und indirekt in der Kunst und Kultur thematisiert werden.

Anmerkung

1   Für eine Definition von narzisstischen Störungsbildern siehe u.a. Kernberg (1979), S. 302.

Literatur

Äsop (2004): Fabeln. Hg. v. R. Nickel. Artemis & Winkler, Düsseldorf/Zürich.
Baßeler, U. / Heinrich, J. / Koch, W. (1988): Grundlagen und Probleme der Volkswirtschaft. Köln, Wirtschaftsverlag Bachem.
Berner, W. (2002): Perversion. In: Mertens, W. / Waldvogel, B. (Hg.): Handbuch psychoanalytischer Grundbegriffe. Kohlhammer, Stuttgart u.a., S. 557–560.

Blaton, S. (1977): Die Masken des Geldes. In: Bornemann, E. (Hg.): Psychoanalyse des Geldes. Suhrkamp, Frankfurt am Main, S. 319–335.

Blumberg, A. / Glass, I. (2009a): Die Finanzkrise: Teil 1. Der globale Geldtopf. In: Neue Zürcher Zeitung: NZZ Folio, Januar 2009. S. 23–35.

Blumberg, A. / Glass, I. (2009b): Die Finanzkrise: Teil 2. Das Wall-Street-Massaker. In: Neue Zürcher Zeitung: NZZ Folio, Januar 2009, S. 37–45.

Bowlby, J. (2008): Bindung als sichere Basis. Grundlagen und Anwendung der Bindungstheorie. Ernst Reinhardt, München.

Campbell, J. (1996 [1959]): Mythologie der Urvölker. Die Masken Gottes. Band 1. dtv, München.

Cremerius, J. (1984): Die psychoanalytische Behandlung der Reichen und Mächtigen. In: Ders. (Hg.): Vom Handwerk des Psychoanalytikers: Die Werkzeuge der psychoanalytischen Technik. Band 2. Frommann-Holzboog, Stuttgart / Bad Cannstatt, S. 219–261.

Desmonde, W. H. (1977): Der Ursprung des Geldes im Tieropfer. In: Bornemann, E. (Hg.): Psychoanalyse des Geldes. Suhrkamp, Frankfurt am Main, S. 134–151.

Egli, T. / Schneider, R. U. / Weber, D. (2009): Die Finanzkrise: Teil 3. Wie konnte das nur passieren. In: Neue Zürcher Zeitung: NZZ Folio, Januar 2009, S. 47–54.

Freud, S. (1948): Fetischismus. Gesammelte Werke XIV: Werke aus den Jahren 1925–1931. Hg. v. A. Freud. S. Fischer, Frankfurt am Main, S. 311–317.

Freud, S. (1999): Charakter und Analerotik. Gesammelte Werke VII: 1906–1909. Hg. v. A. Freud. S. Fischer, Frankfurt am Main, S. 203–209.

Goethe, J. W. (2003): Faust. Erster und zweiter Teil. 6. Aufl. dtv, München.

Goldberg, A. (1998). Perversionen aus der Sicht der psychoanalytischen Selbstpsychologie. In: Psyche, Vol. 52/8, S. 709–730.

Grimm, J. und W. (1984): Kinder- und Hausmärchen, gesammelt durch die Brüder Grimm. In drei Bänden. Band 3. Insel, Frankfurt am Main.

Grossmann, L. (1993): The perverse attitude towards reality. In: The Psychoanalytic Quarterly, No. 62, S. 422–436.

Guggenbühl-Craig, A. (1980): Seelenwüsten. Betrachtungen über Eros und Psychopathie. Schweizer Spiegel, Zürich.

Hauff, W. (2002 [1826]): Die Karawane. Märchen. Aufbau, Berlin.

Hübner, K. (1985): Die Wahrheit des Mythos. C. H. Beck, München.

Jacoby, M. (2004): Scham-Angst und Selbstwertgefühl. Ihre Bedeutung in der Psychotherapie. Walter, Düsseldorf/Zürich.

Jarchow, H.-J. (1987): Theorie und Politik des Geldes. Band. 1: Geldtheorie. Vandenhoeck & Ruprecht, Göttingen.

Kernberg, O. (1979): Borderline-Störungen und pathologischer Narzißmus. Suhrkamp, Frankfurt am Main.

Kluge, F. (2002): Etymologisches Wörterbuch der Deutschen Sprache. de Gruyter, Berlin / New York.

Lasch, C. (1979): The Culture of Narcissism. American Life in an Age of Diminishing Expectations. Norton, New York / London.

Laum, B. (1924): Heiliges Geld. Eine historische Untersuchung über den sakralen Ursprung des Geldes. J. C. B. Mohr (Paul Siebeck), Tübingen.

Long, S. (2008): The Perverse Organisation and its Deadly Sins. Karnac, London.

Lurker, M. (1984): Lexikon der Götter und Dämonen. Körner, Stuttgart.

Neumann, E. (1985 [1956]): Die große Mutter. Eine Phänomenologie der weiblichen Gestaltungen des Unbewussten. Walter, Olten.

OECD (2004): Institutional Investors Statistical Yearbook 1992–2001. OECD Publishing, Paris

Plender, J. (2009): Error-ladden machine. In: Financial Times, March 3, 2009, S. 8.

Tuckett, D. T. / Taffler, R. (2008): Phantastic objects and the financial market's sense of reality. A psychoanalytic contribution to the understanding of stock market instability. In: International Journal of Psychoanalysis 2008(89), S. 389–412.

Waggoner, J. (2008): Reserve Primary Money Market Fund breaks a buck. USA Today. https://usatoday30.usatoday.com/money/perfi/basics/2008-09-16-damage_N.htm [Zugriff: 28.6.2017].

Wurmser, L. (2002): Ein bedeutendes Stück fehlt. Ein Beitrag zur Psychoanalyse der Charakterperversion. In: Jahrbuch der Psychoanalyse, Band 44, S. 11–47.

Wurmser, L. (2007): Die Maske der Scham. Die Psychoanalyse von Schamaffekten und Schamkonflikten. Dietmar Klotz, Eschborn / Frankfurt am Main.

JOCHEN HÖRISCH

Die Ir/Rationalität des Geldes[*]

Auf Münzen und Geldscheinen haben Worte und Werte, Erzählungen und Zahlen ein beziehungsreiches Stelldichein. Zahlen müssen von Erzählungen begleitet werden, um recht funktionieren zu können. So muss derjenige, der sein junges Unternehmen an die Börse bringen will, eine überzeugende Story bereithalten, um auf Zahlungsbereitschaft für seine Aktien zu stoßen. Ein simples Gedankenexperiment genügt, um deutlich zu machen, dass auch die sogenannten harten Zahlen – und gerade sie – an Erzählungen gebunden sind, die ihnen Werte, Kontexte, Sphären und Zukunft mitgeben: Wer zu einem bestimmten Datum über 20 000 Euro verfügt, die zu seinem normalen Einkommen hinzukommen, hat in sachlich-betriebswirtschaftlicher Perspektive nun eben 20 000 Euro mehr, mit denen er nun anfangen kann, was er will – unabhängig davon, woher dieses Geld stammt. Aber wohl jeder würde mit diesem Zusatzgeld je nachdem, wie es in seine Hände kam, welche Geschichte es hat, welche Geschichten und Erzählungen es begleiten, anders umgehen. Wer von seinem geringen Einkommen zwanzig Jahre lang regelmäßig Monat für Monat Geld angespart hat, wird mit der Summe anders umgehen als derjenige, dem ein unerwarteter Lottogewinn zufällt. Wer von einer frommen kinderlosen Tante diese Summe geerbt hat, wird zögern, sie zu verjubeln. Wer von einem bösen Onkel, der in Prostitutions- und Drogengeschäfte verwickelt war, diese Summe erbt, wird eher bereit sein, dieses schmutzige Geld für einen guten Zweck zu spenden, als derjenige, der es im Rahmen einer Literaturpreisverleihung bekam etc.

---

[*] Dieser Beitrag beruht auf überarbeiteten Auszügen aus: Jochen Hörisch: Man muss dran glauben. Die Theologie der Märkte. Wilhelm Fink, München 2013. Die im Vortrag präsentierten Überlegungen gingen auf dieses Buch des Autors zurück.

Kurzum: Zählen und Erzählen haben in der Sphäre des Geldes stets erneut ihr Rendezvous. Und das ist extrem kontextträchtig. Geld ist ein Schuldtitel (Graeber 2012, S. 282). Wer Geld besitzt, ist in geradezu ausschweifender Weise Gläubiger. Denn er hat nicht nur gegenüber einer Person, die über einen spezifischen Vertrag bei ihm verschuldet ist, sondern virtuell gegenüber dem Rest der Welt Anspruch darauf, dass sein Geld in Waren, Güter und Dienstleistungen eingelöst wird. Wer für Geld Waren hergibt bzw. Dienst- und Arbeitsleistungen erbringt, erzielt dadurch einen Erlös, der ihn seinerseits in die Position eines Gläubigers gegenüber unübersehbar vielen anderen Schuldnern bringt.

Das Grunddesign kapitalistischer Geldwirtschaft ist nach dem Bilde der christlichen Religion entworfen.»Der Glaube an unsern ›Gläubiger‹, an Gott« (Nietzsche 1966, S. 832), um eine hellsichtige Formel Nietzsches zu zitieren, findet nicht etwa seine Alternative, sondern vielmehr seine spezifische Fort- und Umsetzung im Glauben an den Gläubiger Geld. Kapitalismus heißt, mit und im Geld nicht nur ein Tauschmedium, sondern einen einklagbaren kapitalen Schuldtitel zu etablieren. Am Anfang war und ist, theologisch gesehen, die Schuld, die wir dem Schöpfer aller Dinge nun eben schuldig sind, im schlimmeren Fall die Schuld, deren Zinseszinsen die Kindeskinder bis ins dritte und vierte Glied oder gar auf ewig abtragen müssen. Nicht nur im Hinblick auf den Schöpfergott, sondern auch im Hinblick auf Geld gilt, dass am Anfang eine ungeheure Schuld ist. So wie die Schöpfung von Anfang an in der Schuld des Schöpfers steht, so stehen ökonomische Werte in der Schuld des Geldes. Kreditgeld ist – auch entstehungsgeschichtlich – kein Derivat von Tauschgeld, sondern die genuine Form von Geld schlechthin.[1] Logisch wie chronologisch erscheint Geld zuerst als Rückzahlungsverpflichtung eines Schuldners gegenüber einem Gläubiger. Wem aufgrund einer Seuche (wollte Gott ihn damit für Schuld bestrafen?) die Herde weggestorben ist, kann sich bei seinem Nächsten junge Tiere leihen, um so erneut eine Herde heranwachsen zu lassen – wenn er sich geldsymbolisch (per Versprechen oder Eid, auf Pergament, Ton, Metall) verpflichtet, seine Schuld später zu begleichen (womöglich mit Zins und Zinseszins, so wie die Tiere Kinder und Kindeskinder hervorbringen).

Sünden müssen gebüßt, Schulden müssen zurückbezahlt werden, Geld und (Ver-)Geltung gehören nicht nur etymologisch, sondern auch genealogisch und logisch zusammen. Ein Schuldner muss glaubwürdig sein, um kreditfähig zu sein. Er muss glaubwürdig versprechen, seine Schuld(en) fristgerecht zu begleichen. Nun weiß jeder, dass Versprechen auch Versprecher sein können. Man kann ein Versprechen ernsthaft oder leichtsinnig geben, man kann es einlösen oder nicht, aus welchen guten oder schlechten Gründen auch immer (etwa weil man ein Schuft oder weil man vom Unglück verfolgt ist). Weil es um das religiös-ökonomische Verhältnis von Gläubiger und Schuldner systematisch heikel bestellt ist, kann ein Dritter gegenüber dem Gläubiger des Schuldners dafür bürgen, dass das Tilgungsversprechen des Schuldners doppelt gedeckt ist. Schillers berühmte Ballade *Die Bürgschaft* weiß ein eindringliches Lied davon zu singen, dass auch Bürgen, die dem Schuldner mehr Vertrauen schenken als der Gläubiger es tut, ein hohes Risiko eingehen, ebenso wie der Gläubiger, der den Bürgen akzeptiert. Kurzum: Die Frage nach der Deckung zählt zu den trivialsten und zugleich abgründigsten Problemen der religiösen wie der ökonomischen Sphäre. Ob Erlösungs- und Erlösversprechen auch eingelöst werden, ob wir post mortem der ewigen himmlischen Herrlichkeit teilhaftig werden oder ob unser Schuldner den Glauben verdient, den wir in ihn setzen – wir wissen es solange nicht, bis es zur Offenbarung bzw. zum Offenbarungseid kommt. Geld versinnbildlicht das Schuld/en-Deckungsproblem.

Der Gedanke, Geldwerte seien gedeckt, ist, nüchtern betrachtet, von geradezu abenteuerlicher Qualität. Was auch sollte an einem Geldschein, an einem Sparbuch, an einer Obligation oder an einer Plastikkarte (schweigen wir gnädig von Derivaten), die alle Kredit gewähren, also Ziehungsrechte auf Güter und Dienstleistungen versprechen, glaub- und kreditwürdig sein? Es ist und bleibt die milliardenfache Inkarnation des eigentlichen Wirtschaftswunders schlechthin, dass Geld als Titel gegenüber unendlich vielen Schuldnern sowohl von Gläubigern als auch von Schuldnern beglaubigt wird – und dass eben deshalb die Wandlung von Symbolen in reale Werte, die Transsubstantiation von Zeichen in Reales gelingt: Aus dem Fünfzig-Euro-Schein wird ein Pullover, ein gefüllter Benzintank oder ein gutes Essen in einem Restaurant. Ob und wie Geld gedeckt ist, zählt zu den seltsamsten und unangenehmsten Fragen der Wirtschaftstheorie. Die klassischen Antwortversuche auf diese Kardinalfrage stecken samt und sonders in einer tiefen und nicht zu überwindenden Krise. Die Deckung von Geld über Gold hat den Oberflächencharme aller Fundamentalismen und Substantialismen. Gold ist knapp und deshalb wertvoll; was also geschähe, wenn das alchemistische Versprechen wahr würde und man reines Gold im Übermaß produzieren könnte oder wenn eine ungeheure und leicht abbaubare Goldmine gefunden würde? Das bleibt wohl eine spekulative Überlegung wie die, welchen Preis Kartoffeln hätten und ob sie anders schmecken würden, wenn sie so rar wären wie Trüffel et vice versa. Alles Geld der Welt mit Gold zu decken, wäre aber eine pragmatische Unmöglichkeit. Wer heute ernsthaft Geld mit Gold decken wollte, würde die Weltwirtschaft nicht etwa stabilisieren, sondern destabilisieren, wenn nicht ausbremsen.

Ähnlich heikel, weil schlicht nicht praktikabel, sind andere Formen substantialistischer Gelddeckung z. B. über Grundbesitz. Die heutige Standardtheorie, Geld sei durch das Bruttosozialprodukt eines Landes oder einer Wirtschafts- und Währungszone wie der der Eurostaaten gedeckt, beruhigt die Gemüter. Aber so, wie es sich empfiehlt, nicht allzu gründlich bzw. abgründig darüber nachzudenken, ob die Transsubstantiation von Esspapier in den Leib Christi wirklich glaubwürdig ist, so empfiehlt es sich auch, nicht allzu viel Zeit und öffentliche Aufmerksamkeit Fragen wie der zu widmen, inwiefern Unfälle und Krankheiten, deren Beseitigung und Bekämpfung erheblich zum Bruttosozialprodukt beiträgt, Geldwerte decken sollen. Man soll, man muss daran glauben, sonst kann die schockierende Entdeckung drohen, dass Deckungen von Geldwerten a priori instabil sind (Minsky 2011).

Glaube ist gedeckt – durch Glaube; Geld ist gedeckt – durch Geld bzw. den Glauben an Geld.

Deckung ist ein Begriff, der unmittelbar das Themenfeld Vertrauen, Kredit, Risiko und Schuld/en betrifft (und der überdies einen sexuellen Hintersinn hat, man denke etwa an den Deckhengst). Denn Vertrauen, Zusagen, Wertzeichen, Versprechungen, Erlösungs- und Auslösungsprognosen (ich bin kreditwürdig, ich werde zurückzahlen) müssen gedeckt sein, wenn sie funktionieren sollen. Das gilt in der theologisch-religiösen wie in der ökonomisch-finanziellen Sphäre. Ohne Gott- bzw. Geldvertrauen, also ohne Vertrauen in die Deckung etwa der Versprechen, dass der Glaube an die göttliche Gnade oder an den Wert des Geldes gerechtfertigt, weil gedeckt ist, kollabieren die religiöse wie die ökonomische Sphäre. Dabei ist Deckung die Lösung eines Problems – und das Problem selbst. Denn Deckung (etwa von Geld oder von Heilsversprechen) ist ja nur notwendig, weil diese Versprechen nun eben Versprechen sind und also immer im Verdacht stehen, dass sich da jemand übernommen hat, dass da ein Versprecher statt eines Versprechens vorliegt – zumal die Frage nach der Deckung des Geldes heikle Fragen aufwirft: Wer deckt die Deckung? Sind die Assoziationen, die nicht nur im Deutschen dem Wort »Deckung« obligatorisch mitgegeben sind (die Decke, unter die wir kriechen, die Decke eines Hauses, die militärische Deckung, vom Deckhengst ganz zu schweigen), wohlfeile Assoziationen oder verweisen sie auf die Möglichkeit einer unangenehmen Entdeckung: dass es keine (letzte) Deckung gibt?

Die drei aufeinanderfolgenden Finanzkrisen der letzten anderthalb Jahrzehnte haben geradezu bilderbuchmäßig deutlich gemacht, wie intim eng das Verhältnis von Glaubwürdigkeit und Geldwertdeckung ist. Die Krise von 2002 war eine klassische Überbewertungskrise, die Unternehmen des Neuen Marktes betraf. Abenteuerlich hohe Börsennotierungen von Medien- und Telekommunikationsfirmen brachen zusammen (erste Krise), als die sie begleitenden Großen Erzählungen – also die Stories, auf die steigende Börsenkurse angewiesen sind – nicht mehr auf allgemeine Glaubensbereitschaft stießen. Die weltweit einbrechenden Aktienkurse für diese Firmen bedeuteten einen Verlust an Geld- und Vermögenswerten, der aber sodann durch die Erfindungen der Finanzsphäre mehr als wettgemacht wurde. Die rasante Expansion von Derivaten aller Art brachte eine offensive Entkoppelung von Geld- und Sachwerten mit sich; doch gerade diese Entkoppelung ermöglichte eine Ausweitung der Geldmenge, die den durch den Börsencrash von 2002 eingetretenen Buchgeldverlust mehr als ausglich. Die Menge aller Geldtitel in den OECD-Staaten hat sich im Jahrzehnt von 2000–2010 bei konservativer Rechnung mindestens vervierfacht, die aller Güter und Dienstleistungen ist (je nach Rechnung) hingegen nur um ca. 30–50 Prozent gestiegen. Und dies bei einer bemerkenswert geringen Inflationsrate.

Der Krise der Realökonomie folgte sechs Jahre später mit dem Zusammenbruch der Lehman-Brothers-Bank im September 2008 die (zweite) Krise der Finanzinstitute, die schlicht damit zusammenhing, dass unübersehbar viele, durch realökonomische Werte ungedeckte Geldtitel kursierten (wie Anleihen, Verbriefungen, Derivate, Credit Default Swaps). Der fällige ganz große Crash wurde durch staatliche Garantien für Banken und Versicherungen, die einander, ja, die sich selbst und ihren Papieren nicht mehr vertrauten, stabilisiert. Die vom Finanzsektor und neoliberalen Ökonomen viel geschmähte Politik hat rettend eingegriffen und dadurch wahrscheinlich einen Zusammenbruch der Wirtschaft und Gesellschaft wie den nach dem Schwarzen Freitag 1929 verhindert. Diese Leistung der Politik ist beeindruckend, der Preis dafür ist dennoch hoch. Viele Reiche haben dank dieser staatlichen Garantien für »systemrelevante« Banken nach wie vor dreistellige Millionenbeträge und mehr in ihren Depots, aber allein der deutsche Staat hat dafür, dass er die Deckung unglaublicher Schuldtitel übernahm, seine Gesamtschulden in gut einem Jahr (2009/2010) von 1,6 auf 2 Billionen, also um fast 400 Milliarden erhöhen müssen. Absehbar, und in vielen Staaten wie Griechenland, Portugal, Island u. a. ja auch schon praktiziert, ist die Verlagerung der Überschuldungskrise vom privaten Bankensektor auf die öffentliche Hand. Die dritte Krise zeichnet sich deshalb schon deutlich ab, sie ist unvermeidbar: Die öffentliche Hand ist in allen westlichen Staaten (inkl. der USA und Deutschland) in absehbarer Zeit insolvent. Was nichts anderes heißt als dies: dass der Retter aus höchster Finanznot seinerseits rettungsbedürftig ist.

Staaten, so sagen viele, können nicht insolvent werden. Das ist ein frommer Wunsch, wie das Beispiel des neoliberal-fröhlichen Steuerverweigerungsstaates Griechenland zeigt. Nicht nur Failed States wie Somalia (Schreckensbild eines extrem deregulierten liberalen Staates) sind pleite. Die Lage ist ernst, sehr ernst, aber so ernst ist sie nun auch wiederum nicht. Und das aus einem einfachen Grund: Finanzkrisen sind eben Finanzkrisen, sie betreffen das Vertrauen, dass Leute, Firmen, Banken in Geld und Schuldtitel aller Art setzen. Das Verhältnis von Finanzen zur Realökonomie aber ist vertrackt; es bietet neben sehr ernsten bis tragischen auch heitere Aussichten. Konsistent zu beobachten ist etwa eine Schuldentilgung seitens gleich mehrerer Kreditnehmer nach diesem Muster: Ein Kunde hinterlegt bei einem Händler tausend Euro als Pfand dafür, dass er in drei Stunden zurückkommt, um mitzuteilen, ob er die wertvolle Antiquität mit der dann vorliegenden Zustimmung seiner Gattin kaufe oder nicht, bis dahin solle der Händler das wertvolle Stück keinem anderen verkaufen. Der stimmt zu, nimmt das Geld entgegen und eilt zum Vermieter seines Ladens, dem er tausend Euro schuldet. Der tilgt mit dem Betrag geschwind seine Schulden beim Bäcker, dieser beim Metzger, dieser beim Handwerker, und dieser wiederum beim Antiquitätenhändler. Als der interessierte Kunde zurückkehrt und dem Händler mitteilt, die Gattin habe dem Kauf nicht zugestimmt, erhält er sein Pfand in voller Höhe zurück – nicht ahnend, dass er aufgrund seiner Liquiditätsspende ohne jeden Verlust für sich selbst in drei Stunden vier Schuldner erlöst und glücklich gemacht hat. Die 1884 erschienene geistreiche Klamotte der Brüder Schönthan *Der Raub der Sabinerinnen* hat theatertauglich gezeigt, wie eine solche Schuldentilgung funktionieren kann.

Der komödiantische Scherz verweist auf ein seriöses Problem von Schuld- und Verschuldungs-Logiken, nämlich schlicht darauf, dass Schulden immer auch Guthaben sind. Schwankhafte Qualität hat natürlich auch die allzu gutmütige und wohlfeile Konstruktion, dass alle Schuldner genauso viel Schulden wie Guthaben haben und deshalb schnell quitt miteinander sein können. Alltägliche Tilgungsgeschichten sind aber in der Regel komplexer, einfach deshalb, weil A einige Millionen Guthaben hat und seinerseits schuldenfrei ist, aber B nur Schulden hat. Dennoch macht der Schwank auf ein häufig übersehenes Problem aufmerksam: Wenn eine Firma insolvent ist und Konkurs angemeldet hat, so ist sie deshalb ja fortan nicht einfach inexistent. Die Firma mag ruiniert sein, eine Ruine ist sie deshalb nicht.[2] Das Grundstück, die Gebäude, die Maschinen, die Lagerhalle, die produzierten, wenn auch möglicherweise nicht verkauften Waren und nicht zuletzt die Mitarbeiterinnen und Mitarbeiter sind ja am Tag nach der Insolvenz noch ebenso da wie am Tag vor der Insolvenz. Bzw. fast in derselben Weise; denn im Realen hat sich kaum etwas geändert, im Symbolischen aber durchaus. Die Durchschlagskraft des Symbolischen/Finanziellen auf die realwirtschaftliche Sphäre kann (wie in den vielen Jahren nach 1929), muss aber nicht verheerend sein. Schulden sind in finanzökonomischer Perspektive das erste und das letzte Wort – was auch heißt, dass man mit Schulden immer neu anfangen kann. Schulden sind tragödien- und komödientauglich. Denn der Kapitalismus ist die wirtschaftliche Inkarnation eines unkritischen Irrationalismus und gleicht eben deshalb dem wundersamen Vogel Phönix, der sich und andere verbrennt, aber aus der Asche stets erneut seinen Höhenflug antritt – wenn, ja wenn die Menge der Asche nicht wächst und wächst und so überhandnimmt, dass sie noch den Vogel Phönix daran hindert, seinen Flug erneut zu beginnen.

Die ökonomische Aufklärung bleibt hinter dem Stand der religiös-theologischen Aufklärung bemerkenswert weit zurück. Zweifel an der Auferstehung der Toten oder an der Existenz Gottes, der alles in seiner Hand hat, sind aus nachvollziehbaren Gründen heute in auch nur moderat liberalen Sphären weit verbreitet, sie werden auch kaum mehr inkriminiert; Zweifel an der unsichtbaren Hand des Marktes, die alles so herrlich regieret, gelten hingegen als das eigentliche Sakrileg und als bekämpfenswerte Häresie – gerade unter Liberalen. Der Autor macht sich wenig Illusionen über die Wahrnehmung dieses Textes, sollte es sie überhaupt geben, bei (neo-)liberal orientierten wirtschaftswissenschaftlichen Leserinnen und Lesern. Er wird ihnen als blanke Irrlehre erscheinen, gegen die man glaubensfest, nein, nicht glaubensfest, sondern orthodox, nein, nicht orthodox, das klänge ja schon wieder theologieaffin, sondern wie immer auch, jedenfalls entschieden vorgehen muss, etwa mit dem Hinweis, dass der Text nicht relevant sei, weil er aus kulturwissenschaftlicher Feder stammt und weil er, anders als Theorien über die besondere Effizienz und Transparenz von Finanzmärkten, nicht im Allerheiligsten moderner Wissenschaft, in einem A-Journal, sondern vielmehr in einem Publikumsverlag erschienen ist. Auch für weite Sphären der Wirtschaftswissenschaften gilt: Roma locuta, causa finita; A-Journals haben das Sagen, Bücher sind irrelevant.

Nun müssen sich auch und gerade kritische Einsprüche aus gutem Grund die Frage gefallen lassen, wo denn die positiven Vorschläge blieben. Es ist leicht, diese Frage zu ironisieren; es ist jedoch sachlich angemessen zu fragen, ob eine These wie die von der religiösen Qualität kapitalistischen Wirtschaftens und der theologischen Qualität der einflussreichsten neoliberalen Wirtschaftstheorien praktikable Reformen nahelege, ob also der Abschied von undurchschauten Glaubensüberzeugungen in der Wirtschafts- und Finanzsphäre pragmatische Konsequenzen zeitigen könne. Die Antwort ist ein entschiedenes Ja. Dennoch fällt sie insofern unspektakulär aus, als nun kein Plädoyer für eine ganz andere Form des Wirtschaftens folgen wird. Die alte Frage, ob es irreversible Fortschritte in Denken und Wahrnehmung gebe, lässt sich auch in wirtschaftspolitischer Hinsicht bei allen Einschränkungen im Einzelnen grundsätzlich mit einem fröhlichen Ja beantworten. Die alt(un)ehrwürdige Behauptung etwa, nur Männer, nicht aber

Frauen hätten eine Seele, oder Versuche der Rechtfertigung von Sklaverei und Rassismus sind heute und wohl auch auf einige Dauer chancenlos – Gott sei Dank. Ähnlich dürfte es in absehbarer Zeit auch um die Versuche stehen, despotische, staatssozialistische, subsistenzökonomische, theokratische oder auf Naturalientausch beruhende Formen des Wirtschaftens ernsthaft ins Spiel bringen zu wollen. Der letzte Großversuch, Geld schlicht abzuschaffen, wurde unter der massenmörderischen Diktatur Pol Pots in Kambodscha unternommen. Um es sehr zurückhaltend zu formulieren: Menschlich und ökonomisch überzeugende Resultate hat dieses Experiment nicht erbracht.

Kurzum: Freie Marktwirtschaft ist ein schlechthin überzeugendes und bewährtes Konzept – gerade weil und wenn sie Gestaltungsspielraum für viele, möglichst alle gewährt. Eine Volkswirtschaft, gar die Weltwirtschaft insgesamt auf ein zentrales Plan-Kommando ausrichten zu wollen, wäre blanker Wahnsinn (ein Wahnsinn, dem nicht nur stalinistische Volkswirtschaften, sondern auch der eine oder andere Global Player verfallen sein mag). Wenn man überzeugend für eine freie Marktwirtschaft plädiert, die den komplexen Kontexten und Problemkonstellationen elastisch gewachsen ist, ist es umso bizarrer, wenn man zugleich diese subsidiaritätsfreundliche Wirtschaftsform als ein gottgleiches Supersubjekt versteht, vor dessen allmächtigem Willen und Wissen alle in Ehrfurcht erstarren müssen. Ökonomische Aufklärung heute beginnt, wenn man einsieht, dass man Priestern misstrauen darf, die genau zu wissen glauben, was die mächtige unsichtbare Hand des göttlich-weisen Marktes will. Die aufklärungskonservative Vermutung muss zulässig sein, die unsichtbare Hand sei und heiße deshalb unsichtbare Hand, weil es sie wie anderes Unsichtbares nicht gibt – anders als etwa Gebührentabellen für Notare, Preisabsprachen in der Zementindustrie oder die 2012 sichtbar gewordenen E-Mails des damaligen deutschen Chefs der Morgan Stanley-Bank Dirk Notheis an Stefan Mappus, seinerzeit CDU-Ministerpräsident von Baden-Württemberg. Der Banker hatte den Politiker in der Hand, er schrieb ihm 2010 handfest vor, was er zu sagen und zu tun hatte – nämlich eine Energieversorgungsfirma zu überhöhten Preisen für die öffentliche Hand zu kaufen (Ammann/Ankenbach 2012). Die Bankerhand, die diese E-Mails schrieb, wäre sicher gerne unsichtbar geblieben. Mit der kultisch verehrten unsichtbaren Hand des Marktes hat sie jedoch wenig Ähnlichkeit. Oder eben doch: Denn das Großartige an der freien Marktwirtschaft ist ja gerade, dass die in ihrem Rahmen Handelnden selbstverantwortlich Handelnde sind, die etwas so oder eben auch anders machen und verhandeln, produzieren und kaufen/verkaufen können – dass sie frei sind, dies zu tun und jenes zu lassen. Freie Marktwirtschaft heißt, dass ökonomisch Handelnde sich nicht auf höhere Mächte und Gewalten rausreden (Gott oder die unsichtbare Hand hat es so gewollt), sondern frei verantworten, was sie tun.

Nicht nur aus philologischer Sicht fällt auf, dass sich die traditionelle Bezeichnung für makroökonomische Analysen, nämlich »Politische Ökonomie«, in den letzten Jahrzehnten zugunsten des Begriffs »Volkswirtschaftslehre« verabschiedet hat. Der Grund dafür ist leicht auszumachen: Deregulierung und radikale Liberalisierung der Märkte und zumal der Finanzmärkte zielt ja auf nichts anderes hin als auf den Rückzug der Politik aus der Wirtschaft und auf die Fesselung der öffentlichen Hand. Für die rechte Volkswirtschaftslehre, die keine politische Ökonomie mehr sein will, ist es selbstredend beschämend, dass die Wirtschafts- und Finanzsphäre in Zeiten der Krise zur Bittstellerin bei der von ihr viel gescholtenen Politik werden muss. Deutlich wird dann, dass auch der von einer recht unreinen Lehre verlangte und von Margaret Thatcher, Ronald Reagan, Helmut Kohl, Silvio Berlusconi u. a. beflissen exekutierte Rückzug der Politik aus dem Marktgeschehen eine politische Entscheidung war. Die massiven (anti-)politischen Glaubensfixierungen der neoliberalen Lehre machen auch plausibel, warum diese sich nicht mit Ruhm bekleckert hat, als es um die Prognose bzw. Diagnose der Banken- und Finanzkrise von 2008 ging. Die Politik hatte ja getan, was diese Lehre verlangt hatte – wie sollte da etwas falsch laufen?

Die Politik ist gut beraten, wenn sie sich von glaubensfrohen Fundamentalismen aller Art distanziert. Dazu zählt auch der neoliberale Deregulierungsfundamentalismus. Unverkennbar ist heute das Comeback der Politik, gerade auch in der ökonomischen Arena (vom Comeback der Polittheologien ganz zu schweigen). Diese Wiederkehr aber ist eine zwanghafte. Politik kann nicht nicht entscheiden, wenn es darum geht, Banken zu retten oder fallen zu lassen, Steuern zu heben oder zu senken, Währungen zu wechseln oder zu belassen, neue Schulden aufzunehmen oder alte zu tilgen, einen Staat wie Griechenland finanziell zu unterstützen oder eben nicht, einen Staat, der vom Steuerboykott seiner wohlhabenden Bürger und der privaten Ausbeutung öffentlicher Ressourcen ruiniert wurde.

Die Politik, die sichtbar in die Sphäre zurückkehrt, in der die unsichtbare Hand waltet, ist stark geschwächt. Zu den Folgen und zweifelhaften, aber durchschlagenden Erfolgen der Lehre einer Ökonomie, die keine politische zu sein vorgibt, gehört die Verachtung alles Politischen und aller Politiker in fast allen Milieus und Lagern. Was immer auch schiefläuft, vom Klimawandel über die demografische Entwicklung und die schlecht erzogenen Kinder bis hin zum Dauerstau nicht nur auf Autobahnen, die Schuld daran trägt die Politik und tragen die Politiker. Es ist eigenartig, dass diese schlichte Große Erzählung in grünen, gelben, schwarzen und roten Köpfen aller sonstigen Differenzen zum Trotz auf fast einhellige Zustimmung trifft. Wer politik(er)kritisch argumentiert (argumentiert?), darf des allgemeinen Beifalls sicher sein. Einen Gefallen tut sich die sogenannte Allgemeinheit mit ihrer wohlfeilen Politik(er)schelte aber nicht. Es lohnt sich schon, nachzufragen, wie einer Politik macht Die Attraktivität von Politik als Beruf ist in den Jahrzehnten neoliberaler Deregulierung enorm gesunken, mit dem Erfolg, dass das politische System für viele originelle und gescheite Köpfe schlicht nicht mehr attraktiv genug ist. Ein Leben als Banker oder Medienmensch macht einfach mehr Spaß als die Politikerexistenz. Dafür, dass man Buhmann oder Buhfrau von allen wird, wenn man Politik als Beruf betreibt, ist die Bezahlung mäßig, die Karriere risikoreich, das Privatleben stark eingeschränkt, der Gestaltungsspielraum vielfach demokratisch und kompromisslogisch beengt und der Masochismus-Faktor hoch. Dennoch: Es gibt auch in ökonomischer Hinsicht kein Dies- oder Jenseits der Politik. Zur Diskussion steht deshalb nur, wie kompetent oder eben inkompetent die politische Intervention in bzw. der politische Rückzug aus makroökonomischen Entscheidungen ist.

Die Priesterklasse der neoliberalen Wirtschaftsweisen hat, zahlreicher eklatanter Fehlprognosen und -diagnosen zum Trotz, in den letzten Jahrzehnten enorm an politischem Einfluss gewonnen. Segensreich war, um es zurückhaltend zu formulieren, der Einfluss ihrer (Irr-)Lehren nicht immer. Wirtschaftstheorie ist zu wichtig und zu mächtig, um sie allein denjenigen Fachleuten zu überlassen, die glauben, dass sie den rechten Glauben haben, ja, die ihren Glauben gar als Wissenschaft (miss-)verstehen – so wie man auch Religionsfragen nicht allein Bischöfen, Ayatollahs und Theologen überlassen sollte. Angesagt ist eine heitere ökonomische Aufklärung. Wir können und müssen sie uns leisten, wenn wir nicht untergehen wollen.

Ökonomie und Religion sind nämlich eng verwandt. Dass der Marktplatz neben dem Tempel, der Kirche oder der Moschee liegt; dass Begriffe wie Messe, Erlös, Kredit, Schuldner, Gläubiger, Pekuniäres, Obolos, Moneten, Testament und Offenbarungseid einen ökonomisch-religiösen Doppelsinn haben; dass die Münzprägung in Tempeln ihren Anfang nahm; dass biblische Erzählungen (etwa die von Jakob und Joseph, von den anvertrauten Pfunden, vom klug bestellten Weinberg oder von den Wechselhändlern) um richtiges und falsches Wirtschaften kreisen; dass Karl Marx, Max Weber oder Walter Benjamin nicht ganz danebenlagen, als sie von den theologischen Mucken der Geldform, von der Geburt des westlichen Kapitalismus aus dem Geist der protestantischen Askese (Pfleiderer/Heit 2008) oder vom »Kapitalismus als Religion« sprachen (Benjamin 1991; Baecker 2009); dass antikapitalistische Bewegungen wie der Kommunismus selbst zur Religion wurden, die Selbstopfer en masse und die Bereitschaft, andere einem Himmel-auf-Erden-Erlösungsziel zu opfern, freisetzte – all dies hat sich mittlerweile herumgesprochen. Spezifisch modern ist die These von der engen Verwandtschaft zwischen Ökonomie und Religion noch nicht einmal, obwohl sie zumeist mit den Namen von Theoretikern wie Marx, Weber und Benjamin verbunden wird. Die Begriffsbildung »göttliche Weltökonomie« ist vielmehr bemerkenswert alt. »Der *Oikonomia*-Begriff wurde vor allem von Xenophon auf den Kosmos angewandt, dann übernahmen Philo von Alexandria und besonders die dort lehrenden Kirchenväter wie Klemens und Origines, aber auch westliche Väter diesen Begriff, um Bau und Struktur des von Gott geschaffenen Weltganzen zu beschreiben. Sie sprachen von der *Oikonomia* Gottes und meinten damit neben dem Heilsplan das teleologisch konzipierte und harmonisch geordnete Ganze der von Gott, dem *oikonomos*, geschaffenen Welt« (Groh 2009, S. 27).[3]

Trotz dieser ehrwürdigen und unverdächtigen Vorgeschichte war, ist und bleibt die enge Koppelung von Religion und Ökonomie ein Reizthema. Verwandte und zumal Wahlverwandte können zueinander entspannte oder angespannte Beziehungen und Familienbande unterhalten. Ökonomen sind in der Regel nicht geschmeichelt, wenn man sie als konfessionell gebundene Köpfe mit starken Glaubensgrundsätzen wahrnimmt; und Bischöfe geben nicht gerne Auskunft über die Bankgeschäfte der Kirche oder die Entschädigungssummen für Missbrauchsfälle; die Bodentruppe Gottes nimmt auch nicht gerne zur Kenntnis, wenn transzendente Erlösungsversprechen mit innerweltlichen Erlös-Entsprechungen verglichen und für zu leichtsinnig und risikolastig befunden werden. Beiden Sphären, der religiösen wie der finanziellen, liegt aus schnell nachvollziehbaren Gründen außerordentlich daran, ihre spezifische Identität, ihre unverwechselbare Leitorientierung, ihre Kernkompetenz, ihre Unabhängigkeit, ihre Unverwechselbarkeit herauszustellen. Berührungspunkte und Verwandtschaftsverhältnisse wie die soeben evozierten werden von beiden Seiten deshalb häufig als nebensächlich abgetan. Beide Sphären legen großen Wert darauf, die Teilnehmerperspektive zu privilegieren und die Außenbeobachterperspektive zu diskreditieren. Was es mit diesem religiösen Ritus, z. B. mit dem Essen einer Oblate, die mehr als nur eine Oblate, nämlich der für uns gebrochene Leib Jesu Christi ist, kann nur der Gläubige, nicht aber der beobachtende Ethnologe oder Biochemiker begreifen; dass es Boni für erfolgreiche Banker geben muss, versteht nur, wer wirklich die Finanzmärkte und ihre marktgerechten Preise kennt und nicht etwa ein schlecht gelaunter Soziologe, der nicht mehr als ein Prozent des Spitzenbanker-Gehalts verdient und schon deshalb nicht mithalten kann und mitreden darf.

Teilnehmerperspektiven sind per se gegen Vergleiche resistent; sie wirken wie Immunsysteme, leisten aber auch vermehrt Autoimmunerkrankungen Vorschub. Hinweise auf enge Verwandtschaftsbeziehungen zwischen der religiösen und der ökonomischen Sphäre können Banker und Priester kaum irritieren. Umso wichtiger ist es, dies- und jenseits evolutionärer, kulturhistorischer und sprachlicher Affinitäten zwischen Gott und Geld die sachlich funktionale Verwandtschaft bzw. Äquivalenz von Religion und Ökonomie zu erkennen. Sie lässt sich gerade dann deutlich wahrnehmen, wenn man einen methodischen Umweg einschlägt und auf second-order-observation, also auf die Beobachtung von Beobachtungen umstellt. Religion und Ökonomie bezeichnen Sphären alltäglicher bzw. sonn- und feiertäglicher Vollzüge, die umso unkomplizierter ablaufen, je weniger sie reflektiert und problematisiert werden. Man diskutiert an der Supermarktkasse nicht über Preise, und man hinterfragt in der Heiligen Messe nicht die Plausibilität der Transsubstantiation; man applaudiert auch nicht, weil dem Priester die Wandlung der Hostie in den Leib Christi geglückt ist. Weil erst die methodische Distanznahme ermöglicht zu beobachten, was sich ansonsten der Beobachtung und der Reflexion entzieht, hat sich schon früh, etwa in der griechischen Antike und verstärkt in Neuzeit und Moderne der Gestus einer Meta-Beobachtung ausgebildet.

Das lässt sich schnell an traditionellen Welt-Beobachtungssystemen illustrieren: Moral animiert zu einer recht unmittelbaren Beobachtung menschlichen Verhaltens nach den binären Kategorien »gut/böse«; Ethik beobachtet hingegen distanziert, was geschieht, wenn man das Welt- und Alltagsgeschehen moralisch beobachtet. Ethik kann dann z. B. Paradoxien wie die beobachten und reflektieren, dass moralisches Engagement für »das Gute« böse Konsequenzen wie die Eskalation von Konflikten zeitigen kann (Roellecke 2011). Kunst kann wunderbar wirken, weil sie in sich stimmig ist; Ästhetik kann u. a. wahrnehmen und reflektieren, dass Kunst für ihre schöne Suggestivität mitunter (gar systematisch?) den Preis zahlen muss und zu zahlen bereit ist, sachlich Problematisches darzustellen (Hörisch 2007, S. 7–14). Wissenschaft kann glänzend analysieren, was warum wie funktioniert; Wissenschaftstheorie bzw. Philosophie kann hingegen ihrerseits wissenschaftliche Beobachtungen beobachten und z. B. danach fragen, wie sinnvoll, destruktiv, wünschenswert, folgenreich es ist, religiöse Überzeugungen zugunsten von wissenschaftlichen Einsichten preiszugeben, Staudämme zu bauen, Regenwälder abzuholzen oder Atome zu spalten. Religion kann Sinnverlangen stillen und Kontingenz verarbeiten helfen; Theologie kann Religion beobachten, dazu auf Distanz gehen und Fragen stellen, die glaubensbereite Köpfe irritieren, z. B. warum es offenbar ist, dass Gott nicht in der Weise mathematischer Evidenz offenbar ist, warum es sogar in demselben Religionskreis unterschiedliche Konfessionen gibt oder warum der gute und allmächtige Gott das Erdbeben von Lissabon und noch größeres Unheil zugelassen hat.

Beobachtungen zweiter Ordnung (Luhmann 1995, S. 92ff., 212ff.) sind faszinierend – und zumutungsreich. Ethik als Reflexionsmedium von Moral, Ästhetik als Reflexionsmedium von Kunst, Philosophie als Reflexionsmedium von Wissenschaft und Theologie als Reflexionsmedium von Religion treffen aus plausiblen Gründen nicht nur auf Sympathie, können sie doch irritieren, nerven und gar vom rechten Glauben (an die herrschende Moral, die edle Kunst, die produktive Wissenschaft, die einzig wahre Religion, die Partei, die immer Recht hat) abfallen lassen. Auffallend ist es nun oder sollte es doch immerhin sein, dass die Ökonomie

135

anders als andere Funktionssysteme bislang keine systematisierte second-order-observation ausgebildet hat. Sicherlich gibt es unübersehbar viele Kritiker des Kapitalismus oder staatszentralistischer Planwirtschaften; es gibt jedoch in der ökonomischen Sphäre kein funktionales Äquivalent zu dem, was Ethik für Moral, Ästhetik für Kunst, Philosophie für Wissenschaft oder Theologie für Religion leistet. Der naheliegende Vorschlag, die Volkswirtschaftslehre als Beobachtung der Betriebswirtschaftslehre zu begreifen oder zu konzipieren, scheitert sofort. Beide Lehren haben schlicht unterschiedliche Gegenstandsbereiche und Themen, eben Betriebe bzw. Volkswirtschaften. Und beide Lehren teilen dennoch zumeist die Grundkategorien, Denkstrukturen und Überzeugungen (etwa das Rational-choice- oder das Homo-oeconomicus-Konzept), stellen also gerade nicht die Distanz her, die Beobachtungen zweiter Ordnung analytisch attraktiv werden lässt.

Nun wäre es abwegig, Betriebs- und Volkswirtschaftslehre als welt- oder auch nur deutschlandweit homogen organisierte und ausgerichtete Fächer wahrzunehmen. Das ist ersichtlich nicht der Fall. Ökonomen streiten sich und kämpfen um die rechte Lehre – wie Theologen. Es gibt Liberale und Neoliberale, Keynesianer und Neokeynesianer, Klassiker und Neoklassiker, Marxisten und Neomarxisten, Anhänger des Homo-oeconomicus- und des Behavioural-economics-Konzepts und viele mehr. Sicher werden viele es als philologische Grille abtun, wenn man darauf hinweist, dass schon die geläufigen Bezeichnungen BWL und VWL, also Betriebswirtschafts- und Volkswirtschaftslehre, absolut zutreffend sind, weil sie – wohl gegen den Willen der meisten Vertreter dieser Lehren – nun eben als »Lehren« und nicht als Wissenschaften firmieren. Tatsächlich geht es bei ökonomietheoretischen wie bei religiösen Diskussionen zumeist um die rechte bzw. irrige Lehre. Ökonomen gehören (z. B. neoliberalen, keynesianischen, ordoliberalen, marxistischen etc.) Glaubensgemeinschaften an (Binswanger 2005). Deshalb müssen sie Irrlehren bekämpfen. Bewerbungen noch so qualifizierter keynesianisch orientierter Kandidaten an neoliberal ausgerichteten Fakultäten et vice versa sind ihr Porto nicht wert.

Ein Calvinist sollte, darf und wird auch nicht für den Stuhl Petri kandidieren.

Mit Außenbeobachtungen ihres Tuns und Lassens kann die Ökonomie kaum etwas anfangen. Denn sie empfindet sie nun eben als psychologische, politische, kulturanalytische oder wie immer fremde, befremdliche, uneingeweihte, wenn nicht gar feindliche Außenwahrnehmung. Moralisch, künstlerisch oder religiös Handelnde können kaum anders als sich von den jeweiligen Metatheorien Ethik, Ästhetik und Theologie irritieren zu lassen. Die Ökonomie aber hat keine genuine, mit ihr korrespondierende Metatheorie. Um das so klar wie möglich zu illustrieren: Ein Ökonom wie Hans Christoph Binswanger, der an der obskurer Umtriebe unverdächtigen Universität St. Gallen lehrt und zu dessen Doktoranden auch der Vorstandssprecher der Deutschen Bank Josef Ackermann gehört, mag noch so renommiert sein – wenn er, mit Goethes *Faust* gesprochen, Geld als funktionierendes alchemistisches Medium versteht (Binswanger 2005), so löst ein solches Theorem in der ökonomischen Zunft allenfalls Kopfschütteln oder Belustigung aus. Dann hat eben ein Irregeleiteter die seriösen rechenintensiven Gefilde von BWL und VWL verlassen und ist literaturwissenschaftlich fremdgegangen[4] – wen in der Zunft kümmert's?

Dass die Ökonomie anders als andere Disziplinen keine Metatheorie freigesetzt hat, ist so verwunderlich allerdings nicht, wie es auf den ersten Blick scheint. Zumindest Ökonomen, die an das Homo-oeconomicus- und das Rational-choice-Modell glauben, handeln im Rahmen ihrer First-order-Theorie konsistent,[5] wenn sie sich gegen Außen- und Metawahrnehmung immunisieren: Sie haben einfach zu viel in problematische Theorien investiert, um dieses Investment ganz abschreiben zu können, wenn Behaviourial-economics-Experimente zeigen, dass das alte Modell nun eben nur eine Lehre ist, an die man glauben muss. Viel gewichtiger ist allerdings die wunderbare Paradoxie, dass sie konsistent verfahren, wenn sie einen starken, aber ihnen als solchen intransparenten Glauben (etwa an die Gültigkeit des Rational-choice- oder des

Homo-oeconomicus-Modells) an die Stelle von falsifizierbarem Wissen setzen. Denn ohne Vertrauen, Glauben und Glaubensbereitschaft funktioniert keine Ökonomie und erst recht keine über das Medium Geld gesteuerte Ökonomie.

Gott wie Geld sind auf Beglaubigung angewiesen. Das alte, schon in vorsokratischer Zeit von Xenophanes von Kolophon und Anaxagoras von Klazomenai verbreitete aufklärerische Argument, ohne die Glaubensbereitschaft der Gläubigen gäbe es keinen Gott, keine Götter und kein Göttliches, gilt per analogiam auch für das Geld. Ohne die Bereitschaft, es zu akzeptieren und es zu beglaubigen, hätte Geld keine Geltung. Gott- und Geldvertrauen, Gott- und Geldillusion, Gott- und Geldglaube sind strukturhomolog. Gerade weil Glaube und Vertrauen systematisch risikoanfällige Größen sind, hat es immer wieder Versuche gegeben, sie gesetzlich vorzuschreiben. Der Glaubensabfall, die Häresie, die Apostasie sind häufig mit der Todesstrafe belegt worden, noch heute sind sie in vielen Ländern, die Staatsreligionen kennen (wie Iran, Malaysia, Afghanistan, Libyen), strafbewehrt. Das ist aus der Perspektive liberaler Länder schwer zu ertragen, doch auch diesen sind starke Glaubensvorschriften nicht fremd – man muss an die Landeswährung glauben, sie ist ein gesetzliches Zahlungsmittel, das man nicht zurückweisen kann. Staatsbürger sind juristisch gehalten, die Landeswährung zu akzeptieren. Sie müssen daran glauben.

Der Gottes- und der Geldglauben sind struktur- und funktionsverwandt. Sie stehen vor ähnlichen Problemen, wenn ihnen der Glaube bzw. die Beglaubigung verwehrt wird. Es genügt, an die Aufregungen und folgenreichen Aufmüpfigkeiten zu erinnern, die sich in Westeuropa einstellten, als französische Aufklärer wie Voltaire und Diderot den Gottesglauben in Frage stellten. Diderot und manchmal auch Friedrich dem Großen wird die wunderbar aufgeklärte Gebetsformel zugeschrieben: »Lieber Gott, wenn es dich gibt, rette meine arme Seele, wenn ich eine habe.« Ein solches Konditional- bzw. Irrealis-Bewusstsein lässt Theorien komplexer und fungibler werden; es ist per se antifundamentalistisch. Die berühmte bis berüchtigte Theodizee-Diskussion, die nach dem Erdbeben von Lissabon im Jahr 1755 auch die Debattenlage erbeben ließ, folgte diesem Muster: Wenn die Hand des Gottes, der, wie behauptet, gütig und allmächtig ist, alles so herrlich regieret, wie kann er dann ein solches Schrecknis zulassen, das die Gerechten wie die Ungerechten trifft?

Theoriegeschichtlich fällt auf, dass die ökonomietheoretische Debattenlage heute zwar vor verwandten Theodizee-Problemen steht, aber zweihundertfünfzig Jahre später allenfalls in Randbezirken (Derrida 1993; Derrida 2003; Enkelmann 2010) das Niveau der Theologie Mitte des achtzehnten Jahrhunderts erreicht hat – so wie sie sich in ihrem physikalistischen Selbstmissverständnis nicht an Relativitätstheorie und Quantenmechanik, sondern an Newtons klassischer Physik orientiert. Die klassische und neoklassische Wirtschaftswissenschaft hat, wie Joseph Vogl eindringlich dargelegt hat, das Theodizee- in ein Oikodizee-Konzept konvertiert: »Auch wenn die Gleichgewichtskonzepte von der ökonomischen Klassik über die Marginalisten des neunzehnten Jahrhunderts bis zu den Neoliberalismen des zwanzigsten unterschiedliche theoretische und epistemische Formate angenommen haben, zeichnen sie sich dennoch durch ein begrenztes Spektrum gemeinsamer Grundannahmen aus: dass alle Mitspieler an der Maximierung von Gewinn oder Nutzen interessiert sind; dass sich eine selbstregulative Beziehung zwischen unterschiedlichen Größen, Kräften und Faktoren einstellt; dass sich die Mechanismen des Austauschs proportional zur Verminderung von willkürlichen Eingriffen und Interventionen optimieren; und dass sich der Markt darum als beispielhafter Schauplatz zur Klärung eines anderswo unübersichtlichen und opaken sozialen Verkehrs präsentiert. Ob das Gleichgewicht des Markts trivial, mechanisch und deterministisch oder als komplexes System dynamischer Kräfte gedacht wird – mit ihm vollzieht der Markt eine elementare Institution oder Selbst-Institution des Sozialen« (Vogl 2011, S. 53f.)

Die *invisible hand* des Marktes, die alles so herrlich wenn nicht regiert, so doch regelt, in Frage zu stellen, ist unter den meisten Ökonomen noch heute ein tabubewehrtes Sakrileg – selbst wenn sie über Fälle von Marktversagen nachdenken. Nach dem Finanz-beben (welche begriffliche Nähe zum Erdbeben von Lissabon!) zu beten »*Invisible hand*, wenn es dich gibt, rette meine Guthaben, wenn ich noch welche habe«, kommt kaum einer Wirtschaftslehre in den Sinn; ihr Glauben ist dogmatisch unerschütterlich. Es war kein Geringerer als Goethe, der mit seinem epochalen *Prometheus*-Gedicht (es ist knapp 20 Jahre nach dem Erdbeben von Lissabon, also etwa 1772/73 entstanden) die damalige Debattenlage erschüt-terte und ein semantisches Beben auslöste. Zumal glaubensfromme Zeitgenossen wie Goethes Freund Friedrich Heinrich Jacobi waren über die hymnischen Zeilen empört, die schon in der ersten Stro-phe wenig Glaubensbereitschaft zu erkennen geben und die so ein-dringlich darauf hinweisen, dass Glaube und Kredit auf – Beglau-bigung angewiesen sind:

»Ich kenne nichts ärmers
Unter der Sonn als euch Götter.
Ihr nähret kümmerlich
Von Opfersteuern
Und Gebetshauch
Eure Majestät
Und darbtet wären
Nicht Kinder und Bettler
Hoffnungsvolle Toren.«
(Goethe 1987, S. 203)

Systematisch bringt Goethes halb zorniges, halb amüsiertes Ge-dicht ökonomische und religiöse Begriffe zusammen. »Nichts är-mers«, »Opfern«, »Steuern«, »darben«, »Bettler«, »kümmerlich« und »nähren« – das sind auffallend viele ökonomische oder zumindest wirtschaftsnahe Begriffe in einer gerade einmal 28 Worte enthal-tenden Strophe. Schon Goethe weiß: Gott braucht Kredit, er be-darf der Akkreditierung, aber man kann auch dem Glauben die Kreditlinie kündigen.

Das auf Tertullian (ca. 150–230) zurückgehende Wort »Credo

quia absurdum est« (»Ich glaube, weil es unvernünftig/absurd ist«) hat früh seine theologische Karriere angetreten. Es hat bis heute Bestand, wenn es gilt, Glauben und Wissen gegeneinander auszudifferenzieren. Es ist vernünftig, wenn Theologie Religion als das (reizvolle, tiefsinnige, problematische, provozierende) Andere der Vernunft beschreibt. Die absurden Implikationen des ökonomischen Glaubens an die *invisible hand* des Marktes und die Kraft des Geldes werden hingegen knapp zweitausend Jahre später und nach mehreren Aufklärungsschüben weniger scharf beobachtet als die des religiösen Glaubens. Für einen Frommen ist die Antwort auf die Rätselfrage, warum dies oder jenes geschehen sei, immer überzeugend:»Gott hat es so gewollt, denn alles liegt in seiner Hand.« Aus dem Mund des Marktfundamentalisten erklingt gleichermaßen rituell die Antwort:»Die unsichtbare Hand des Marktes hat es so gewollt«,»die Märkte wollen die Auf-/Abwertung des Euro/Dollar, die Bonizahlungen, den Konkurs etc.« Es ist eigenartig, dass heute viele Zeitgenossen die religiöse Formel»Gott hat es so gewollt« seltsam, weil analytisch unbefriedigend finden, die korrespondierende ökonomische Formel hingegen glaubensfroh akzeptieren.

Nun ist es vergleichsweise leicht, sich über solche unerschütterlichen Glaubensüberzeugungen lustig zu machen. Schwerer fällt es hingegen, deutlich zu machen, warum trotz aller Beben zwischen Lissabon, Wallstreet und Athen und trotz ihrer mäßigen internen Konsistenz und mangelnden Plausibilität in den Augen externer Beobachter die heißen religiösen und ökonomisch-finanziellen Glaubensinhalte für viele dennoch unerschütterliche Geltung behalten. Die Antwort: Nicht etwa obwohl, sondern weil fundamentale religiöse wie ökonomische Glaubensüberzeugungen inkonsistent bis provokant sind, haben sie Geltung, funktionieren sie, werden sie ihrerseits beglaubigt. Glaube ist auf Glaube angewiesen, Geld ist durch Geld und den Glauben an die Geltung von Geld gedeckt – und beide funktionieren, so sie denn beglaubigt werden, mit einer gewissen Eleganz, die umso faszinierender ist, als sie einsturzbedroht ist. Man kann es auch einfacher sagen: Eine Vernunftreligion ist ungleich weniger reizvoll als eine Offenbarungsreligion, der jede Evidenz fehlt; eine vernünftige Wirtschaft, die etwa jede Stunde geleisteter Arbeit gleich bewerten und entlohnen würde, wäre so langweilig wie unproduktiv, denn sie würde keine Verrückten animieren, produktiv verrückt zu sein. So bewährt sich der erhabene Kalauer, dass, wer nicht daran (an Gott bzw. an Geld) glauben will, dran glauben muss. Man kann es noch pointierter sagen: Es ist gerade die elementare Unvernunft im Kern von Religion und Wirtschaft, die einer seltsamen Unvernunft von Welt und Dasein entspricht und insofern – vernünftig ist.

Anmerkungen

1   Vgl. schon die 1924 erschienene klassische Studie von Laum.
2   Zum Verhältnis von Ruin und Ruine vgl. Hörisch (2009), Kap. III/7: Der Ruin / Die Ruinen.
3   Die ansonsten gelehrt ausgreifende Studie geht merkwürdigerweise mit keinem Wort auf die Korrespondenzen von Religion und Wirtschaft ein; sie ist ganz auf die Widerlegung der These fokussiert, die modernen Wissenschaften seien nicht aus dem Säkularisierungsprozess, sondern aus dem Versuch entstanden, in der Schöpfung die Spuren göttlichen Wirkens zu entdecken. Im ausführlichen Sachregister eines Buches, das den Titel *Göttliche Weltökonomie* trägt, kommen Begriffe wie ›Geld‹, ›Wirtschaft‹, ›Banken‹ oder ›Zinsen‹ nicht vor.
4   … übrigens zur Beschämung der Literaturwissenschaftler, die ihrerseits zu einer so überzeugenden Interpretation von Goethes *Faust II* methodisch nicht fähig waren.
5   Dank an Birger P. Priddat für Anregungen zu diesem Argument!

Literatur

Ammann, M. / Ankenbrand, H. (2012): EnBW-Kauf. Mappus war gesteuert. In: F.A.S., 16.6.2012. http://www.faz.net/aktuell/wirtschaft/wirtschaftspolitik/enbw-kauf-mappus-war-gesteuert-11788280.html?printPagedArticle=true#pageIndex_2 [Zugriff: 25.6.2017].
Baecker, D. (Hg.) (2009): Kapitalismus als Religion. Kadmos, Berlin.
Benjamin, W. (1991): Kapitalismus als Religion. In: Gesammelte Schriften. Bd. 6. Hg. von R. Tiedemann / H. Schweppenhäuser. Suhrkamp, Frankfurt am Main 1991, S. 100–102.

Binswanger, H. C. (1998): Die Glaubensgemeinschaft der Ökonomen. Gerling-Akademie-Verlag, München 1998.

Binswanger, H. C. (2005): Geld und Magie. Eine ökonomische Deutung von Goethes Faust. 2. stark erweiterte Aufl. Murmann, Hamburg [1. Auflage 1985].

Derrida, J. (1993): Falschgeld. Zeit geben I. Fink, München 1993.

Derrida, J. (2003): Marx' Gespenster. Der verschuldete Staat, die Trauerarbeit und die neue Internationale. Suhrkamp, Frankfurt an Main 2003.

Enkelmann, W. D. (2010): Beginnen wir mit dem Unmöglichen. Jacques Derrida, Ressourcen und der Ursprung der Ökonomie. Metropolis, Marburg.

Goethe (1987): Prometheus. In: ders.: Gedichte 1756–1799. Sämtliche Werke, Frankfurter Ausgabe I/1. Hg. von K. Eibl. Deutscher Klassiker Verlag, Frankfurt am Main, S. 203.

Graeber, D. (2012): Schulden. Die ersten 5000 Jahre. Klett-Cotta, Stuttgart.

Groh, D. (2010): Göttliche Weltökonomie. Perspektiven der Wissenschaftlichen Revolution vom 15. bis zum 17. Jahrhundert. Suhrkamp, Berlin.

Hörisch, J. (2007): Das Wissen der Literatur. Fink, München.

Hörisch, J. (2009): Kopf oder Zahl. Die Poesie des Geldes. 5. Aufl. Suhrkamp, Frankfurt am Main.

Laum, B. (1924): Heiliges Geld. Eine historische Untersuchung über den sakralen Ursprung des Geldes. J. C. B. Mohr (Paul Siebeck), Tübingen.

Luhmann, N. (1995): Die Kunst der Gesellschaft. Suhrkamp, Frankfurt am Main.

Nietzsche, F. (1966): Zur Genealogie der Moral. In: Werke in drei Bänden. Hg. von K. Schlechta. Bd. 2. Hanser, München.

Minsky, H. P. (2011): Instabilität und Kapitalismus. Diaphanes, Zürich.

Pfleiderer, G. / Heit, A. (Hg.) (2008): Wirtschaft und Wertekultur(en). Zur Aktualität von Max Webers »Protestantischer Wertethik«. TVZ, Theologischer Verlag, Zürich.

Roellecke, G. (2011): Ethik in einer Gesellschaft der Gleichen. In: Merkur 740 / Januar 2011, S. 76–83.

Vogl, J. (2011): Das Gespenst des Kapitals. Diaphanes, Zürich.

Jürgen Hardt

»Pecunia olet« – wenn alles Leben nur am flüchtigen Gelde hängt!

Einleitung

In meinem Beitrag geht es darum, eine Antwort darauf zu finden, was es mit dem heutigen Geld auf sich hat, was sein Sinn und Zweck ist. Was Geld ist oder was Geld sein soll, wird in der jeweiligen kulturellen Situation bestimmt, in der es gebraucht wird; nur in diesem Kontext ist es zu verstehen. Das heutige Geld hat sich verflüchtigt und durchzieht als flüchtige Substanz alles Leben. Es unterwirft die ganze Welt seinem Gesetz. Das Verstehen der Kultur und das Verständnis von Geld sind unlösbar miteinander verbunden. Was ist da Geld?

Dass das Geld alles Leben durchzieht, als flüchtige Substanz nur noch wie ein Geruch wahrnehmbar ist, geht alle an und kann nicht nur der Wirtschafts- und Finanzwissenschaft überlassen werden, die sich gegenüber einer essentiellen Deutung des Geldes eher abstinent verhalten. Geld ist das zentrale Kulturproblem unserer Zeit. Die Finanzialisierung allen Lebens betrifft jeden menschlichen Umgang und verformt ihn nach ihrem Gesetz. Das betrifft besonders die Heilkunde, der die Sorge für das Leben aufgetragen ist. Die Sorge für den Menschen ist also dem Geld unterworfen. Deswegen müssen Heil- und Lebenskundige – und das sind alle, die engagiert menschliches Leiden behandeln – Verantwortung in Gelddingen übernehmen. Sie müssen darauf hinweisen, auch wenn niemand es hören will, was aus dem Geld geworden ist, was es mit dem Geld im Leben ursprünglich auf sich hatte und welchen Sinn und Zweck es im gemeinschaftlichen Leben zu erfüllen hat und erfüllen sollte; das heißt: welche grundlegend kulturelle Bedeutung Geld hat.

Die Beschäftigung mit der aktuellen kulturellen Situation, in der die Logik des flüchtigen Geldes alle Lebensbereiche durchdrungen und ihrem Gesetz unterworfen hat, wirft weitreichende Fragen auf[1] – Fragen, die gestellt werden müssen, wenn die schon eingetretenen kulturellen Transformationen wahrgenommen werden und man sich gar auszumalen wagt, wohin der Kulturprozess sich weiterentwickeln wird. Es sind Fragen wie: Was hat es mit dem Geld auf sich, dass es eine solche kulturell destruktive Macht gewonnen hat? Ist es vorstellbar, dass es eine Kultur schafft, in der es sich noch leben lässt? Wie wird ein Leben unter der totalen Herrschaft des Geldes sein? Überlegungen zu diesen komplexen Fragen haben meist eher eine dystopische als eine utopische Note und münden in weiteren Fragen: Wie konnte es so weit kommen, dass Geld diese Macht errang, wer ist verantwortlich dafür und wer ist Nutznießer davon? Schließlich: Wie kommen wir aus dem Katastrophenzyklus, in den es uns gebracht hat, wieder hinaus? Zu guter Letzt: Was könnten wir tun, um diesem Geschick nicht ohnmächtig ausgeliefert zu sein?

So rückt das Geld als Kulturprodukt und Kulturinstrument in den Mittelpunkt meiner Überlegungen; denn Kultur geht alle an, ist nicht nur Gegenstand höherer Bildung, sondern sie ist das Nächstliegende, das, worin wir als Einzelwesen eingebunden sind, ohne die wir nicht leben können und die wir gemeinsam zu verantworten haben.

Vor einiger Zeit habe ich zwei psychoanalytische Theorien des Geldes auf ihre kulturellen Implikationen hin untersucht, deren Konsequenzen mich entsetzten – besonders, weil die kulturelle Wertsetzung des psychoanalytischen Projekts, wie es von Sigmund Freud angelegt ist, darin übergangen und pervertiert wird. Beide Autoren (David Tuckett[2] und Jean Clam) missachten die kulturelle Verantwortung der Psychoanalyse. Im Gegensatz zu den beiden Autoren stelle ich das Geld in den Kontext der Kulturbildung, wie sie von Freud in »Zukunft einer Illusion« 1927 und im »Unbehagen in der Kultur« 1930 beschrieben worden ist.

Ich fasse die Ergebnisse meines psychoanalytischen Nachdenkens über das Thema Geld vorab kurz zusammen:
1. Geld scheint ein Mysterium zu sein; das ist aber nicht seinem

Herkommen anzulasten, sondern das Ergebnis einer tendenziösen Mystifikation.

2. Geld hat als protokulturelles Instrument[3] und Produkt einen lebenspraktischen Sinn und eine Begrenzung im natürlichen Reichtum.

3. Im Überfluss – der schon von Aristoteles geächteten und als gemeinschaftsgefährdend erkannten Pleonexie – löst sich Geld von seinem lebenspraktischen Sinn, wendet sich gegen das kultiviert solidarische Leben und führt ein widernatürliches Eigenleben.

4. Die sinnlose Vermehrung löst das Geld aus der begrenzenden Lebenspraxis heraus, verleiht ihm eine magisch-manische Kraft, die den Besitzer ergreift. Die Logik des bloßen Mehr regiert, sie verhindert begrenzte Befriedigung und pervertiert den Gebrauch des Geldes, dessen Zweck primär im Ausgleich für Handlungen und Werte im Verkehr zwischen den Menschen besteht.

5. Schon Aristoteles weist auf die Gefahren einer mystifizierten Pleonexie mit ihren unendlichen Verlockungen und Versprechungen hin und tritt ihnen in seiner politischen Schrift mit einer normierenden Beschränkung entgegen.

6. Sigmund Freuds Skizze der Kulturbildung – einer psychologischen Protokultur – stellt die zweifache Solidarverpflichtung an den Anfang jeglicher Kultivierung. Erstens: die solidarische Anstrengung, das Leben gegen Gefahren, die von der äußeren Natur drohen, zu schützen; und zweitens: die solidarische Verpflichtung, Triebimpulse, die aus der inneren Natur des Menschen stammen und die Gemeinschaft schädigen, zu unterdrücken. Als kulturelles Instrument und Produkt hat das Geld in dieser zweifachen Solidaritätsverpflichtung seinen Sinn und Zweck.

7. Psychoanalytische Theorien, welche die Solidarbindung des Geldes außer Acht lassen, gar sein Wesen in die flüchtig unbegrenzte Pleonexie verlagern, verstoßen gegen die therapeutische Lebenserfahrung und verraten den Sinn des psychoanalyti-

schen Projekts, das darin besteht, Unbewusstes in vernünftige Sprache zu heben, damit es dem Leben dienen kann. Das Gegenteil tritt ein: Der vernünftige Sinn des Geldes wird mit einem irrationalen Schleier überzogen, die Mystifikation wird psychoanalytisch nicht aufgedeckt, sondern mit Raffinement gerechtfertigt.

Mythos Geld – Mysterium oder Mystifikation?

Geld ist ein rätselhafter Stoff, der viele Fragen aufwirft, und zugleich ist es selbstverständlich, was es mit dem Geld alltäglich auf sich hat. So kann man fragen: Ist Geld ein Stoff, also eine Sache, oder eine Beziehung zwischen unterschiedlichen Dingen, somit eher ein Medium oder gar eine Denkform, eine Handlungsweise? Egal wo wir ansetzen, immer bleibt Geld rätselhaft. Geld verschleiert sein Wesen. Oder aber, ist es nicht doch offenbar, was es mit ihm auf sich hat, und ihm wird nur ein Schleier übergeworfen? Die Geschichte des Geldes, die in vielen Varianten erzählt wird, bietet keine endgültige Antwort. Geld beginnt rätselhaft und verliert sich in rätselhaftem Sinn und Zweck. So ist Geld Stoff von den unterschiedlichsten Geschichten, die nur aufzuschlüsseln sind, wenn man beginnt zu fragen, für welchen Zweck sie erzählt werden.

Die Literatur über Geld boomt: Ein Blick in das Angebot des Online-Buchhändlers Amazon zeigt das überdeutlich. Unter dem Stichwort »Geld« finden sich auf dem deutschen Markt Einträge auf 75 Seiten.[4] Wenn man bedenkt, dass auf jeder Seite etwa 15 Bücher angeboten werden, ergibt das 1.125 Titel. Doch das ist noch wenig. Im französischen Amazon erstreckt sich das Angebot unter dem Stichwort »*monnaie*« auf 190 Seiten; das macht, wenn ebenfalls auf jeder Seite 15 Bücher angeboten werden, 2.850 Titel. Getoppt wird das Angebot vom englischen Markt: Dort werden unter »*money*« auf 400 Seiten 6.000 Titel angeboten.

Auch alle Historien des Geldes beginnen mit einer Annahme – um in Annahmen zu enden, die wiederum den Anfang begründen.

So umkreisen die Geschichten das Geld, wollen es enthüllen und verhüllen es zugleich. Geld wird dabei mit Gott und der Welt, dem Teufel, dem Zauber, dem Opfer und der Geltung, der Verlockung, dem Heil, der Macht und dem Untergang verbunden. Der Titel sind unzählige und sie widersprechen sich: Geld ist mächtig, regiert die Welt. Geld ist Liebe oder steht im Gegensatz zu ihr. Geld ist nicht alles – aber alles ist für Geld zu haben? Viele versprechen, das Geld zu erklären, die Wahrheit über es endgültig preiszugeben, es zu entzaubern, den Schleier zu lüften, das Rätsel zu lösen. Gelingt das überzeugend? Es gelingt nur dann, wenn man die expliziten, meist impliziten Überzeugungen der Autoren teilt und ihren Erzählintensionen zu folgen gewillt ist.

Geld ist für viele ein Mythos, ein Mysterium, ein heiliges Rätsel (Lietaer 2000). Damit wird es dem allgemeinen Verständnis enthoben, denn nur Eingeweihte haben Zugang zu den Mysterien. Könnte es aber nicht sein, dass Geld deshalb ein Rätsel ist, *weil* es einer Mystifikation unterliegt, wie schon Karl Marx vermutete? Dass es also kein Mysterium an sich ist, sondern etwas durch Verschleierung zum Mysterium Gemachtes, um etwas anderes, was offensichtlich sein Sinn und Zweck ist, unsichtbar zu machen, zu verhüllen? Wenn das Rätsel des Geldes aber das Produkt einer Mystifikation im Bewusstsein der Menschen ist, müssen wir fragen, welchen Zweck die Geschichten erfüllen sollen, die über es im Umlauf sind. Oder wir müssen die Frage stellen, was der psychodynamische Sinn einer Geschichte ist, die über das Geld erzählt wird.

So hat zum Beispiel in einer Erzähltradition das Geld heiligen Ursprung (Laum 1924; Türcke 2015). Das ist eine Geschichte, für die archäologisch einiges spricht. Zugleich umgibt sie das Geld mit einer Aura, und ist es nicht dadurch tatsächlich anbetungswürdig? Zweifellos ist es das für viele, wenn wir uns nur umsehen. Der Furor, mit dem das Geschäft des Geldes von seinen Anhängern bis heute betrieben wird, erinnert an religiöse Ekstase: Geld ist allmächtiger und allwissender, einziger Gott.

Eine andere Tradition lässt das Geld aus dem Bedürfnis entstehen, gesellschaftliche Macht und Einfluss sichtbar zu machen: das Klassengeld oder Protzgeld (Gerloff 1947, Schmölders 1966)[5]. Auch darin finden sich Spuren des ursprünglich heiligen Geldes. Nur nicht das Opfer an eine Gottheit, sondern die Darstellung der Mächtigen, ihrer gesellschaftlichen Stellung und Bedeutung steht am Anfang. So schafft Geld nicht Gemeinsamkeit, sondern markiert Machtgefüge und Unterschiede.

Auch diese Version hat bis heute eine gewisse anschauliche Plausibilität. Denken Sie an die Banken, die Kathedralen der Gegenwart, neben denen die traditionellen Kirchen winzig sind. Oder denken Sie an die esoterischen Kreise derer, die über das große Geld verfügen und entscheiden – Figuren, denen gegenüber unsere gewählten Volksvertreter, die eigentlich mächtig sein sollten, wie Winzlinge erscheinen.

Eine ganz andere, nüchterne Geschichte des Geldes hat Aristoteles (Aristoteles 1995, 1. Buch, Kapitel 8–13) erzählt: Geld entsteht aus lebenspraktischen Gründen und dient lebenspraktischen Zwecken. Geld hat danach zuerst – und sollte ihn bis zuletzt haben – den Sinn, dem gemeinschaftlichen Leben der Menschen zu dienen. Diese Aufgabe erfüllt es, indem es für das Lebensnotwendige im Haushalt sorgt und den Austausch von Waren auch über größere Entfernungen ermöglicht. Das Geld hilft, einen gerechten Austausch zwischen Werten zu schaffen, die Menschen den Dingen beimessen, die sie besitzen, herstellen und benötigen.

Das ist eine sympathische Geschichte für einen kulturpsychologisch interessierten Psychoanalytiker, auch wenn sie kulturhistorisch zu nüchtern und zu kurz gegriffen scheint. Gerloff bezeichnet die aristotelische Geschichte als eine bloß rationale oder rationalistische Geschichte des Geldes (Gerloff 1947, S. 21, 25), die dessen eigentlichem Wesen nicht gerecht wird. Er ist ein Vertreter der Theorie des Protzgeldes, das eine deutlich zu erkennen Funktion hat, denn es soll in einer hierarchisch gegliederten Gesellschaft Unterschiede markieren, befestigen und zugleich rechtfertigen. Das ergibt eine gesellschaftliche Abstufung, die nur nach der Logik der Wohlhabenden und Mächtigen überwunden werden kann. Insofern verwundert es nicht, dass Günter Schmölders[6] in seiner Geld-psychologie, geschrieben in einem elitär hierarchischen Bewusst-sein, die Ursprünge des Geldes analog zu Gerloff in der Markierung hierarchisch gesellschaftlicher Strukturen sieht. Das Geld ist dem-nach zuallererst ein Statussymbol (Schmölders 1966, S. 21ff.). Die unterschiedlichen Diskurse über das Geld zeigen aber immer zweierlei. Diejenigen, die zu viel davon haben, müssen nicht darüber reden, sie schweigen darüber. Für sie gehört es sich nicht, über Geld zu sprechen, weil man es einfach hat. Wenn es nicht le-bensnotwendig ist, man es nicht nötig hat, treibt es sein Spiel, ver-mehrt sich in einer Weise, die Aristoteles unnatürlich und wider-natürlich nannte, zeugt sich quasi aus sich selbst heraus und muss keinem Lebenszweck dienen (Aristoteles 1995, S. 23). Auf der an-deren Seite gibt es das Geld in der Lebensnot, wo es an allem fehlt. Dort ist Geld nötig, um sich mit notwendigen Gütern zu versor-gen, um sich und die Seinen zu unterhalten. Dies war auch der Sinn des Geldes in der rationalen Ökonomie des Aristoteles. Das überreiche Geld, das im Überfluss sein Spiel treibt, war für Aristo-teles von verachtenswerter und moralisch minderwertiger Art; der Umgang damit wendet sich gegen das Leben, weil es die unersätt-lichen Wünsche nach mehr weckt (Aristoteles 1995, S. 20).

Könnte es nicht sein, dass es sich genau umgekehrt verhält, als Gerloff und seine Jünger behaupten, dass nämlich das Geld als ein rationales Kulturinstrument geschaffen wurde, um dem Leben in der Kultur zu dienen, und dass Ursprungsgeschichten erfunden wurden, um ungerechtes und moralisch verwerfliches Treiben mit dem Geld zu legitimieren und ihm einen Schein von Heiligkeit zu verleihen?

Um es zu wiederholen: Könnte es nicht sein, dass die rationale, nüchterne und lebenspraktische Geschichte des Aristoteles die wahre Geschichte ist und die anderen Geschichten, die sich dar-über lagern und Geld zum Rätsel machen, Mystifikationen sind, die den kulturell rationalen Kern verschleiern, um anderen Zwe-cken die Bühne zu bereiten? Festzustellen bleibt von einem psycho-analytischen Standpunkt aus: Ob die Geldgeschichte des Aristoteles wahr ist oder nicht, lässt sich nicht beweisen; dass sie wahr sein sollte, ist kulturell wünschenswert. Die nüchterne Geschichte des Aristoteles würde dem Geld ein vernünftiges Maß und einen Sinn im Leben (zurück)geben.

Festzuhalten ist darüber hinaus: Geld ist ein Kulturprodukt und zugleich ein Kulturinstrument, so dass verstanden werden muss, in welchem kulturellen Kontext es steht und welche kulturellen Folgen es hat.

Auch innerhalb der Gesellschaft wird in unterschiedlichster Weise über Geld gesprochen oder geschwiegen. In kultivierten, vermögenden bürgerlichen Kreisen galt es als unanständig, über Geld zu reden. Kurz und bündig hieß es:»Über Geld spricht man nicht, man hat es!« Damit setzte man sich von denen ab, die es »nötig haben, über Geld zu reden«, weil sie Geld zum Überleben brauchen. Das waren die Lohn- und Gehaltsabhängigen, die Tagelöhner und andere Habenichtse, die sich Geld erst »verdienen« müssen, darum bitten sollen oder gar betteln müssen.

Die bürgerliche, selbstwertbewusste und zugleich das Geld besitzende und verachtende Haltung ist aus der Psychoanalyse weitgehend verschwunden. Heute müssen Analytiker zwangsläufig über Geld reden, weil sie sich nicht mehr im exklusiven Kreis der Vermögenden bewegen, sondern eher daraus ausgeschlossen sind.

Doch es gibt Ausnahmen: eine mit Nähe zur Londoner City, jemand, der vergessen hat, dass Geld zur gemeinschaftlichen Bewältigung des Lebens gedacht ist und sich deswegen ungeniert im Dunstkreis derjenigen bewegen kann, die spielerisch mit dem Geld umgehen, riesengroße Gewinne machen und die Verluste der Allgemeinheit aufbürden (Tuckett 2011, Tuckett/Taffler 2012). Darüber habe ich ausführlich geschrieben (Hardt 2014a, 2015c). Eine andere Ausnahme meldet sich aus einer aufrechten, gallisch-psychoanalytischen Gemeinde. Lacanianisch wird behauptet, dass erst dort von wahrem Geld zu reden ist, wo es im Überfluss vorhanden ist. Beiden psychoanalytischen Ansätzen ist gemeinsam, dass sie die kulturpsychologischen Einsichten Freuds missachten und deswegen über diese hinweggehen.

Lebenspraktisches oder pleonektisches Geld: die Logik des bloßen Mehr

Da die lacanianische Arbeit über das Geld einen großen Einfluss auf das Konzept dieses Vortrags hatte, werde ich auf den Artikel *Die Realisierungsmächtigkeit des Geldes* von Jean Clam (2011) ausführlicher eingehen. Ich werde Sie dabei in längeren Zitaten mit einer Sprache beschäftigen, die nicht die meine ist, die in ihrer Abgehobenheit für sich sprechen soll.[7]

Geld hat laut Clam einen ambivalenten Status, es scheint vergiftet und man begegnet ihm mit Misstrauen, wie er fragend feststellt. Eine erste Antwort findet er darin, dass Geld »das Mittel des allgemeinen Habens, des Erwerbs all dessen ist, was sich erwerben lässt«. Dem Geld »waltet eine Mächtigkeit der Annäherung der Dinge an eine Mitte an, in der der Reiche steht« (Clam 2011, S. 64). Von dieser Kraft erhält der Reiche »seine Aura«. Der Reiche kann die Dinge mobil machen. Das können wir dann jedoch nicht erfahren,

> »wenn wir selbst keine Reichen sind. Unser Bezug zum Geld ist nicht in der Dimension seiner Pleonexie etabliert. In unseren Gesellschaften wird in der allgemeinen Kommunikation ein Geldbezug unterstellt, der dem Mittelstand zu eigen ist: Ein solcher Bezug ist charakterisiert durch den ›Verdienst‹ des Geldes durch Arbeit und Mühe auf der einen Seite, ein bedachtes und kalkulierendes Ausgeben seiner, das Sparen kleiner Mengen von ihm über lange Zeitperioden, das Nichtverschmerzen von meistens gar bescheidenen Verlusten seiner Beträge auf der anderen Seite. Es ist insgesamt ein pusillanimes, unbeherztes, ängstliches und ängstlich machendes Verhältnis zum Geld, das unseren Blick ausschließlich an das Vorkommen des Geldes in knappen Mengen bindet und die Berührung mit seiner Pleonexie ablehnt und vor ihr flüchtet« (ebd., S. 65).

Mit dem »wahren, pleonektischen Geld« (ebd., S. 65) hat das wenig zu tun. Das entsteht erst, wenn Geld zu einem magische Mittel geworden ist, dann entfaltet es sein wahres Wesen. »Geld ist und verleiht Vermögen. Wie ich es hier auffasse und wie es sich in jedem allgemeinen Meinen zu verstehen gibt, ist es eine emergente Gegenständlichkeit, die aus dem Umschlag seiner Anhäufung in eine neue Qualität (der Potenz) erwächst. D. h., es wird erst zu dem, was es ist, als was es gemeint wird, wenn seine Anhäufung eine Schwelle überschreitet« (ebd., S. 66). Selbst wenn wir »ein ganz bequemes, befriedigendes und genussreiches Leben« (ebd., S. 67) führen können, entspricht das Geld jener »infrapleonektischen Figur«, das »von vielen Ökonomen und Ethikern erwünschte Geld« (ebd.) Erst in der Überfülle kommt Geld zu sich, das heißt, gewinnt es seine Mächtigkeit zur »Realisierung«. Damit sind natürlich auch Gefahren verbunden, weil Geld zu einem Objekt des Genießens werden kann und keine Befriedigung mehr gewährt, sondern nur nach immer mehr verlangt. (Das ist ein Gedanke, der von Robert Heim [2011] ausgearbeitet wird.) Deswegen »verändert sich«, »wer zu Geld kommt« (ebd., S. 72). »Das bedeutet, dass die Menschen, die zu ›vermögenden‹ gesellschaftlichen Stellungen bestimmt sind, d. h. zu Stellungen, in denen sie über eine besondere Mächtigkeit der Objektrealisierung verfügen, von Kind auf eigens darauf vorbereitet werden müssen« (ebd., S. 73). Deswegen bedarf es »einer ständischen Verfassung der Gesellschaft und einem ständischen Selbstverständnis der betroffenen Individuen«, weil sie zu einer »anderen Gattung Menschen« gehören, »die in ihren Händen Mittel der Realisierung der Weltobjekte besitzen« (ebd., S. 74).

Das verpflichtet sie zwar nicht dazu, asketisch zu leben, aber:

»von Geburt Reiche, z. B. Adelige, [sind] zu liberalem, prodigalem [großzügigem, verschwenderischem], Geld weder erwerbendem noch zählendem Handeln verpflichtet. Ein geiziger Adeliger verfällt der Derogation [Verlust der Anerkennung] und der vollkommenen Verpönung. Die Verpflichtung kann auch formal werden und in Leiturgien (zur Funktion der spätantiken Leiturgien siehe Rostovtseff 1988) ihren Ausdruck finden, welche ihren öffentlichen und stringenten Charakter betonen – ja ihr ruinöser Charakter gehört manchmal zur Offenbarung ihres Sinnes, des symbolischen Sinnes der Verpflichtetheit durch Rang und Erhabenheit« (ebd., S. 47).

Es geht um die »Einhegung der Realisierungspotenz, von der alle Kulturen ahnen, dass sie nicht ohne Weiteres entschränkt, d.h. normalisiert werden kann« (ebd., S. 74). Bei solcher Solidaritätsvergessenheit kann man nur spötteln. Clam sagt, mit einfachen Worten ausgedrückt: Adel verpflichtet! Dahinter ist deutlich die Haltung Margaret Thatchers zu erkennen: »There is no such thing as society.«[8] Folglich gibt es so etwas wie *solidarity* auch nicht, nur *charity* und die kann man von jemandem erwarten, der Geld im Überfluss sein eigen nennt, denn sonst verfällt er der Verachtung. Clam folgt hier einer »Moral«, die auch bei uns um sich greift: Weil durch den – euphemistisch Steuersparen genannten – Entzug von Geld für die Gemeinschaft Gemeinschaftsaufgaben unterfinanziert sind, wird an die Freigebigkeit der Vermögenden appelliert: Bürgerstiftungen statt Solidarbeitrag. Es gehört sich in bürgerlichen Kreisen nicht, beim Spenden (natürlich gegen steuerrelevante Quittung!) zu knausern; legales, halblegales, gar illegales Steuersparen dagegen gilt als besonders smart.

Im Weiteren kritisiert Clam die marxistische Geldethik, die er als psychologisch unzureichend und unwissend deklassiert. Eine häufige Legitimationsfigur ist bei einer solchen Art von Argumentation meist der Bezug auf Freuds Überlegungen zum kommunistischen Experiment; das zu untersuchen, würde hier zu weit führen. Clam betont, dass eine streng materialistische Haltung eine systematische Entsymbolisierung betreiben wolle, die an der Eigenart des unbewussten Subjekts scheitern müsse. »Die Welt darf nicht mehr irrealisiert werden, von ihren entfernenden Symboliken überzogen werden. Sie muss, so wie sie ist, in die Wahrnehmung aller überführt werden« (ebd., S. 76), so Clam. Was im Grunde

Zielsetzung aller Aufklärung und des psychoanalytischen Projektes ist, erklärt er für nicht erreichbar und für nicht wünschenswert. Mit Hilfe dieser Aufklärung soll der »Schleier des Geldes gelüftet« und »zum rohen Bedürfnis« in unmittelbare Beziehung gebracht werden. »Die Realisierungsmächtigkeit für alle« hält er für unmöglich und eine »Welt ohne Opium«, der man »real begegnen«, die man »real sein lassen und verändern kann«, kann seiner Meinung nach kaum ausgehalten werden (ebd.). Opium verwirrt die Sinne und verhindert jedes vernünftige Urteil. Die therapeutische Erfahrung zeigt das Gegenteil von dem, was Clam behauptet, denn mit dem Geld verhält es sich so, wie Gadamer die Gesundheit beschrieb: Er spricht von der »Verborgenheit der Gesundheit«, die das alltägliche Leben kennzeichnet. Erst in der Krankheit, dann, wenn sie abwesend ist, wird Gesundheit sichtbar und erfahrbar.[9] Diese phänomenologische Beschreibung ist überzeugend; eine Konsequenz aus ihr war in vermögenden bürgerlichen Kreisen, dass die Kinder gerade nicht im Überfluss, sondern in angenehmer Bedürftigkeit erzogen wurden, damit sie, wenn sie über Geld in der Pleonexie verfügen, den Wert des Geldes ermessen können und gerade nicht in einen Rausch des unendlichen Genießens abheben. Weil Psychotherapeuten und ihre Patienten und Patientinnen heute meist dem eher unvermögenden Mittelstand angehören (s. o.), wissen sie aus eigener Erfahrung, was es mit dem Geld auf sich hat, wenn es knapp ist und man mit ihm rechnen muss, denn erst dann enthüllt es sein wahres Wesen; Geld im Überfluss verkehrt sein Wesen.

Es stellt sich die Frage, wie eine solche unsolidarische Haltung mit dem Geist des psychoanalytischen Projekts zu vereinbaren ist, das zwar einerseits die Ausgestaltung des Subjektes befördern möchte, immer aber auch die menschlich kultivierte Gesellschaft anerkennt, als Grenze und als Ermöglichungsgrund des einzelnen Individuums. Wie verhält sich solch elitärer Geldgebrauch zu den implizit normativen Setzungen der psychoanalytischen Kulturtheorie? Welches Menschenbild kommt darin zum Ausdruck? Bei den Ansichten von Jean Clam handelt es sich nicht um eine Idiosynkrasie des Autors, auch Robert Heim, ein deutscher Lacanianer, folgt im selben Sammelband (Decker 2011) einer ähnlichen Linie: Das Geld sei ein exquisites Objekt des Genießens, eine Form des unstillbaren Begehrens, das die Verwendung im Kontext des Lebensnotwendigen übersteige. Die gesellschaftlichen/kulturellen Konsequenzen eines solchen Geldgebrauchs streift er nur am Rande, obwohl er dessen Gefahren nicht verleugnet. Denn durch den pleonektischen Geldgenuß kommt es zu Blasen und Zusammenbrüchen der Finanzwelt, die von seinem Standpunkt aus gesehen nur festgestellt werden können, weil sie der Logik des unbewussten Subjekts folgen.

Dass Menschen, die infrapleonektisch leben, die von den Superreichen verursachten finanziellen Schäden schließlich ausgleichen sollen/müssen, thematisieren beide Autoren nicht. Was ist aber Geld, wenn es nicht dem Leben dient? Was ist von einem psychoanalytischen Standpunkt aus dazu zu sagen?

Geld im individual- und kulturpsychologischen Kontext

Wenn man sich psychoanalytisch mit dem Thema Geld beschäftigt, müssen aus methodischen Gründen zwei Sichtweisen differenziert werden, weil sie unterschiedlichen Gegenstandsbildungen folgen (Salber 1965), obwohl die beiden darin konstruierten Gegenstände miteinander verbunden sind und zugleich in schwer zu klärender Weise zusammen- und gegeneinanderwirken: Individuum und Gesellschaft.

Der entscheidende psychoanalytische Standpunkt, unter dem im Folgenden das Thema Geld diskutiert wird, ist der kulturpsychologische Ansatz; dahinter tritt die sich auf Freud beziehende, an der individuellen Entwicklungsgeschichte orientierte, psychologische Geldtheorie zurück. Das geschieht in erster Linie, um die aktuellen Kulturfragen, die mit den globalen Finanzkrisen aufgekommen sind, analytisch diskutieren zu können. Die für das finanzwissenschaftliche Verständnis eher befremdlichen und unerheblichen Überlegungen zu der sowohl bewussten als auch unbewussten individuellen Bedeutung von Geld bieten aber einen Übergang zwischen den mehr globalen, soziologischen oder sozialpsychologischen (Schmölders 1966) Verständnisweisen und dem Verhalten und Erleben einzelner Akteure.[10]

Wolfgang Harsch (1995) hat den Versuch unternommen, eine Brücke zwischen der individuellen Psychologie und der Kulturpsychologie des Geldes zu schlagen. Sein Versuch ist gelungen, aber berücksichtigt nicht die Zweiseitigkeit des Geldes, das wie andere Medien auch – zum Beispiel die Schrift und alle Kommunikationsmedien – Kulturprodukt und Kulturinstrument zugleich ist. Das heißt, neben der Frage, wie Geld entsteht, erhebt sich die Frage, was das Geld, indem es gebraucht wird, mit dem einzelnen Individuum macht, aber auch welche Auswirkungen es auf den gesamten Prozess der Kultivierung hat.

Erstens: Die psychoanalytische Theorie der Bedeutung des Geldes in der individuellen Entwicklung setze ich als bekannt voraus. Es handelt sich um die Analtheorie des Geldes. Aufgrund charakterologischer Eigentümlichkeiten und ihrer rekonstruierten Genese entwickelte Freud die These, dass Geld seine unbewusste Bedeutung vom Kot erhält, beide also unbewusste Äquivalente sind (Freud 1908). Freud beschrieb die Wege von Reaktionsbildung und Sublimierung im Umgang mit dem ersten Besitz, dem Kot, der gesäubert und veredelt im Gold wiedererscheint, das wiederum dem Geld seinen Wert garantiert. Belege fand er im Volksglauben und in der Verneinung der Herkunft von Geld in der Behauptung: »Pecunia non olet.«[11]

Dabei ließ er einen Aspekt aus, den Wolfgang Harsch (1995) erst viele Jahre später ausarbeitete. Der erste Besitz des Säuglings ist das Produkt seiner inneren Arbeit, die von der pflegenden Mutter anerkannt wird. In diesem Sinne kann der Kot des Säuglings als Währung im Austausch für die zugeführte Milch dienen. Die Arbeit des Säuglings hat verschiedene Phasen, gehorcht unterschiedlichen »gesellschaftlichen« Anforderungen: zuerst die innere Arbeit als Verwertung dessen, was das Kind von der Mutter bekommt.

Als Zweites dann die Defäkation als Arbeit der Ausscheidung, die schrittweise einer zeitlichen und räumlichen Ordnung unterworfen ist und damit zu einer individuellen Arbeitsleistung nach den Regeln der Gemeinschaft wird. So lebt der Säugling laut Harsch mit der Mutter in einer Milch-Kot-Wirtschaft – der »infantilen Ökonomie« (ebd., S. 138)[12] – gegenseitiger Abhängigkeit, von der beide profitieren, weil der Säugling im Austausch für das, was er bekommt, der Mutter die überschüssige Milch abnimmt, deren sie sich sonst mit eigener Anstrengung entledigen müsste. Da der Kot für das Kind die einzige Währung ist, über das es verfügt, entsteht der Glaube, dass alles, was zum Leben notwendig ist und Lust macht, mit Kot-Geld zu erwerben ist. Aus dieser analen Wurzel erklärt sich die magische Potenz des Geldes, das Währung wird für alles, was man begehrt. Der wirtschaftliche Austausch mit der nährenden und überlebensnotwendigen Mutter ist für jedes Individuum die erste Ökonomie, in die es eingegliedert ist. Auch diese ist ein Geschäft zwischen Partnern, die sich gegenseitig brauchen und auf Respekt und Fairness angewiesen sind. Allerdings genügen die beiden Partner einander zwar, aber sie brauchen Schutz und Unterstützung, um überleben zu können. Deswegen ist das primäre ökonomische System auf andere bezogen und angewiesen.[13]

Zweitens: Menschen leben immer schon in Gemeinschaften, ohne die sie nicht existieren können. Das ist der Ansatz von Freuds Kulturtheorie, die man eine psychoanalytische Theorie der Protokultur[14] nennen könnte, weil sie Grundbedingungen jeder Kulturbildung – das heißt Voraussetzungen des Kulturprozesses, der über jedes Individuum und die gesamte Menschheit abläuft – formuliert. Das ist die zweite Gegenstandsbildung Freuds, die er in Analogie zur Psychologie des Individuums angelegt hat.

Freud verzichtet darauf, das Herkommen seiner Konzeption abzuleiten, so dass sie nur als seine mehr oder weniger originelle Idee aufgefasst worden ist und kaum Spuren in der nachfolgenden Kulturtheorie und Kulturphilosophie hinterlassen hat. Das ist bedauerlich und von Nachteil für – bis heute unentschieden diskutierte –

Fragen, wie etwa nach dem Übergang, der Differenz zwischen und dem Verhältnis von Natur und Kultur, die bisher nur metaphorisierend, zum Beispiel mit einem Qualitätssprung oder der Emergenz beantwortet werden können (Steenblock/Lessing 2014). Was ist der Inhalt der Freud'schen Kulturtheorie und sind daraus Aussagen über das Geld abzuleiten? Denn durch das Angewiesensein des Mutter-Kind-Paares auf andere wird das infantile Geld zu einer sozialen Institution und »ist in dieser kulturhistorischen Sichtweise das bewusste und unbewusste Produkt der Gesellschaft oder der Gesellschaftspsyche als Massenpsyche« (Harsch 1995, S. 100).

Freuds Formulierungen sind knapp und bündig (Freud 1927, 1930/31): Unter Kultur verstehen wir alle Einrichtungen, die Menschen gemeinsam zum Schutz ihres Lebens gegen die Gefahren der Natur errichtet haben. Kultur entsteht also aus solidarischer Arbeit (Freud 1930/31, S. 448ff.). Dabei wird Kultur aus zwei Richtungen von der Natur bedroht: von außen und von innen. Von außen sind es lebensgefährdende Naturgewalten: Sie verursachen Überschwemmungen, Kälteeinbrüche, Stürme, Erdbeben, Hungersnöte durch Dürre usw. Doch auch durch die innere Natur droht Gefahr: Mordimpulse, Habgier, Verschwendung usw. haben ihre Ursache in der Natur des Menschen. Äußere und innere Natur wirken bei Gefahren zusammen, die von Mitmenschen ausgehen. So richtet die Kultur als lebensschützende Einrichtung an alle Mitglieder einer Gesellschaft eine zweifache Forderung der Solidarität: die Solidarverpflichtung, sich in Zeiten der Not, die von außen droht, beizustehen, und den solidarischen Verzicht auf das Ausleben innerer antikultureller Tendenzen (Hardt 2009).

Die Erziehung jedes Menschen zu einem Kulturwesen verfolgt beide Richtungen: Die Berufsausbildung dient vorwiegend dazu, Arbeiten an den äußeren Kultureinrichtungen zu vollbringen; die Charakterbildung, zu der immer auch der Erwerb ethischer Positionen, aber in erster Linie die Bearbeitung der natürlichen Triebhaftigkeit gehört, ist innere Kulturarbeit. Ziel ist, dass jedes Mitglied einer Kulturgemeinschaft am Kulturprozess teilnehmen, diesen befördern und davon profitieren kann – eine schwierige Aufgabe, die wegen der oft unausgeglichenen Bilanz zwischen Triebverzicht und Kulturgenuss ein schwer zu ertragendes Unbehagen hervorruft, das viele Menschen trotz der Vorteile, die die Kultur bietet, kulturfeindlich macht.

Diese psychologische Sichtweise der Protokultur Sigmund Freuds hat ihre Wurzeln bei Aristoteles und John Stuart Mill (1836), deren Gedanken Freud bekannt und vertraut gewesen sein müssen. Zudem entspricht seine Sichtweise dem Programm des Wiener Kreises, das zur gleichen Zeit wie Freuds Kulturpsychologie von Denkern formuliert wurde, die den gleichen intellektuellen Hintergrund wie Freud hatten: Jegliche Kulturbildung beruht auf einer zweifachen Solidaritätsforderung, um dem Leben zu dienen (Carnap et al. 1929). Die Lebensdienlichkeit wiederum ist Maß jeglicher kulturellen Einrichtung. Wenn Geld nun ein Kulturprodukt und Kulturinstrument ist, gewinnt es in der Solidarverpflichtung seinen Sinn und Zweck.

Was könnte der Beitrag des Geldes zum Kulturprozess sein? Freud hat sich dazu nicht explizit geäußert, aber es gibt Möglichkeiten, das Thema Geld in seinen Entwurf einzutragen: Erstens, wenn man es in Freuds Verrechnung von Gewinn und Verlust der Kulturbildung aufnimmt. Geld dient dann als vermittelndes Medium (Hörisch 2004) dem objektivierten Ausgleich zwischen Leistungen für und Ansprüchen an die Gemeinschaft. Die Bedeutung für das Gemeinschaftswerk ist dabei das Maß der Bewertung des Geldes: Darin kommt zum Ausdruck, was die einzelnen Individuen zu den solidarischen Aufgaben beitragen und welchen Gewinn sie daraus ziehen dürfen.

Zweitens, weil die primäre Ökonomie nur in einem förderlichen Umfeld überleben kann, – wie zum Beispiel in der natürlich-kulturellen Familie –, muss das primäre Geld sublimiert werden. Die primäre Familie kann nicht alleine für sich existieren, sie braucht den größeren Kontext: die Großfamilie, das Dorf, die Gemeinde, den Staat im Sinne des Aristoteles, denen sie ihrerseits ein Fundament bietet und die von ihr zugleich unabhängig und abhängig sind. So muss jedes Mitglied einer familiären primären Versorgungseinheit – und das sind anfänglich alle Individuen – einen Beitrag zu den übergeordneten Aufgaben leisten. Die primäre Ökonomie als Austausch des zum Überleben Notwendigen bleibt Muster und Maß des Geldes. Schon Aristoteles wusste, dass Geld pervertiert, unnatürlich wird, wenn es sein Maß verliert, im Übermaß besessen wird und ein Eigenleben zu führen beginnt. Das Geld erfüllt nur dann seinen kulturellen Sinn, wenn es in einer begrenzten Ökonomie und als »naturgemäßer Reichtum« (Aristoteles 1995, S. 20) dem Leben dient. Übersteigt es dieses und wird davon abgelöst, verflüchtigt es sich in ein bloßes Mehr und wird kulturgefährdend.

Verrücktes Geld: die Verflüchtigung des Geldes

In der Literatur wird diese Verflüchtigung des Geldes in Stufen beschrieben. Die Verflüchtigung beginnt früh, schon mit der Ablösung des Geldes vom Haushalten mit dem Lebensnotwendigen – also dann, wenn mit dem Geld nicht mehr die Lebensnot bewältigt werden muss. Das Geld steigt lebensüberflüssig, erleichtert von seiner Funktion, in die Pleonexie auf. Dort beginnt es ein Eigenleben und vermehrt sich selbst, was Aristoteles als widernatürlich, gegen die Natur verstoßend bezeichnete.

Solches vom ursprünglichen Sinn gelöste Geld verliert seine Substanz, unabhängig davon, was seine Beglaubigung (Braun 2014) verbürgen soll, es verliert die Bindung an die Realität, in der es seine Aufgaben zu erfüllen hat. Damit wird es maßlos. Es wird *verrückt*, zum »verrückten Geld«, wie Susan Strange (1998) das spekulative Geld der London City nannte und das diejenigen, die alltäglich mit ihm umgehen, maßlos und verrückt macht. Dass maßloses Geldbegehren sich gegen das Leben wendet, führte Aristoteles mit dem Verweis auf die Geschichte des Midas deutlich vor Augen: Das pleonektische Begehren, das Genießen des Geldes in lacanianischer Diktion, verwandelt alles Begehrte in Gold, so dass der Begehrende wie der unermesslich reiche König Midas schließlich vom Tod durch Verdursten und Verhungern bedroht ist. Damit verliert das pleonektische Geld seine lebensförderliche Funktion und wendet sich gegen das Leben.

Das Geld hat sich allerdings schon längst auch von einer substanziellen Beglaubigung durch edle Substanzen, Gold, Silber oder andere als wertvoll erachtete »Dinge« (Freud 1927) gelöst. Es hat keinen substanziellen Gegenwert mehr. Es hat auch keine Bindung mehr an eine Autorität, die das Geld ausgibt und für es bürgt, wie ein Staat oder Institutionen in staatlichem Auftrag, die den zum Beispiel auf einem Stück Papier aufgetragenen Wert garantierten – Garantie und Gegenwert sind längst abgeschafft. Das Geld ist entsubstanzialisiert, es befindet sich eher in einem flüchtigen Zustand. Das Geld beglaubigt und zeugt sich selbst, es entsteht, volkswirtschaftlich gesehen, aus dem Nichts, führt ein Eigenleben und ist aus dem Leben herausgerückt, eben *ver*rückt.

Diese radikale Verflüchtigung des Geldes begann in der Zeit Goethes, in einer Geldwirtschaft, die Hans Christoph Binswanger (1985) und Karl-Heinz Brodbeck (2014) als Alchemie der modernen Finanzwirtschaft beschrieben haben. Dass der Besitz solch maßlos verrückten Geldes auch den Besitzer verrückt macht, ist das Thema von Peter Schlemihls wundersamer Geschichte, die Adelbert von Chamisso (2013 [1814]) in derselben Zeit erzählte, als Goethes *Faust II* entstand.

Wie Geld verrückt macht: Der Mann ohne Schatten[15]

Peter Schlemihl verkauft seinen Schatten an einen Mann mit ungeheuren Taschenspielerkünsten, der alles, was sich die Menschen wünschen, blitzschnell aus der Tasche zieht: eine kostbare Brieftasche, ein großes Fernrohr, einen erlesenen Teppich, ein prachtvolles Lustzelt und schließlich sogar drei schöne große Rappen, um auf ihnen auszureiten.

Dieser Taschenspieler, der sich als der Teufel entpuppt, schlägt

Schlemihl einen Handel vor. Er möchte seinen »schönen Schatten« erwerben und macht eine Reihe von Offerten. Schlemihl zögert, kann aber schließlich nicht widerstehen, als er »Fortunati Glückssäckel« als Preis angeboten bekommt. Es ist ein Geldsäckel, der nie leer wird. Das Geld vermehrt sich von selbst, ist unerschöpflich. »Topp, der Handel gilt, für den Beutel haben Sie meinen Schatten«, willigt Schlemihl ein. Er hält den Beutel fest an sich oder hält sich am Beutel fest. Um ihn herum ist die Erde schattenlos und sonnenhell, und er ist ohne Schatten und ohne Besinnung (ebd., S. 9–12).

Als er in die Stadt geht, sind die Menschen befremdet. Er wird gewarnt: »Sehen Sie sich vor, Sie haben Ihren Schatten verloren«, oder wird gefragt: »Wo hat der Herr seinen Schatten gelassen?« Schließlich wird er beschimpft: »Ordentliche Leute pflegten ihren Schatten mit sich zu nehmen, wenn sie in die Sonne gingen!« Dann wird er mit Kot beworfen. Um sich zu retten, wirft er Gold mit vollen Händen unter die Menge ... (ebd., S. 13)

Ein Leidensweg beginnt. Einerseits kann er sich alles kaufen und gilt bald als geheimnisvolle und hochgestellte Persönlichkeit. Andererseits ist er ängstlich darauf bedacht, seine Schattenlosigkeit zu verbergen. Er vereinsamt. Die ersehnte Liebesbeziehung kann er nicht eingehen, weil seine Täuschung von einem gewissenlosen Rivalen, der sich an ihm bereichert hatte, aufgedeckt wird. So reist er einsam, reich und verelendet umher, auf der Suche nach seinem Schatten.

Der Teufel erscheint schließlich und bietet ihm den Rückkauf an: Schlemihl könne seinen Schatten wiederhaben, wenn er ihm seine Seele nach ihrer natürlichen Trennung von seinem Leibe überlasse. Der Teufel spottet:

»Und, wenn ich fragen darf, was ist das denn das für eine Ding, Ihre Seele, haben Sie es denn je gesehen, und was denken Sie damit anzufangen, wenn Sie einst tot sind? Seien Sie doch froh, einen Liebhaber zu finden, der Ihnen bei Lebenszeit noch den Nachlass dieses X, dieser galvanischen Kraft oder polarisierenden Wirksamkeit, und was alles das närrische Ding sein soll, mit etwas Wirklichem bezahlen will, nämlich mit Ihrem leibhaftigen Schatten, durch den Sie zu der Hand Ihrer Geliebten und zu der Erfüllung aller Ihrer Wünsche gelangen können« (ebd., S. 30).

Schlemihl geht nicht auf diesen Handel ein. Er bleibt auf der Flucht und erwirbt schließlich Siebenmeilenstiefel, mit denen er in wenigen Augenblicken die ganze Erde umrundet.[16] Schlemihl sieht kaum noch, wohin er seinen Fuß setzt, und mit jedem Schritt verändert sich alles und alles wird gleich. Er kommt in einen rasenden Stillstand und will im Botanisieren zur Besinnung kommen:

»Sobald ich etwas ausgeruht und es Tag über Europa war, ließ ich meine erste Sorge sein, alles anzuschaffen, was ich bedurfte. – Zuvörderst Hemmschuhe, denn ich hatte erfahren, wie unbequem es sei, seinen Schritt nicht anders verkürzen zu können, um nahe Gegenstände gemächlich zu untersuchen, als indem man die Stiefel auszieht. Ein Paar Pantoffeln, übergezogen, hatten völlig die Wirkung, die ich mir davon versprach, und später trug ich sogar deren zwei Paar mit mir, weil ich öfters welche von den Füßen warf, ohne Zeit zu haben, sie aufzuheben, wenn Löwen, Menschen oder Hyänen mich beim Botanisieren aufschreckten« (ebd., S. 48).

Dass die Pantoffeln das belächelte Attribut des biederen Hausmannes sind, ist wohl kaum ein Zufall! Das Ende der Geschichte beschreibt Schlemihls Genesung. Unverhofft kommt er besinnungslos in ein Krankenhaus, wo alle die Menschen ihn behandeln, die sich ihm und denen er sich verbunden fühlt, ohne dass diese ihn erkennen. Er gewinnt zwar seinen Schatten nicht zurück, findet sich aber damit ab und zieht sich bescheiden vom Leben in der Sonne zurück. Das Geld spielt keine Rolle mehr für ihn. Er hat sich dem Bann des Geldes durch Abstinenz entzogen.

Sinn und Zweck des Geldes – eine Neubewertung

Das überflüssige Geld verliert sein Maß im Leben und löst zugleich seine Besitzer aus den Lebenszusammenhängen heraus. Es pervertiert, macht verrückt im wahrsten Sinne des Wortes und vereinsamt. Es findet kein Ende und keine Schranke; es kann deswegen nie genug sein und macht den Besitzer rastlos. Natürliche Bedürfnisse dagegen zielen auf Ruhe, ein Aufhören des Begehrens, eine endliche Befriedigung, in denen Bedürfnisse ihr Maß und ihre Erfüllung finden (Aristoteles 1995, S. 17ff.).

Das verflüchtigte Geld muss aber versuchen, wieder Substanz zu erlangen, um seine Wertlosigkeit zu verbergen (Freud 1927).[17] Wegen seiner Flüchtigkeit kann es in alle kulturellen Einrichtungen eindringen, sich damit resubstanzialisieren und mit seinem Geruch das ganze Leben durchziehen. So ist es überall, zugleich unbemerkbar und ungreifbar. Es muss alles käuflich machen, alles Leben finanzialisieren, um selbst unwahrnehmbar real zu erscheinen und nicht als wertlos erkannt zu werden. Zudem wird es von seinen Gläubigen/Gläubigern mit dem Schleier der Alternativlosigkeit überworfen und damit endgültig unsichtbar gemacht.

So hat das neue Geld längst jegliche sinnlich wahrnehmbare und für die Menschen vorstellbare Gestalt verloren. Über 90 Prozent des Geldes bestehen nur noch aus Buchungen, die digital erfolgen. Die auf einem Bankauszug aufgedruckte Summe täuscht nur vor, eine sinnlich wahrnehmbare, werthaltige Substanz zu repräsentieren; die Münze, der Geldschein sind nichts weiter als Teilnahmeberechtigungen am unendlichen und grenzenlosen digitalen Geldfluss.

Deswegen ist die geplante Abschaffung des Bargeldes nicht nur der Weg in die totale Kontrolle, wie Norbert Häring (2016) eindringlich beschreibt, und damit ein Angriff auf die Privatheit, sondern zugleich die endgültige Entsubstanzialisierung und Entsinnlichung des Geldes, seine völlige Ablösung von der Lebenswelt, die es zugleich durchzieht. Das Geld würde damit die letzte Bindung verlieren, die ihm noch Grenzen im Leben setzt: die alltägliche physische Handhabe.

Das digitale Geld bietet allerdings auch eine Chance, wenn es von den mächtigen Geldinstitutionen, die es aus dem Nichts schaffen, getrennt wird und in die Gewalt und Verfügung derer genommen wird, die alltäglich mit ihm umgehen. Eine aktuelle Arbeit vom August 2016[18] regt zu weiteren Gedanken an:

Obwohl es an der Arbeit von David Orrell, *A Quantum Theory of Money and Value* (2016), einiges zu kritisieren gibt, bietet ihr zentraler Gedanke eine neue Perspektive auf das Geld, die zugleich auf seine Anfänge zurückverweist. Orrell stellt die Frage, was Geld ist, nachdem es sowohl seinen substanziellen Wert *(metallism)* als auch seine Garantie durch einen Staat *(chartalism)* verloren hat. Die Antworten, die gegeben worden sind, reichen seines Erachtens nicht aus, um zu verstehen, was es mit dem Geld auf sich hat, weil sie etwas Wesentliches außer Acht gelassen haben, nämlich, dass Geld zählbar ist und zählbar macht. Damit bekommt das Geld eine zweifache Bedeutung, eine in der Realität der Dinge und eine in der Virtualität von Zahlen. Diese Konzeption ist mit Brodbecks Theorie (Brodbeck 2014), dass Geld eine Denkform bestimmter Rationalität sei, eng verwandt.

Nach Brodbeck und Orell haben Gelddinge mit ihrer zweifachen real/virtuellen Natur den einen Fuß in der abstrakten Welt der Zahlen und Berechnung und den anderen in der realen Welt der physischen Dinge. Sie besetzen einen bestimmten Platz zwischen der Welt realer Dinge und den Ideen von gesellschaftlichem Wert (besonders Orrell 2016). Deswegen ist es entscheidend, wie wir Geld gebrauchen und wie wir über es denken. Immer ist Geld mit Vorstellungen über das gemeinschaftliche Leben verbunden. Da wir das vergessen haben, können wir nach Orrell seine wahre Potenz nicht sehen, nämlich, dass es unser Leben verbessern oder Chaos stiften kann. Werden neue Währungen helfen, so überlegt Orell, unser ökonomisches System wieder in Balance zu bringen? Ist es nicht sinnvoller, wenn Banken über Darlehen Geld aus dem Nichts schaffen, aber Geld kein sozialneutrales Medium ist, dass es von der gesamten Gesellschaft, das heißt von uns allen, verantwortet werden muss? Diese Chance bietet eine virtuelle Währung, die wir selbst an vernetzten Computern schaffen, zum Beispiel die Bitcoins, die ihren Wert ausschließlich in dem Gebrauch bekommen, den Menschen mit ihnen machen. Solch eine Währung ist kein naives Unternehmen. Wegen des möglichen Missbrauchs gibt es eine Fülle raffinierter Schutzvorrichtungen, deren technische Details zu erörtern hier zu weit führen würde. Doch eine solche Währung ist grundsätzlich nicht unsicherer als der herkömmliche digitale Zahlungsverkehr. Der Unterschied wäre der, dass es allein von dem akzeptierten Gebrauch der Nutzer, auf deren Vertrauen und Verantwortung ankommt und nicht auf Institutionen, die das Vertrauen derer, die ihnen ihr Geld anvertraut haben, zum eigenen Vorteil missbrauchen und die der Verantwortung, zu der sie kulturell verpflichtet wären, nicht entsprechen.

Die Finanzkrise hat gezeigt, dass die für den Wert des Geldes Verantwortlichen weder willens noch dazu in der Lage waren zu verstehen oder gar zu verhindern, dass viele Menschen ohne eigenes Verschulden zu Schaden kamen; damit redeten sie sich aus der Verantwortung. Im Grunde benutzten sie ihre Macht und die Unwissenheit der Betroffenen zu ihrem Gewinn. Die eingeleiteten Rettungsmanöver haben schließlich dazu geführt, dass die Krisenverursacher zu Krisengewinnlern geworden sind. So hat sich die pleonektische Logik fortgesetzt und wird sich weiter fortsetzen, solange wir alle nicht beginnen, unser Geld selbst wieder in die Hand zu nehmen, und einen verantwortlichen Umgang einfordern, wenn wir es anderen anvertrauen.

Dann würde das verflüchtigte Geld wieder an den Gebrauch im Leben gebunden. In Vertrauen und Verantwortung würde es seinen ausschließlichen kulturellen Sinn wiedergewinnen und nicht nur um sich selbst kreisen. Der Wert des Geldes würde wieder vom Gebrauch im Leben abhängen.

Anmerkungen

1 Die Ökonomisierung und die Transformation der solidarischen Krankenbehandlung in einen Gesundheitsmarkt hat eine basale Kultureinrichtung der Logik des Geldes unterworfen, deren Nebenwirkungen den therapeutischen Raum pervertieren. Gegen diese Verwerfungen versuchen professionelle Therapeutinnen und Therapeuten, meist privat entgegenzuwirken; zumeist fühlen sie sich aber den sogenannten Gesundheitsreformen ohnmächtig ausgeliefert. Hier geht es um Gesundheit und Geld, meist ungebundenes Geld, das auf einem entfesselten Markt immer mehr Gesundheit schaffen soll. Damit wird aus der natürlichen Gabe Gesundheit ein zu bewirtschaftendes Produkt (Hardt 2007a, 2007b, 2008, 2015e).

2 Tucketts Arbeit (Minding the Markets) von 2011 werde ich nicht erneut besprechen, ich verweise auf meine »Bemerkungen« von 2014a dazu. Wesentlich in diesem Kontext ist die Vernachlässigung des kulturpsychologischen Kontextes, der eine ethische Bewertung der Vorgänge erfordert, ermöglicht und erlaubt.

3 Welsch (2014) hat den Begriff der Protokultur ausgearbeitet. Er meint damit eine biologische Verfasstheit des Menschen, die es ermöglicht, dass die kulturelle Entwicklung die biologische ablöst.

4 Alle Angaben beziehen sich auf Herbst 2016.

5 Die Beziehungen zwischen den immer noch maßgeblichen Theorien von Laum und Gerloff ist Thema einer kürzlich erschienenen Arbeit: F. Brandl 2015.

6 Günter Schmölders war prominentes Mitglied der neoliberalen Mont Pèlerin Society und des ebenfalls neoliberalen Vaduzer Instituts.

7 Wohlmeinende Hörerinnen und Leser haben mir geraten, diese Passage wesentlich zu kürzen und nur die Schlussfolgerungen zu formulieren. Dass ich nicht darauf verzichten möchte, hängt mit zweierlei zusammen: meiner Fassungslosigkeit über die Sichtweise von Clam und der mich auch in anderem Kontext oft besorgende Umgang mit der seelischen Realität, den ich bei Psychoanalytikern feststelle, welche die gesellschaftliche Verpflichtung des psychoanalytischen Projekts hintanstellen und die sich in einer Bildung mystifizieren. Damit schaffen sie Unbewusstes, anstatt ihrer Aufgabe zu entsprechen, dort wo Es war, Ich werden zu lassen.

8 Im Interview mit Douglas Keay in Womans's Own vom 23. September 1987, S. 8–10. Zitiert nach: http://www.margaretthatcher.org/document/106689 [Zugriff: 28.5.2017].

9 Dass Gesundheit zu einer Sache, einem Produkt, einer Ware geworden ist, hängt mit der ökonomistischen Transformation der Krankenbehandlung und der damit einhergehenden Finanzialisierung der Gesundheit, das heißt ihrer Unterwerfung unter die Gesetze des Geldes, zusammen. In diesem Prozess wurde Krankheit zu einem geschäftsschädigenden Topos erklärt. Um den Wachstumsprozess Gesundheitsmarkt (Oberender et al. 2006) zu befördern, wird Gesundheit aus der Verborgenheit herausgerissen und auf den Markt gebracht (vgl. Hardt 2007a, 2007b, 2014b, 2015f.).

10 Das einzelne Individuum wird in den Finanzwissenschaften als eine mehr

oder weniger reine Ausprägung des Homo oeconomicus angesetzt – eine rationalistisch adultomorphe Fiktion, die zwar erhebliche Korrekturen erfahren hat, aber im Grunde gleich geblieben ist, um eine gewisse berechenbare Übersicht im Marktverhalten zu gewährleisten. Trotz der Einfügung von einem unverbindlichen Konzept des Unbewussten, trotz der Einberechnung von Herdentrieb und Wahrnehmungsfehlern gelingt es diesen Ansätzen nicht, die Wirklichkeit menschlichen Erlebens von Geld zu erfassen, weil sie nicht der Entwicklung des Einzelnen in seinem Verhältnis zum Geld und schon gar nicht seiner unbewussten Bedeutung entsprechen, sondern an einer normativen Fiktion festhalten. Dabei haben die Vorgänge der Finanzkrise deutlich vor Augen geführt, in welchem erheblichen Ausmaß Geld mit unbewussten Bedeutungen, Phantasien und Ängsten verbunden ist, die nicht als Behinderung und Beschränkung kühlen Geldverstandes einberechnet werden können, sondern deren Eigenleben anerkannt werden muss, um ihnen kulturförderlich entgegentreten zu können. Tuckett (2011) hat auf die unbewussten Bedeutungsentwicklungen und deren Einwirkungen auf das angeblich rationale Verhalten verwiesen, aber es gelingt ihm nicht darzustellen, in welcher Weise infantil narzisstische Größenphantasien und Ängste, die in der Geschichte jedes einzelnen Individuums angelegt sind, dazu in der Lage sind, gemeinschaftliche (kulturelle) Gebilde wie einen globalen Finanzmarkt zu erschüttern. Erst eine Rekonstruktion der individuellen – weitgehend in einer Kultur geteilten und insofern gemeinschaftlichen – sowohl bewussten als auch unbewussten Bedeutung des Geldes vermag dieses Verständnis zu bieten.

Die in der Krisendiskussion angeführten Konzepte von Größenwahn und Gier zum Beispiel sind, wird ihr infantil unbewusstes Herkommen nicht berücksichtigt, nur als Empörung heischende Abwertungen persönlicher Eigenarten – wenn auch mit dem verschämten Eingeständnis, dass wir doch alle so sind – zu gebrauchen und leisten keinen Verständnisgewinn. Wenn aber in der individuellen Genese der Bedeutung von Geld unbewusst infantile Momente berücksichtigt werden, sind solche Auswüchse als unzureichende Sublimierung oder anachronistisches Festhalten an Frühformen zu erkennen. Der Kulturprozess, in den Geld eingebaut ist, in dem es seinen Sinn gewinnt, verlangt gerade, dass Umformungen des infantilen Erbes, das zugleich dynamische Funktion hat, geleistet werden müssen, um Kultur als gemeinsame Leistung nicht zu gefährden, sondern zu befördern.

11   Ferenczi hat den Spruch des Vespasian in »Pecunia – olet« umgekehrt und damit die Psychodynamik der Zwangs- und Angstsymptomatik eines jungen Kaufmannes verständlich gemacht (Ferenczi 1970 [1917]).

12   Harsch (1995) beschreibt überzeugend, welchen Einfluss die infantile Ökonomie auf das spätere erwachsene wirtschaftliche Denken und seine Konzepte hat. Er verweist ebenfalls auf die kulturelle Bedeutung von Geld- und Wirtschaftskonzepten, die aus dem analen Mutter-Kind-Wirtschaft stammen.

13   In der traditionellen Sichtweise des abendländischen Kultur kommt diese Aufgabe dem Vater zu.

14   Gemäß Welsch ist der protokulturelle Entwicklungsstand Voraussetzung für den »Take-off der kulturellen Evolution« (Welsch 2014, S. 104). Damit wird

so etwas wie eine Bedingung für den ansetzenden Kulturprozess (Freud 1930, S. 499ff.) formuliert. Unter psychodynamischen Gesichtspunkten liegt es nahe, Freuds Grundanforderungen, die Kultur erst ermöglichen, als Protokultur zu bezeichnen.

15 Vgl. Hardt 2015c. Dort werden das Motiv vom Verlust des Schattens und seine Folgen mit dem politischen Geschick der Wiedervereinigung verknüpft.

16 Diese hektische Beschleunigung ist mit den Kapitalströmen im Hochfrequenzhandel (HFT) des digitalen Geldes vergleichbar, das in Bruchteilen von Sekunden die Welt umkreist und sich jeder Kontrolle entzieht. Die politischen Forderungen nach Kontrollen, um den HFT mit den Prozessen der Realwirtschaft verträglich zu machen, zumindest sein Gefährdungspotential zu verringern, zielen auf eine Resubstanzialisierung und Entschleunigung des Geldes ab, denn dann erst gibt es Zeit zur Besinnung und zum verantwortlichen Umgang mit dem Geld aller.

17 Norbert Häring hat mich darauf aufmerksam gemacht, dass ein Besitzer pleonektischen Geldes, der »stabilen Gemüts« geblieben ist, sich jenseits der Befriedigung materieller Lebensbedürfnisse Macht, Anerkennung und Einfluss kaufen kann. Das entspricht auch dem Ansatz von Gerloff: Es ist nicht das Geld selbst, das entscheidet, ob es kulturförderlich oder -feindlich ist, sondern es ist der Geldgebrauch.

18 Orrell 2016, erschienen im heterodoxen Ökonomie-News-Paper: World Economics Association, Economic Thought 5.2, S. 19–28.

Literatur

Aristoteles (1995): Politik. Philosophische Schriften in 6 Bänden. Bd. 4. Übersetzt von Eugen Rolfes. Felix Meiner, Hamburg.

Binswanger, H.C. (1985): Geld und Magie. Deutung und Kritik der modernen Wirtschaft anhand von Goethes *Faust*. Weitbrecht, Stuttgart.

Brandl, F. (2015): Von der Entstehung des Geldes zur Sicherung der Währung – Die Theorien von Bernhard Laum und Wilhelm Gerloff zur Genese des Geldes. Wiesbaden, Springer Gabler.

Braun, C.v. (2014): Der Preis des Geldes. Eine Kulturgeschichte. Aufbau, Berlin.

Brichta, R. (2013): Die Wahrheit über Geld: Wie kommt unser Geld in die Welt – und wie wird aus einem Kleinkredit ein großer Finanzcrash? Börsenbuchverlag, Kulmbach.

Brodbeck, K.-H. (2014): Faust und die Sprache des Geldes. Denkformen der Ökonomie – Impulse aus der Goethezeit. Karl Alber, Freiburg.

Brown, N.O. (1962): Zukunft im Zeichen des Eros. Günther Neske, Pfullingen.

Carnap, R. / Hahn, H. / Neurath, O. (1929): Wissenschaftliche Weltauffassung – der Wiener Kreis. In: Schleichert, H. (Hg.) (1975): Logischer Empirismus – der Wiener Kreis. Wilhelm Fink, München.

Chamisso, A. (2013) [1814, 1836]): Peter Schlemihls wundersame Geschichte. Berliner Ausgabe. 2. Aufl. Winkler, München.

Clam, J. (2011): Die Realisierungsmächtigkeit des Geldes. Ein Psychoanalytischer Beitrag zur Deutung des (Un-)wesens des Geldes. In: Decker, O. et al. (Hg.) (2011): Geld – Kritische Theorie und psychoanalytische Praxis. Psychosozial-Verlag, Gießen, S. 63–78.

Decker, O. et al. (Hg.) (2011): Geld – Kritische Theorie und psychoanalytische Praxis. Psychosozial-Verlag, Gießen.

Ferenczi, S. (1917): Pecunia – olet. In: Ders. (1970): Schriften zur Psychoanalyse. Auswahl in zwei Bänden. Bd. 1. Herausgegeben und eingeleitet von M. Balint. S. Fischer, Frankfurt am Main, S. 255–257.

Freud, S. (1879/1880): Übersetzung von John Stuart Mill: »Über Frauenemancipation. Plato. Arbeiterfrage. Socialismus«. In: John Stuart Mill's Gesammelte Werke. Bd. 10: Vermischte Schriften politischen, philosophischen und historischen Inhalts, Bd. 3. Autorisierte Übersetzung unter Redaktion von Theodor Gomperz. Scientia, Aalen.

Freud, S. (1908): Charakter und Analerotik. In: Freud, A. u. a. (Hg.) (1941): Sigmund Freud Gesammelte Werke (GW), Bd. VII, S. Fischer, London und Frankfurt am Main, S. 201–209.

Freud, S. (1927): Die Zukunft einer Illusion. GW Bd. XIV, S. 325–380.

Freud, S. (1930/31): Das Unbehagen in der Kultur. GW Bd. XIV, S. 419–506.

Gadamer, H.-G. (1993): Über die Verborgenheit der Gesundheit. Suhrkamp, Frankfurt am Main.

Gerloff, W. (1947): Die Entstehung des Geldes und des Geldwesens. Vittorio Klostermann, Frankfurt am Main.

Hardt, J. (2007a): Das Unwort Krankheit in der Gesundheitswirtschaft. Frankfurter Rundschau vom 2.1.2007.

Hardt, J. (2007b): Heilen und Helfen. info.doc Nr. 6, S. 71–73, und DHZ, LZÄKH (Nr. 12), S. 531–533.

Hardt, J. (2008): Gesundheitspolitisches Engagement als psychoanalytische Kulturarbeit. In: Schlesinger-Kipp, G. / Vedder, H. (Hg.): Gefährdete Begegnungen. Kongressmaterialien der DPV-Frühjahrstagung 2008 in Hamburg, S. 332–353.

Hardt, J. (2009): Kulturtheorie *nach* Freud. In: Schneider, G. / Eilts, H.-J. / Picht, J. (Hg.): Psychoanalyse, Kultur, Gesellschaft. Kongressmaterialien der DPV-Herbsttagung in Bad Homburg, S. 36–61.

Hardt, J. (2012): Die Aufgabe der Psychotherapie in unserer Zeit. In: Bruder, K.-J., et al. (Hg.): Macht – Kontrolle – Evidenz. Psychosozial-Verlag, Gießen, S. 47–48.

Hardt, J. (2013): Ohnmacht, Grenzen oder Ende der Einsicht. In: Freie Assoziation, 16. Jg. H. 3+4, S. 83–109.

Hardt, J. (2014a): Bemerkungen zu David Tuckett (2011), Minding the Markets – An Emotional Finance View of Financial Instability. Oder: Psychoanalyse als Magd im Haushalt des Big Money und eine psychoanalytische Auffassung der globalen Finanzkrise ist möglich und notwendig. In: Freie Assoziation, 17. Jg. H. 4, S. 23–45. Neu abgedruckt in: Bruder-Brezzel, A., et al. (Hg.) (2016): Neoliberale Identitäten – der Einfluss der Ökonomisierung auf die Psyche. Psychosozial-Verlag, Gießen, S. 65–92.

Hardt, J. (2014b): Therapeutische Ethik heute – Gedanken zur Ethik der Gesundheitswirtschaft – über den neuen Wert und die Würde des leidenden Menschen. In: Karl, S. / Burger, H.-G. (Hg.): Frieden sichern in Zeiten des Misstrauens. Psychosozial-Verlag, Gießen, S. 109–122.

Hardt, J. (2015a): Wirkungen und Nebenwirkungen der Digitalisierung des Gesundheitswesens. In: Mitgliederrundschreiben DGPT 02/2015, S. 2–14.

Hardt, J. (2015b): 25 Jahre Wiedervereinigung – Gewinne und Verluste. Ein persönliches Bekenntnis. In: Allert, G. / Rühling, K. / Zwiebel, R. (Hg.): Pluralität und Singularität der Psychoanalyse. Kongressmaterialien der DPV-Frühjahrstagung 2015 in Kassel, S. 192-200.

Hardt, J. (2015c): Unverantwortlichkeiten in der Finanzwirtschaft. Ein psychologischer Zwischenruf. In: Karl, S. / Burger, H.-G. (Hg.): Ausverkauf des Menschen!? Gesellschaft, Wirtschaft und Ethik im Gespräch. Psychosozial-Verlag, Gießen, S. 97-118.

Hardt, J. (2015d): Auftakt:»Die Verhaltensökonomik aus fachpsychologischer Sicht – Psychologisierung als Exkulpation?« Vortrag für die 2. Pluralistische Ergänzungsveranstaltung zur Jahrestagung des Vereins für Socialpolitik, Münster, gehalten am 6.9.2015. Text einsehbar unter: http://norberthaering. de/de/27-german/news/465-hardt [Zugriff: 30.6.2017]. Videomitschnitt: You Tube 2. pluralistische Ergänzungsveranstaltung.

Hardt, J. (2015e):»Postmoderne Gesundheitswirtschaft – effizient, digital und lebensfern«. Vortrag, gehalten am 28.11.2015 auf dem 3. Saarländischen Psychotherapeutentag. Einsehbar unter: www.ptk-saar.de/fileadmin/user_upload/News/2015/Juergen_Hardt_-_Postmoderne_Gesundheitswirtschaft. pdf [Zugriff: 30.6.2017].

Hardt, J. / Müller, U. (2009): Die *Aufgabe* der Psychotherapie in der Gesundheitswirtschaft. In: PTJ, 3/2009, S. 271–277.

Häring, N. (2016): Die Abschaffung des Bargeldes und die Folgen. Der Weg in die totale Kontrolle. Quadriga, Köln.

Harsch, W. (1995): Die psychoanalytische Geldtheorie. S. Fischer, Frankfurt am Main.

Heim, R. (2011): Zur psychoanalytischen Numismatik. In: Decker, O., et al. (Hg.) (2011): Geld – Kritische Theorie und psychoanalytische Praxis. Psychosozial-Verlag, Gießen. S. 79–113.

Hörisch, J. (2004): Gott, Geld, Medien – Studien zu den Medien, die die Welt im Innersten zusammenhalten. Suhrkamp, Frankfurt am Main.

Douglas Keay, D. (1987): Margaret Thatcher:»There is no such thing as society.« In: Woman's Own, 23.9.1987, S. 8–10. Zitiert nach: http://www.margaretthatcher.org/document/106689 [Zugriff: 28.5.2017].

Krämer, W. (1989): Die Krankheit des Gesundheitswesens – die Fortschrittsfalle der modernen Medizin. S. Fischer, Frankfurt am Main.

Laum, B. (1924): Heiliges Geld. Eine historische Untersuchung über den sakralen Ursprung des Geldes. J. C. B. Mohr (Paul Siebeck), Tübingen.

Lietaer, B. A. (2000): Mysterium Geld. Emotionale Bedeutung und Wirkungsweise eines Tabus. Riemann, München.

Lyotard, J.-F. (1987): Der Widerstreit. W. Fink, München.

Martin, F. (2013): Geld, die wahre Geschichte. Über den blinden Fleck des Kapitalismus. DVA, München.

Mill, J. S. (1836): Civilization. Deutsch in: John Stuart Mill's Gesammelte Werke. Bd. 10: Vermischte Schriften politischen, philosophischen und historischen Inhalts, Bd 1. Autorisierte Übersetzung unter Redaktion von Theodor Gomperz. Neudruck der Ausgabe Leipzig 1874. Scientia, Aalen, S. 2–39.

Nagel, C. (2009): Die Finanzmarktkrise aus psychodynamischer Sich. In: Freie Assoziationen, 12. Jg. H. 3, S. 61–84.

Oberender, P.-O. (2005): Medizin und Ökonomie: Kein Widerspruch! Liberale Argumente zu einem vermeintlichen Dilemma. P. C. O. Verlag, Bayreuth.

Oberender, P.-O. et al. (2006): Wachstumsmarkt Gesundheit. Lucius & Lucius, Stuttgart.

Orrell, D. (2016): A Quantum Theory of Money and Value. In: World Economics Association, Economic Thought 5.2., S. 19–28.

Salber, W. (1965): Der psychische Gegenstand. Untersuchungen zur Frage des psychologischen Erfassens und Klassifizierens. Bouvier, Bonn.

Schmölders, G. (1966): Psychologie des Geldes. Rowohlt, Reinbek bei Hamburg.

Shengold, L. (1988): Halo in the Sky. Guilford, New York.

Steenblock, V. / Lessing, H.-U. (Hg.) (2014): Vom Ursprung der Kultur. Karl Alber, Freiburg/München.

Strange, S. (1998): Mad Money. Manchester University Press, Manchester.

Tuckett, D. (2011): Minding the Markets – An Emotional Finance Vies of Financial Instability. Palgrave McMillan, Chippenham/Eastbourne. [Deutsch: (2013): Die verborgenen psychologischen Dimensionen der Finanzmärkte. Übersetzt v. A. Becker. Psychosozial-Verlag, Gießen.]

Tuckett, D. / Taffler, R. J. (2012): Fund Management: An Emotional Finance Perspective. Research Foundation of CFA Institute.

Türcke, C. (2015): Mehr! Philosophie des Geldes. C. H. Beck, München.

Welsch, W. (2014): Das Rätsel der menschlichen Besonderheit. In: Steenblock, V. / Lessing. H.-U. (Hg.) (2014): Vom Ursprung der Kultur. Karl Alber, Freiburg/München, S. 95–116.

ULRIKE KLUGE

Identitäten in Zeiten von Flucht, Vertreibung, Postmigration und Hybridität – Überlegungen für die klinische Praxis[*]

Beginnen möchte ich meine Ausführungen mit der Frage, ob man sich gerade in der Migration seiner eigenen »Kultur« gewahr wird – etwa wenn mir eine Kameruner Patientin sagt, erst in Europa habe sie sich als Teil des Elends ihres Kontinents erlebt. Oder wenn ich selbst feststelle, dass ich erst mit der Wiedervereinigung wirklich zu einer Ostdeutschen, sowohl in der Selbst- als auch in der Fremdzuschreibung, geworden bin. Und heißt das wiederum, dass die eigene individuelle Identität sich intersubjektiv oder interkollektiv vor allem in Abgrenzung zu anderen, eindeutig bestimmbaren oder als als eindeutige Projektionsflächen erlebten Subjekten und Gruppen konstituiert? Hieße das, etwas polemisch formuliert, dass wir heute weniger damit beschäftigt sind, die differenten Kulturen zu bestimmen und zu erforschen (wie die Volkskundler noch vor 100 Jahren), sondern vielmehr damit, sie als homogene Entitäten aufrechtzuerhalten, weil die so (vermeintlich) erhaltene abgegrenzte Kultur uns für unsere eigene Identitätsentwicklung in einer mobiler, heterogener und komplexer werdenden Welt notwendig ist – oder erscheint? Oder andersherum gefragt: Was passiert, wenn Kulturen und kulturelle Kontexte nicht mehr eindeutig bestimmbar sind? Haben wir es dann bei dem Uneindeutigen mit etwas Unheimlichem zu tun, mit dem Unheimlichen, das Freud als »jene Art des Schreckhaften, welches auf das Altbekannte, Längstver-

---

* Dieser Beitrag beruht zu einem Großteil auf den allein von der Autorin verfassten Teilen des Abschnitts »(Kulturelle) Vielfalt und Diversität«, zu finden in: Thomas Bock / Ulrike Kluge: Der sich und Anderen helfende Mensch. In: Irren ist menschlich. Lehrbuch der Psychiatrie und Psychotherapie. Hg. von Klaus Dörner / Ursula Plog / Thomas Bock et al. 24. Aufl. Psychiatrie-Verlag, Köln 2016, S. 82–89.

traute zurückgeht«, bezeichnet? Das Unheimliche als eine Form der inneren Fremdheit umfasst all das,»was im Geheimnis, im Verborgenen [...] bleiben sollte und hervorgetreten ist« (Kristeva 1990, S. 199). Und ist vielleicht vielmehr das, was uns in der Begegnung z. B. mit Patientinnen und Patienten aus diversen kulturellen Kontexten befremdet, mehr als das »bloße« Fremdsein, also vielmehr die Uneindeutigkeit und die permanente Frage nach der eigenen Zugehörigkeit und der der Patienten in einem sogenannten interkulturellen Setting, die Irritation und Fremdheitsgefühle auslöst? Kristeva formuliert: »Was uns an den Zügen des Fremden in Bann zieht, spricht uns an und stößt uns zurück, beides zugleich« (Kristeva 1990, S. 13). Die Ambivalenz gegenüber eigenen Zugehörigkeiten und Kategorien, die sich in einer hybridisierten Welt verstärkt zeigen und einstellen, ist, was uns irritiert.

Dazu ein kurzes Beispiel zur Veranschaulichung aus der triadischen Arbeit mit Sprach- und Kulturmittlern:

In der Arbeit mit Sprach- und Kulturmittlern habe ich häufig ein Unbehagen erlebt bzw. zuweilen eine mir nicht ganz verständliche aggressive Haltung meinerseits gegenüber den Sprachmittlern, bis mir eines Tages klar wurde, dass diese Aggression neben anderen beziehungsdynamischen Ursachen auch darauf zurückzuführen ist, dass ich meines Hauptarbeitsinstrumentes, nämlich der Sprache, nicht mehr mächtig bin (sonst bräuchte ich keine Sprachmittlung). Abgesehen von der Einschränkung meiner fachlichen Handlungskompetenz, die damit einhergeht, werde ich in dieser Konstellation quasi selbst zur »fremden anderen«, da Patient und Dolmetscher eine gemeinsame Sprache sprechen, die ich nicht verstehe, so dass es Momente gibt in denen *ich* mich ausgeschlossen fühle. Zugleich gebietet es aber meine Professionalität, dass ich diejenige bin, die das Setting kompetent leitet und alle Dynamiken im Blick hat (Kluge et al. 2017).

Inwiefern kulturelle Identität immer auch auszuhandeln war und immer stärker sein wird, zeigt sich z. B. auch in unserem sogenannten transkulturellen Team am Zentrum für Interkulturelle Psychiatrie und Psychotherapie (ZIPP) an der Charité. Ein Großteil des Teams hat einen sogenannten Migrationshintergrund. In diesem Team lösen Formulierungen wie »deine Kultur«, »ethnopsychoanalytischer Zugang« etc. zunehmend auch Unbehagen aus, bergen diese Kategorien doch die Gefahr, all jene, die nicht in Deutschland geboren sind und/oder einen sogenannten Migrationshintergrund haben, quasi in ihre Kultur einzuschließen. Vielmehr wäre es wünschenswert – gerade in solchen Teams, aber auch in anderen Lebenskontexten – die Realität einer Migrationsgesellschaft anzuerkennen, d. h. einer Gesellschaft, in der Migrationen, also sowohl Ein- als auch Auswanderung, ebenso wie Diversität oder noch besser Hybridität als normal erachtet werden. Andernfalls wären Menschen mit Migrationshintergrund die Träger der »Kultur«, während die »Biodeutschen« als frei von Kultur gelten würden. Es geht dabei nicht darum, Differenzen zu verleugnen, sondern vielmehr darum, sie nicht zur Haupterklärungsdimension zu machen. Gleichwohl müssen sie aufmerksam in den Blick genommen werden, bei gleichzeitigem Fragen nach anderen Unterscheidungsmerkmalen.

Ich möchte an dieser Stelle noch einmal kurz auf den Terminus »Migrationshintergrund« eingehen. Vielfach wird dieser Begriff auch in Fachkreisen synonym mit »differenter kultureller Hintergrund« genutzt, obwohl dieser Ausdruck 2005 explizit eingeführt wurde, um eben auch all jene Personen zu erfassen, die quasi im Dazwischen – zwischen verschiedenen kulturellen Kontexten – erwachsen werden, auch jene Menschen, die nicht selbst migriert sind und z. T. eine deutsche Staatsbürgerschaft haben. Die Definition umfasst mit mittlerweile gut 21% einen großen Prozentsatz der deutschen Bevölkerung. Die 2015 nach Deutschland geflüchteten Menschen sind hier Großteils noch nicht miterfasst (Statistisches Bundesamt 2015).[1] Um noch eine Zahl zu ergänzen: In Frankfurt am Main liegt der Anteil der unter 6-Jährigen mit sogenanntem Migrationshintergrund mittlerweile bei knapp 70% (Statistisches Jahrbuch Frankfurt am Main 2016). Zugleich ist diese Gruppe so heterogen, das zu fragen ist, wofür die Definition »Menschen mit Migrationshintergrund« eigentlich dient. Es macht offensichtlich einen Unterschied, ob jemand einen Migrationshintergrund hat, der darin besteht, dass er oder sie nach Deutschland geflohen ist, sich noch nicht allzu lange dort aufhält und aufgrund einer diagnostizierten posttraumatischen Belastungsstörung behandelt wird, oder ob eine zwanzigjährige, in Deutschland geborene Frau psychotherapeutische Behandlung sucht, deren Mutter vor vierzig Jahren aus den USA kam und deren Vater, Sohn von iranischen Einwanderern, ebenfalls in Deutschland geboren ist.

Bei Letzterer könnte die Markierung und Berücksichtigung des eventuell am Namen oder am Aussehen festgemachten kulturellen Hintergrundes eher Irritation auslösen und wäre weniger als besonders »kultursensitiv«, sondern eher als »exklusive Inklusion« zu verstehen, wie es der Soziologe und Ethnologe Rohit Jain, der Physiker und Historiker Kijan Espahangizi und der Chemiker Halua Pinto de Magalhães bei einem gemeinsamen Vortrag zu Beginn des Jahres 2015 am Berliner Institut für empirische Integrations- und Migrationsforschung (BIM) bezeichneten. Ihren Ausführungen nach wird mit dem Begriff »Migrationshintergrund« bis in die dritte Generation der Migrationshintergrund als relevantes Kriterium markiert, was zur Folge haben kann, dass man/frau ganz plötzlich damit konfrontiert ist zu erfahren, dass man/frau einen Migrationshintergrund hat und damit zur/m fremden anderen wird, obwohl man/frau sich immer als Teil der Mehrheitsgesellschaft gefühlt hat.

Nichtsdestotrotz ist unser jeweiliger kultureller Hintergrund relevant für unsere Identitätsentwicklung. Die Frage, die sich allerdings stellt, ist: Wer nutzt eine entsprechende markierte Differenz und wozu? Die Anzahl der Definitionen zum Kulturbegriff ist groß und unübersichtlich. Ich möchte mich hier auf einige wenige kultur- und sozialanthropologische Zugänge beschränken. Gemeinsam ist ihnen, dass »Kultur« hier nicht mehr als Festschreibung und abgeschlossene Entität verstanden wird, sondern als etwas Komplexes (im Sinne von Polyphonie, intrakultureller Vielschichtigkeit), als etwas Dynamisches (im Sinne von prozesshaft, historisch veränderlich) und als etwas Hybrides (im Sinne von Kreolisierung, also einem Prozess kulturellen Ineinandergreifens) (Schlehe 2006). Ein solcher »flexibilisierter«, dynamischer Kulturbegriff ist anschlussfähig an andere Dimensionen von Diversität und an die Annahme, dass die in (diverse) »Kulturen« eingebettete Einzelperson vielschichtige Gruppenzugehörigkeiten und Merkmale von Diversität identitätsstiftend einsetzt bzw. dass diese ihr zugeschrieben werden.

Und so komme ich zu einem anderen Begriff: der Transkulturalität. Welsch versteht sie als Modell von Durchdringungen und Verflechtungen und sieht sie im Gegensatz zur alten Vorstellung von den klar gegeneinander abgegrenzten Kulturen (Welsch 1995). Besonders bedeutsam ist für ihn der Umstand, dass Transkulturalität nicht nur die gesellschaftliche Makroebene durchdringt, sondern ebenso die individuelle Mikroebene. Er geht davon aus, dass die kulturelle Identität der heutigen Individuen eine Patchwork-Identität ist. Besonders wichtig ist dabei Welschs Aussage, dass dies nicht etwa nur auf Migrantinnen und Migranten zutrifft, sondern auf die Identitätsentwicklung aller Heranwachsenden. Zentral ist sein Verweis auf die interne Transkulturalität der Individuen. Es geht ihm hierbei darum zu verdeutlichen, dass Individuen heute nicht durch einzelne kulturelle Muster geprägt sind, sondern viele diverse kulturelle Elemente in sich tragen (ebd.).

Auf einer soziologischen Ebene sind diese Überlegungen anschlussfähig an das, was Naika Foroutan in Anlehnung an Shermin Langhoff mit *postmigrantisch* bezeichnet. Sie bezeichnet Gesellschaften dann als postmigrantisch, wenn sie

1. für sich selbst die Transformation in eine heterogene Grundformation diskursiv akzeptiert haben (unabhängig, wie sie dazu stehen),

2. Einwanderung und Auswanderung als globale Normalität erkennen, die konfliktiv ausgehandelt, aber nicht rückgängig gemacht werden kann, und in denen sich

3. Strukturen, Institutionen und politische Kulturen nachholend (also postmigrantisch) an die erkannte Migrationsrealität anpassen (Foroutan 2015).

178

Foroutan beobachtet dabei einen zunehmenden Konflikt zwischen (a) einer normalisierten Wahrnehmung von kultureller, religiöser, nationaler und ethnischer Diversität und (b) erstarkenden Gegenbewegungen, die die Heterogenität und Hybridität der Gesellschaft in Frage stellen (ebd.) – eine Entwicklung also, wie wir sie in den letzten Jahren europaweit verstärkt beobachten. Die postmigrantische Perspektive bedeutet also, eine Position in Bezug auf Gesellschaft und Subjekte einzunehmen, die hegemoniale Markierungen, Strukturen und Prozesse (Dichotomien, Kulturalisierungen, Ethnisierungen, Rassismen, Stereotypen, dominante Fremdwahrnehmungen) bricht (Foroutan 2013).

Wenn wir also davon ausgehen, dass unsere Gesellschaft von einer zunehmenden soziokulturellen Heterogenität geprägt ist, was hieße das für interkulturelle (bzw. dann transkulturelle) Begegnungen, was kann die Psychoanalyse zum Umgang damit beitragen und wie könnte dies möglich sein?

Was heißt es demzufolge, wenn das »Inter« in einer therapeutischen Beziehung zwischen Analysand/in und Analytiker/in aus verschiedenen soziokulturellen Kontexten nicht mehr genau bestimmbar ist, wenn Individuen sich nicht als Teil kultureller Entitäten erleben, zwischen denen dann ein Dialog entstünde, sondern wenn sie vielmehr eingebunden sind in vielfältige ethnische, nationale, kulturelle, sprachliche, traditionelle, globale und andere Zugehörigkeiten? Wie werden in einer therapeutischen Beziehung Umkartierungen von Kultur, kulturellen Identitäten und Alteritäten aushandelbar, die nicht notwendigerweise den besagten Entitäten zuzuordnen sind?

Ist es vielleicht ein falscher Blick, der von Homogenität ausgeht und Heterogenität und Hybridität innerhalb eines Individuums als Ausnahme konzipiert? Dazu ein kurzer Ausschnitt aus meinem eigenen Alltag in Berlin. Hier könnte zwar sicher jemand einwenden, dass Berlin nicht repräsentativ sei. Aber die Daten zur Verstädterung zeigen, dass, während 1950 nur 28 % der Weltbevölkerung in Städten lebten, es aktuell etwa 50 % sind und perspektivisch 2050 69 % sein werden (Bundeszentrale für politische Bildung 2010). Das würde vielleicht dafür sprechen, dass die folgenden Beschreibungen auch zukünftig weltweit eine Normalität darstellen. Zu meiner Geschichte:[2]

Ein Dienstagmorgen: Teammeeting eines kleinen Forscherinnenteams. Die Sitzung findet auf Englisch statt, denn wir sprechen fünf verschiedene Muttersprachen und sind in sechs verschiedenen Ländern geboren.

10 Uhr: Ich stehe mit meinem Fahrrad am Rosenthaler Platz in der Mitte von Berlin an einer Ampel, ich telefoniere mit einem Kollegen aus Portugal, vor mir steht ein Taxifahrer, vielleicht ist er aus Kamerun, vielleicht aber auch aus Ghana. Beim Abbiegen streife ich leicht eine Frau mit Hidschāb, wir entschuldigen uns beide freundlich, und ich fahre weiter zu einem kleinen libanesischen Imbiss an der Ecke: »Die Dame, bitte«, werde ich angesprochen, während meine Bestellung auf arabisch in die Küche weitergegeben wird. Während ich warte, erreicht mich eine SMS meiner Freundin Nisa – Münchner Mutter, iranischer Vater. Nein, sie spricht weder persisch noch arabisch, sie ist in München geboren.

Ich fahre zu einem Treffen mit Kolleginnen und Kollegen, fast alle mit einem sogenannten Migrationshintergrund. In der Runde sprechen alle akzentfrei Deutsch. Wir sitzen in einem kleinen italienischen Restaurant: »Prego«, tönt es hier und da. Auf dem Weg zum nächsten Termin schreibe ich auf Englisch eine SMS an einen Freund in Frankreich – mein Französisch reicht nicht zum Kommunizieren, und sein Vater ist US-Amerikaner, so dass er beide Sprachen perfekt beherrscht.

Wieder in der Klinik – eine meiner Arbeitsstellen: Eine therapeutische Gruppe für Frauen aus diversen anglo- und frankophonen afrikanischen Ländern wartet auf mich, die auf Französisch, Englisch und Deutsch stattfindet. Dann schnell in die spanisch-deutsche Kita. Nein, ich lebe nicht in einer bilingualen Beziehung, die Kita war eine Empfehlung von Freunden. Gustav springt mir in die Arme – was für ein toller alter deutscher Name bekomme ich oft gesagt, dabei ist die Herkunft des Namens nicht ganz geklärt und verweist eher auf einen altschwedischen oder slawischen Ursprung.

Am Abend kommt eine Freundin zu Besuch. Sie ist Ethnologin und kommt gerade aus Marokko. Dabei fällt mir ein, dass ich übernächste Woche zu einem Kongress nach Uganda fahre, aber zuvor habe ich noch ein Seminar im schönen Zürich. Wir trinken badischen Wein und essen schwäbische Maultaschen, ja, die gibt es auch in Berlin, natürlich original von der Alb eingeflogen. Und wir hören Musik, gute britische Rockmusik … Auf welchem Kontinent war ich gedanklich noch nicht: in Asien. Ich befürchte zwar, dass mein T-Shirt sich schon einmal in Asien befunden hat, schaue aber lieber nicht nach.

Verstehen wir Differenzen und Heterogenität als Normalität – meiner Ansicht nach eine Grundhaltung der Psychoanalyse –, dann müssten wir den anderen nicht uns gleichmachen. Dann stellte sich die Frage, wie mit Unterschieden und potentieller Fremdheit umgegangen werden kann.

Meine Kollegin Berenice Romero formulierte es einmal in etwa so: Eine inter-/transkulturelle Therapie sei in gewisser Weise – anstatt von einer Schwierigkeit aufgrund von Fremdheit – von einer Einfachheit geprägt, die durch das NICHT-GLEICHE entsteht. Denn die in einem »monokulturellen« Setting zumeist bestehende Annahme, über den »Anderen« etwas zu wissen und darüber ganz selbstverständlich auf vermeintlich geteilte Codes und Symbolisierungen zu rekurrieren, kann ein verstehendes Explorieren z. T. sogar erschweren, weil u. U. Differenzen, Zwischentöne unerkannt bleiben. In einem transkulturellen Setting in dem von »Fremdheit« ausgegangen wird, werden die Differenzen wie selbstverständlich in den Blick genommen und eine intersubjektive Annäherung erfolgt langsam und zumeist differenzierter (Kluge et al. 2017).

Um die Vielschichtigkeit, Vielstimmigkeit und Uneindeutigkeit im therapeutischen Setting anzuerkennen und nutzbar zu machen, sind bestimmte therapeutische Techniken hilfreich, das Erzählenlassen der Flucht- oder Migrationsgeschichte, der Lebensverhältnisse und das Arbeiten mit Metaphern und Träumen. Das kulturell gefärbte Ich-Erleben wird so in der Behandlung mobilisiert, muss nicht abgespalten bleiben und kann integriert werden. Auf diese Weise kann ein neuer Weltbezug entstehen, und die Erfahrung neuer, möglicherweise vielfältiger (hybrider) Zugehörigkeiten wird möglich (ebd.)

Psychotherapeutisches Arbeiten mit Geflüchteten

Vor dem Hintergrund der gestiegenen Flüchtlingszahlen in den letzten beiden Jahren stieg auch der Bedarf an einer speziellen Versorgung für Geflüchtete. Relativ schnell wurde davon ausgegangen, dass es sich bei einer großen Zahl von ihnen um traumatisierte Menschen handelt, denen geholfen werden müsse, und Professionelle sahen sich mit der Hilflosigkeit konfrontiert, keine angemessenen und ausreichenden Versorgungsangebote für diese Gruppen ad hoc zur Verfügung stellen zu können. Wir können aber auch kritisch fragen, ob wir mit einer Fokussierung auf die Traumatisierungen zu einer Entsubjektivierung beitragen, indem die individuellen Lebensgeschichten und die darin auch enthaltenen Potentiale bei einer solchen Sichtweise in den Hintergrund treten. Meiner Ansicht nach sind zu Beginn einer therapeutischen Beziehung – und so auch in Behandlungen von Geflüchteten – die Vorannahmen zu suspendieren, um die Person in ihrer Komplexität und Subjektivität verstehend zu erfahren. Viele unserer geflüchteten Patientinnen und Patienten sind nach der mehr oder weniger erfolgreichen Flucht auch in den Aufnahmeländern mit schwierigen und frustrierenden Lebenssituationen konfrontiert. Diese verstärken Gefühle von Hilflosigkeit, Apathie und Rückzugstendenzen (Kluge 2016). Wie in einer jeden therapeutischen Beziehung – in diesen Fällen mit Menschen, die aus ihrer Heimat geflohen sind – ist es zu Beginn wichtig, eine tragende vertrauensvolle Beziehung zu schaffen, die den anderen in seinen Besonderheiten anerkennt und in der gemeinsam herausgefunden wird, wie es ihm oder ihr geht, was er oder sie verloren hat, was sie oder er sich wünscht und wie ich als Therapeutin diese Person vor dem Hintergrund meiner Expertise unterstützen kann. In der klinischen Arbeit mit geflüchteten Menschen ist es hierfür zentral, einen sicheren Ort zu schaffen, der die instabile, von Verlusten und mangelnden Perspektiven geprägte Lebenssituation dieser Personengruppe auch in Deutschland anerkennt und auffängt. »Nur in einem solchen sicheren Ort ist therapeutische Arbeit möglich bzw. ist die Schaffung eines solchen zum Teil lange Zeit die zentrale therapeutische Aufgabe« (Kluge et al. 2017).

Für die genannten Prozesse bedarf es eines Übergangsraumes (Winnicott 1995). Nadig, Özbek und Wohlfart definieren in ihren Konzeptionen für die spezifische Klientel den Transkulturellen Übergangsraum. Er hat in erster Linie die Funktion, so Nadig, deutlich zu machen, welche Dimensionen in einer Situation zwischen ungleichen Menschen eine Rolle spielen. Diese zu beachten, kann in transkulturellen Situationen im Allgemeinen wichtig und hilfreich sein, um die unerträgliche Spannung der Differenz und des spielerischen Erforschens auszuhalten. Ich würde ergänzen, dass ein solcher Raum auch fungieren kann, um das innere und äußere Chaos der Vielfalt und des nicht eindeutig Zuordenbaren – im Sinne von Hybridität – auszuhalten. In einem solchen Übergangsraum kann im Idealfall etwas gemeinsames Drittes entstehen – nennen wir es etwas integriertes Hybrides.

Die auf Nadig, Özbek, Wohlfart und andere zurückgehende Konzeption eines sogenannten Transkulturellen Übergangsraumes geht davon aus, dass es möglich werden sollte, einen Erfahrungsraum für das Eigene und das Fremde – und ich würde ergänzen: das Gleichzeitige und Vielfältige – in einer Pendelbewegung in einem quasi neutralen, nicht wertenden Raum zu schaffen. Auf diese Weise können Spannungen, noch nicht Verbalisierbares – dazu gehört in unseren Settings dann vor allem Erlebtes während Flucht und Migration bzw. Erfahrungen in einem Leben zwischen den Welten – und die dazugehörigen Ambivalenzen aushaltbar werden (Hardung 2006, S. 204; Nadig 2006, S. 73; Özbek/Wohlfart 2006, S. 175). In diesem Transkulturellen Übergangsraum, dessen Konzeption sich an Winnicott und Bion orientiert (Winnicott 1995; Bion 1990), kann dann eine gemeinsame neue Symbolisierung, eine emotionale Sprache entwickelt werden, um Identitätsstörungen, transkulturelle Konflikte zu erkennen, zu verstehen und sie für einen therapeutischen Prozess nutzbar werden zu lassen, bei dem auch unbewusste Konflikte integrierbar werden (Özbek/Wohlfart 2006; Özbek 2006, S. 108). Die psychoanalytische Methode, das Fragen, das Aushalten des Nicht-Wissens, die Arbeit mit Metaphern und Sprachbildern scheinen hier besonders hilfreich zu sein.

Die Betrachtung der individuellen inneren Konflikte vor dem Hintergrund ihrer gesellschaftlichen sowie ihrer Intra- und Intergruppendynamiken zeichnet wiederum den besonderen kulturwissenschaftlichen Zugang der Psychoanalyse aus, der in der klinischen Praxis nutzbar gemacht werden kann (Hardung 2006, S. 201). Hierzu ein kurzes Fallbeispiel:

Eine Patientin aus Guinea. Ihr ungeborenes Kind verstarb im Mutterleib. Aufgrund unzureichender medizinischer Versorgung und der Verstümmelung ihres Unterleibs konnte sie das verstorbene Kind nicht mehr zur Welt bringen. Mit lebensbedrohlichen Komplikationen wurde sie provisorisch operiert. Mit einer NGO kam sie nach Deutschland. Nach einer längeren Behandlungsphase entstand für sie die Frage, ob sie die Verstümmelung operativ rückgängig machen lasse wolle. Im therapeutischen Raum war es ihr zu dieser Zeit erstmals möglich, über ihre inneren Konflikte zwischen Weiblichkeit, Zugehörigkeit, Einsamkeit und ihrer kulturellen Herkunft zu sprechen. Sie sagte: »Die Kultur ist überall in meinem Körper.« Sie betont, dass die Bearbeitung dieser Verunsicherungen und Ambivalenzen nur möglich wurde, da sie von einer Akzeptanz und einem Wissen um Differenz in der therapeutischen Beziehung ausging, die ohne Wertungen und Wissen auskommt.

Am Zentrum für Interkulturelle Psychiatrie und Psychotherapie (ZIPP) der Berliner Charité sprechen wir von einem ethnopsychiatrischen bzw. ethnopsychoanalytischen Zugang in klinischer Versorgung und Forschung. Aber was meint das konkret?

Als Begründer der genannten beiden Denktraditionen für den französischen und den nordamerikanischen Kontext gilt Georges

Devereux (Kluge 2009). Bedeutsam für meine Überlegungen ist Devereux' Komplementaritätsprinzip (Devereux 1984): Es geht dabei darum, dass die objektive Perspektive der Naturwissenschaften und die subjektive Perspektive der Gefühle in einem »doppelten Diskurs« einander ergänzen (Kluge 2009, S. 164). Seiner Ansicht nach lässt sich dieser »doppelte Diskurs« auf die verhaltenswissenschaftliche Betrachtung der Individuen (Psychologie) und der Umwelt/Kultur (Ethnologie/Soziologie) übertragen, in dem Sinne, dass ein stetiges Oszillieren zwischen der individuellen und der kulturellen Perspektive sowohl für ein praktisches als auch ein erkenntnistheoretisches Verstehen wichtig ist (ebd.).

Devereux legt den Schwerpunkt darauf, was die Begegnung mit dem fremden anderen (und damit ist nicht notwendigerweise etwas kulturell Fremdes gemeint, sondern bei ihm z. B. die andere wissenschaftliche Tradition) innerlich an Ängsten und emotionaler Beteiligung auslöst (Devereux 1998, zitiert in: Kluge 2009, S. 169). Damit fügt er der Betrachtung des Verhältnisses zwischen z. B. Therapeut/innen und Patient/innen, zwischen Betrachter/in und Betrachtetem eine wichtige Dimension hinzu, nämlich die Betrachtung interkultureller bzw. interdisziplinärer Begegnungen aus der Perspektive der emotionalen Reaktion auf das Gegenüber, d. h. aus der Gegenübertragungsperspektive (Devereux 1998, S. 17).

Das Spezifische an der emotionalen Beteiligung des Ethnologen oder der Psychologin sieht er darin, dass jede Kultur (oder eben Disziplin) auf psychisches Material unterschiedlich einwirkt und jeweils unterschiedliche Verdrängungen und als deren Folge kulturspezifische Triebkonflikte produziert. Devereux zufolge werden deshalb die Forscherin und auch der Psychoanalytiker häufig mit Material konfrontiert, das sie selbst zu verdrängen gelernt haben und das Abwehrreaktionen in ihnen hervorruft, vorwiegend Angst oder Irritation.

Der daraus resultierenden Verzerrung der Wahrnehmung, d. h. der kulturspezifischen Gegenübertragung, ist, so Devereux, nur durch die Bewusstmachung der eigenen kulturellen Geprägtheit z. B. als Psychoanalytiker oder Gruppenanalytikerin beizukommen. So hat Devereux die psychoanalytischen Konzepte von Übertragung, Gegenübertragung und Widerstand für die Erforschung anderer kultureller Kontexte ebenso wie für seine Erkenntnistheorie genutzt (ebd., S. 64 ff.).

So aufschlussreich die oben ausgeführten (S. 178 f.) anthropologischen Überlegungen zu einem dynamischen Kulturbegriff sind, fehlt ihnen doch gleichwohl eben diese Dimension des Unbewussten. Die Psychoanalyse fokussiert das Unbewusste und seine Manifestationen im Rahmen der analytischen Beziehung. Dagegen sind »Gegenstand der Ethnologie [...] die kulturellen Bedeutungen, die sich [...] in sozialen Interaktionen zwischen Individuen, Gruppen und Institutionen entfalten« (Nadig 2006, S. 75).

Und damit sind wir erneut bei der Bedeutsamkeit der Komplementarität, wie Devereux sie fasst. Er spricht in diesem Zusammenhang vom ethnischen Unbewussten eines Individuums, das jener Teil seines gesamten Unbewussten ist, den der Großteil der Mitglieder eines bestimmten kulturellen Kontexts teilt (Devereux 1984). Erdheim spricht hingegen von der »gesellschaftlichen Produktion von Unbewußtheit« in seinem gleichnamigen, einschlägigen Buch (Erdheim 2000, S. 221). Der Gruppenanalytiker Haubl reklamiert eine Spezifizierung und spricht in Anlehnung an Erdheim von einem »gruppenspezifisch produzierten Unbewußten [...]: In jeder Gruppe drängen sich die Teilnehmer wechselseitig dazu, ängstigende Affekte, Wünsche und Phantasien sowie ängstigende Wahrnehmungen der Außenwelt abzuwehren; sie dürfen nicht zur Sprache kommen, vielleicht sogar nicht einmal erlebt werden« (Haubl 1994, S. 11). Sie dienen der Gruppenkohäsion oder eben auch der Kulturkohäsion.

Tobie Nathan, ein französischer Ethnopsychiater und Schüler von Georges Devereux, hat in der Fortführung für den klinischen Kontext vorgeschlagen, Begegnungen zwischen Menschen verschiedener kultureller Zugehörigkeiten als Begegnungen zwischen den entsprechenden Gruppen zu verstehen: Hinter jedem Individuum steht seiner Idee nach die Gruppe seines kulturellen Kontexts (Nathan 2006). Problematisch scheint mir vor dem Hintergrund des bereits Ausgeführten, dass potentiell die Gefahr besteht, eine Person in einer festgeschriebenen Kultur / einem festgeschriebenen kulturellen Kontext zu verorten, wobei transkulturelle Prozesse und Hybridisierungen zuweilen negiert werden, obwohl Nathan betont, dass seine klinischen Zugänge explizit auf die Arbeit mit Migrantinnen und Migranten fokussieren. Ein zentraler Moment seines Zugangs sind allerdings die vielfältigen Übersetzungsprozesse (z. B. sprachliche, symbolische etc.) in diesen klinischen Settings, die generell ein zentrales Element in transkulturellen Behandlungen sein sollten.

Die für das Thema dieses Beitrags wesentliche Erkenntnis der Ethnopsychoanalyse ist die Relativierung der *eigenen* kulturgebundenen Subjektivität, was bedeutet, dass es wichtig ist, sich selbst in der Begegnung mit einem Menschen aus einem anderen kulturellen Kontext (einem vermeintlich Fremden) in seiner Unterschiedlichkeit zu reflektieren und wahrzunehmen. Dies ist die zentrale ethnopsychoanalytische Methode in Devereux' Theorie und ihren Weiterentwicklungen (Devereux 1984).

Es gab eine weitere, zeitgleich arbeitende Gruppe, die als die Zürcher Schule der Ethnopsychoanalyse bekannt wurde. Zu ihr gehörten das Ehepaar Paul Parin, Goldy Parin-Matthèy und Fritz Morgenthaler. Dieser Gruppe ging es zu Beginn vor allem um die Anwendung der Psychoanalyse in anderen kulturellen Kontexten und um Fragen nach der Universalität der Psychoanalyse, ob es beispielsweise den Ödipuskomplex auch bei den Dogon in Mali – die sie beforschten – gibt. Es ging aber zugleich um das Verstehen anderer Kontexte nicht nur anhand zu beobachtender Fakten, sondern um das Beobachten der eigenen emotionalen Reaktionen auf das Fremde, Andere.

Mario Erdheim und Maya Nadig erweiterten diesen ethnopsychoanalytischen Prozess, indem sie ihn als eine »Pendelbewegung zwischen der Analyse der eigenen und derjenigen der fremden Kultur verstehen« (Erdheim 2000, S. 34).

Wie kann dies im therapeutischen Raum möglich werden? Wie lässt sich daraus eine gemeinsame, »hybride« Sprache in einer therapeutischen Beziehung finden? Ich würde unsere Arbeit am ZIPP mit nicht-deutschen Patientinnen und Patienten diesbezüglich als fortwährende emotionale Pendelbewegung in der entstehenden therapeutischen Beziehung beschreiben.

Um in so entstehenden Beziehungen Sprache, Symbolisierungen und Bilder gegenseitig zugänglich und erlebbar zu machen, scheint es besonders hilfreich zu sein, Metaphern zu nutzen und einander zu erläutern, ebenso wie einen besonderen Blick für das sinnlich Performative zu haben, damit das noch nicht Besprechbare langsam verstehbar werden kann. Hierzu ist die psychoanalytische Arbeit mit dem Unbewussten, der Fokus auf das Dynamische, welches ohne strenge Kategorisierung auskommt, m. E. besonders hilfreich.

Zygmunt Baumann schreibt, dass der Anspruch der Moderne nach klaren Definitionen und Zuordnungen zum Scheitern verurteilt gewesen sei, weil die damit einhergehende Nichtanerkennung der Ambivalenz eine Verleugnung der Realität sei, in der wir leben: »Das Ideal, das die Benennungs-/Klassifizierungsfunktion zu erreichen sucht, ist eine Art geräumiger Aktenschrank, der all die Akten enthält, die all die Einzelheiten enthalten, welche die Welt enthält – aber jede Akte und jede Einzelheit auf einem gesonderten Platz ganz für sich beschränkt (wobei etwaige Zweifel durch einen Querverweisindex gelöst werden): Es ist die Unmöglichkeit eines solchen Aktenschrankes, die Ambivalenz unvermeidlich macht. Und es ist die Beharrlichkeit, mit der die Konstruktion eines solchen Schrankes verfolgt wird, die immer neue Schübe an Ambivalenz hervorbringt« (Baumann 2005, S. 13). Könnten wir vor diesem Hintergrund behaupten, dass unsere psychoanalytische Haltung uns ermöglicht, das (noch) Nicht-Wissen, das innere Chaos und die Spannungen, die aus den im Unbewussten wirksamen Konflikte resultieren, auszuhalten? Und könnten wir weiter postulieren, dass uns dies einen Umgang mit den inhärenten Ambiguitäten und den oben beschriebenen Ambivalenzen unserer Welt, die unser aller Identitäten bestimmen, ermöglicht?

In transkulturellen therapeutischen Settings könnte es uns über die oben beschriebene Pendelbewegung zwischen dem (vermeintlich) Eigenen und dem (vermeintlich) Fremden möglich werden, eine gemeinsame geteilte Wirklichkeit herzustellen und zugleich anzuerkennen, dass eine solche immer nur kurz Bestand haben kann. Bien Filet formuliert dies so: »In der Regel wird es sich vielmehr so verhalten, dass die verschiedenen Sprachen oder Subsprachen und Repräsentationsgruppen gleichzeitig im mentalen Apparat des Analytikers aktiviert sind, so wie sie auch in den Äußerungen des Patienten gleichzeitig operieren. Was sich also abspielt, ist eher ein unbewusster Prozess ›polyglotter‹ Übersetzung, in dem beide Zuhörer die fließenden Grenzlinien zwischen und in ihren Sprachen unterhöhlen, um zu einer Ebene zu gelangen, die vorübergehend als ein symbiotischer Kern empfunden werden kann. […] Dieser sogenannte symbiotische Kern des Verstehens wird wahrscheinlich immer nur kurzfristig Bestand haben und sich letztlich als fragil erweisen. Besser lässt er sich unter einem interaktionalen Blickwinkel als Übergangsraum verstehen, in dem beide Parteien [kontinuierlich, Anm. der Autorin] über Bedeutungen verhandeln, die sie einander anbieten« (Filet 2001, S. 173 f., siehe auch Kluge 2011).

Wenn wir ernst nehmen, dass es sich in jeder therapeutischen Beziehung immer um einen höchst individuellen Prozess des Austauschs mit einem »fremden anderen« handelt, in dem Ambivalenzen und Spannungen ausgehalten werden müssen, könnten wir die Frage stellen, ob jede Psychoanalyse dann nicht per se eine ethnopsychoanalytische Behandlung ist.

In heutigen postmigrantischen Gesellschaften – die jedoch keinesfalls vornehmlich die kausale Folge von Migration und Flucht sind, sondern lediglich anhand dessen besonders sichtbar werden, die aber ebenso auf andere Formen der Mobilität, auf Digitalisierung etc. zurückzuführen sind – ist zu beobachten, dass die mit den beschriebenen Prozessen einhergehende Verflüssigung und Verflüchtigung einer festgeschriebenen, klar definierten und kategorisierbaren kulturellen Identität zugleich zu einer Sehnsucht nach genau dieser »sicheren« Identität führt. Die entstehende Ambiguität führt zu dem Gefühl, dass Identität alles und nichts meinen kann.

Führt diese Ambiguität in mobiler und vernetzter werdenden Gesellschaften zu einer grenzenlosen Gleichzeitigkeit und damit zu Identitätsverlusten und einem »erschöpften Selbst«, wie es Allan Ehrenberg (2008) nennt? Oder wäre es eine wünschenswerte Entwicklung hin zu einem Imperativ der akzeptierten, in Sinnzusammenhänge eingebetteten Vielfalt? Mit diesen Fragen lohnt sich die weiterführende Auseinandersetzung.

Anmerkungen

1 In einer im September 2016 verbreiteten Erklärung wird erstmals eine Modifikation der ursprünglichen Definition vorgenommen, die sich zu den Fragen verhält, warum die Vertriebenen des Zweiten Weltkriegs und ihre Nachkommen nicht zur Gruppe der Personen mit Migrationshintergrund zählten und warum die kleine Gruppe derer, die mit deutscher Staatsangehörigkeit im Ausland von Eltern ohne Migrationshintergrund geboren sind, ebenfalls ohne Migrationshintergrund gelten. Siehe dazu: Statistisches Bundesamt 2016.
2 Die Herkunftsregionen und regionalen Bezüge der erwähnten Personen sind zwecks Anonymisierung modifiziert.

Literatur

Baumann, Z. (2005): Moderne und Ambivalenz. Das Ende der Eindeutigkeit. Neuausgabe. Hamburger Edition, Hamburg.
Bion, W. R. (1990): Lernen durch Erfahrung. Suhrkamp, Frankfurt am Main.
Bock, T. / Kluge, U. (2016): Der sich und Anderen helfende Mensch. In: Dörner, K. / Plog, U. / Bock, T. / Brieger, P. / Heinz, A. / Wendt, F. (Hg.): Irren ist menschlich. 24., vollständig überarbeitete Auflage. Psychiatrieverlag, Köln, S. 31–90.
Bundeszentrale für politische Bildung. Zahlen und Fakten: Verstädterung. 8.6.2010. http://www.bpb.de/wissen/6ODQKG [Zugriff: 11.6.2017].
Devereux, G. (1984): Die Ethnopsychoanalyse. Die komplementaristische Methode in den Wissenschaften vom Menschen. 2. Auflage. Suhrkamp, Frankfurt am Main.
Devereux, G. (1998): Angst und Methode in den Verhaltenswissenschaften. 2. Auflage. Suhrkamp, Frankfurt am Main.

Ehrenberg, A. (2008): Das erschöpfte Selbst. Depression und Gesellschaft in der Gegenwart. Suhrkamp, Frankfurt am Main.

Erdheim, M. (2000): Die gesellschaftliche Produktion von Unbewußtheit. Die gesellschaftliche Produktion von Unbewußtheit. Eine Einführung in den ethnopsychoanalytischen Prozeß. Suhrkamp TB Wissenschaft, Frankfurt am Main.

Filet, B. (2001): Psychoanalytische Beiträge zum Problem des Verstehens transkultureller psychoanalytischer Berichte. In: Apsel, R. / Sippel-Süsse, J. (Hg.): Ethnopsychoanalyse. Band 6: Forschen, erzählen, reflektieren. Brandes & Apsel, Frankfurt am Main, S. 159–181.

Foroutan, N. (2013): Hybride Identitäten: Normalisierung, Konfliktfaktor und Ressource in postmigrantischen Gesellschaften. In: Brinkmann, H.-U. / Uslucan, H. H. (Hg.): Dabeisein und Dazugehören – Integration in Deutschland. Springer VS, Wiesbaden.

Foroutan, N. (2015): Die postmigrantische Gesellschaft. In: Bundeszentrale für politische Bildung. 20.4.2015. http://www.bpb.de/gesellschaft/migration/kurzdossiers/205190/die-postmigrantische-gesellschaft [Zugriff: 11.6.2017].

Hardung, C. (2006): Reflexion einer interdisziplinären Praxis von Ethnologie und transkultureller Psychotherapie aus ethnologischer Perspektive. In: Wohlfart, E. / Zaumseil, M. (Hg.): Transkulturelle Psychiatrie – Interkulturelle Psychotherapie. Interdisziplinäre Theorie und Praxis. Springer, Heidelberg, S. 199–212.

Haubl, R. (1994): Kultur und Gruppe – Gruppenkultur. In: Haubl, R. / Lamott, F. (Hg.): Handbuch der Gruppenanalyse. Quintessenz Verlag, Berlin/München.

Kluge, U. (2009): Georges Devereux: Ein Wegbereiter der Transkulturellen Psychiatrie auf einer Reise zwischen den Welten. Editorial. In: Curare 32 (3+4), S. 163–172.

Kluge, U. (2011): Sprach- und Kulturmittler in der Psychotherapie. In: Machleidt, W. / Heinz, A. (Hg.): Praxis der Interkulturellen Psychiatrie und Psychotherapie. Migration und psychische Gesundheit. Elsevier, Urban & Fischer, München, S. 145–154.

Kluge, U. (2016): Behandlung psychisch belasteter und traumatisierter Asylsuchender und Flüchtlinge – Das Spannungsverhältnis zwischen therapeutischem und politischem Alltag. In: Nervenheilkunde 35 (6), S. 385–390.

Kluge, U. / Kassim, N. (2006): »Der Dritte im Raum« – Chancen und Schwierigkeiten in der Zusammenarbeit mit Sprach- und Kulturmittlern in einem interkulturellen psychotherapeutischen Setting. In: Wohlfart, E. / Zaumseil, M. (Hg.): Transkulturelle Psychiatrie – Interkulturelle Psychotherapie. Interdisziplinäre Theorie und Praxis. Springer, Heidelberg, S. 177–198.

Kluge, U. / Romero, B. / Hodzic, S. (2017): Psychotherapeutische und psychiatrische Versorgung geflüchteter Menschen mit Sprach- und Kulturmittlern. In: Swiss Archives of Neurology, Psychiatry and Psychotherapy 5 (9.8.2017).

Kristeva, J. (1990): Fremde sind wir uns selbst. Edition Suhrkamp, Frankfurt am Main.

Nadig, M. (1996): Zur ethnopsychoanalytischen Erarbeitung des kulturellen

Raums der Frau. In: Haase, H. (Hg.): Ethnopsychoanalyse. Wanderungen zwischen den Welten. Verlag Internationale Psychoanalyse, Stuttgart.

Nadig, M. (2006): Transkulturelle Spannungsfelder in der Migration und ihre Erforschung. In: Wohlfart, E. / Zaumseil, M. (Hg.): Transkulturelle Psychiatrie – Interkulturelle Psychotherapie. Interdisziplinäre Theorie und Praxis. Springer, Heidelberg, S. 67–80.

Nathan, T. (2006): Die Ethnopsychiatrie, eine Psychotherapie für das 21. Jahrhundert. In: Wohlfart, E. / Zaumseil, M. (Hg.): Transkulturelle Psychiatrie – Interkulturelle Psychotherapie. Interdisziplinäre Theorie und Praxis. Springer, Heidelberg, S. 113-126.

Özbek, T. (2006): Autonomieentwicklung und Identität im transkulturellen Alltag. In: Wohlfart, E. / Zaumseil, M. (Hg.): Transkulturelle Psychiatrie – Interkulturelle Psychotherapie. Interdisziplinäre Theorie und Praxis. Springer, Heidelberg, S. 95–109.

Özbek, T. / Wohlfart, E. (2006): Der transkulturelle Übergangsraum – ein Theorem und seine Funktion in der transkulturellen Psychotherapie am ZIPP. In: Wohlfart, E. / Zaumseil, M. (Hg.): Transkulturelle Psychiatrie – Interkulturelle Psychotherapie. Interdisziplinäre Theorie und Praxis. Springer, Heidelberg, S. 169–176.

Saunders, D. (2013): Die neue Völkerwanderung – Arrival City. 2. Aufl. Pantheon, München.

Schlehe, J. (2006): Kultur, Universalität und Diversität. In: Wohlfart, E. / Zaumseil, M. (Hg.): Transkulturelle Psychiatrie – Interkulturelle Psychotherapie. Interdisziplinäre Theorie und Praxis. Springer, Heidelberg, S. 51–68.

Simon, A. (2009): »Bleiben will ich, wo ich nie gewesen bin«. Psychosozialverlag, Gießen.

Statistisches Bundesamt. Bevölkerung mit Migrationshintergrund - Ergebnisse des Mikrozensus. Fachserie 1 Reihe 2.2 – 2015. https://www.destatis.de/DE/Publikationen/Thematisch/Bevoelkerung/MigrationIntegration/Migrationshintergrund.html [Zugriff: 12.6.2017].

Statistisches Bundesamt. Bevölkerung mit Migrationshintergrund auf Rekordniveau. Pressemitteilung Nr. 327 vom 16.9.2016. https://www.destatis.de/DE/PresseService/Presse/Pressemitteilungen/2016/09/PD16_327_122.html [Zugriff: 12.6.2017].

Statistisches Jahrbuch Frankfurt am Main 2016. Kapitel 2: Bevölkerung. Quelle: https://www.frankfurt.de/sixcms/media.php/678/J2016K02x.pdf [Zugriff: 12.6.2017].

Welsch, W. (1995): »Transkulturalität«. In: Institut für Auslandsbeziehungen (Hg.): Migration und kultureller Wandel. Schwerpunktthema der Zeitschrift für Kulturaustausch 45(1).

Winnicott, D. (1995): Vom Spiel zur Kreativität. Klett-Cotta, Stuttgart.

Anhang

Bildnachweis

Kurzbiografien

Peer Abilgaard

Duisburg. Prof. Dr. med., Facharzt für Psychiatrie und Psychotherapie, Diplom-Gesangspädagoge, Diplom-Instrumentalpädagoge, Chefarzt am HELIOS-Klinikum Duisburg, Lehrstuhlinhaber für Musikermedizin an der Hochschule für Musik und Tanz Köln, Leiter des Peter-Ostwald-Instituts für Musikergesundheit, 1. Vorsitzender der Internationalen Gesellschaft für Tiefenpsychologie e. V., Mitglied im Vorstand der Deutschen Gesellschaft für Musikphysiologie und Musikermedizin (DGfMM).

Christina von Braun

Berlin. Prof. Dr. phil., Kulturtheoretikerin, Autorin und Filmemacherin. Professorin i. R. für Kulturwissenschaft an der Humboldt-Universität zu Berlin. Gründungsleiterin und jetzt Ko-Direktorin des 2012 eingerichteten »Zentrums Jüdische Studien Berlin-Brandenburg«. Über fünfzig Filmdokumentationen, zahlreiche Bücher und Aufsätze zur Medien-, Kultur- und Mentalitätsgeschichte. Mitgründerin und langjährige Leiterin des Studiengangs Gender Studies an der Humboldt-Universität Berlin. Sigmund Freud Kulturpreis 2013. Zu den Publikationen gehören: *Der Preis des Geldes. Eine Kulturgeschichte* (2012). www.christinavonbraun.de

Brigitte Dorst

Münster. Prof. Dr. phil., Diplom-Psychologin, approbierte Psychotherapeutin und Jung'sche Psychoanalytikerin, Lehranalytikerin am C.G. Jung-Institut Stuttgart, Professorin für Psychologie, Trainerin für Gruppendynamik, Supervisorin, Wissenschaftliche Leiterin der Internationalen Gesellschaft für Tiefenpsychologie e. V., Leiterin des Sophia-Zentrums für Meditation und Spirituelle Psychologie in Münster. Arbeitsschwerpunkte: Symbolpsychologie, Gruppentherapie, Alterspsychologie, Transpersonale Psychologie und Spiritualität. Zahlreiche Veröffentlichungen, zuletzt: *Resilienz* (2015), *Therapeutisches Arbeiten mit Symbolen* (2. Aufl. 2015), *Aktive Imagination* (2014, Hg., zus. mit. R. T. Vogel), *C. G. Jung: Schriften zu Spiritualität und Transzendenz* (2013, Hg.).

Jürgen Hardt

Wetzlar. Dipl.-Psych., Psychologischer Psychotherapeut, Psychoanalytiker, Lehr- und Kontrollanalytiker, Gruppenanalytiker, Organisationsberater, Gründungspräsident der PTK Hessen. Arbeitsschwerpunkte: Krankenhauspsychotherapie, Grenzgebiet von Psychoanalyse und Philosophie, Methodik der Ferntherapie, Ökonomisierung der Heilkunde, Kulturpsychologie: Transformation der Moderne zur Postmoderne 2.0. Zahlreiche Veröffentlichungen, zuletzt: Harold F. Searles: *Die Welt der Dinge* (2016, übers. und hg., zus, mit A. Vaihinger), *Methode und Techniken der Psychoanalyse* (2013); Hanns Sachs: *Wie Wesen von einem fremden Stern – der philosophische Hintergrund der Psychoanalyse* (2005, übers. und hg.).

Daniel Hell

Meilen/Zürich. Prof. em. Dr. med., war bis Anfang 2009 Direktor an der Psychiatrischen Universitätsklinik Zürich und Ordentlicher Professor für Klinische Psychiatrie der Universität Zürich. Seither ist er an der Privatklinik Hohenegg tätig. Er hat sich wissenschaftlich vor allem mit Depressionen und anderen emotionalen Problemfeldern beschäftigt. Mehrere seiner Bücher sind Best- und Longseller geworden, z. B. *Welchen Sinn macht Depression?* (1992/2014) oder auch *Die Sprache der Seele verstehen – Die Wüstenväter als Therapeuten* (2002/2015). Sein Werk ist teilweise in acht Sprachen übersetzt. www.danielhell.com

Jochen Hörisch

Mannheim. Prof. Dr. phil., seit 1988 Ordinarius für Neuere Germanistik und Medienanalyse an der Universität Mannheim. Gastprofessuren und Kurzzeitdozenturen in den USA, Frankreich, Österreich, Schweiz, Türkei, weltweite Vortragstätigkeit. Mitglied der europäischen Akademie für Wissenschaften und Künste in Salzburg, der Freien Akademie der Künste in Mannheim und der Freien Akademie der Künste in Hamburg, Fellow im Forschungsprojekt des Zentrums für Religion, Wirtschaft, Politik (ZRWP – Collegium Helveticum) in Basel über »Ökonomie und Religion« (2010/2011). Zahlreiche Veröffentlichungen, zuletzt: *Pop und Papageno. Zum Spannungsverhältnis von E- und U-Musik* (2016), *Weibes Wonne und Wert. Richard Wagners Theorie-Theater* (2015), *Tauschen, Sprechen, Begehren* (2011).

Ulrike Kluge

Berlin. Dr. phil., Dipl.-Psych. Studium der Psychologie und Ethnologie in Marburg, Berlin und Coimbra. Aktuell Leiterin des Zentrums für Interkulturelle Psychiatrie und Psychotherapie (ZIPP) an der Klinik für Psychiatrie und Psychotherapie der Charité Campus Mitte, Post-Doc-Mitarbeiterin des Berliner Instituts für empirische Integrations- und Migrationsforschung (BIM) an der Humboldt Universität zu Berlin. Angehende Psychoanalytikerin und Gruppenanalytikerin. Forschungsschwerpunkte: Migration und psychische Gesundheit, Transkulturalität, Psychotherapie mit Sprach- und Kulturmittlern und Ethnopsychoanalyse.

Claudia Nagel

Offenbach. Dr. phil., Diplom-Kauffrau, Psychoanalytikerin, Gastprofessorin an der Hull University Business School und an der VU Amsterdam, Unternehmensberaterin, Coach und Handelsrichterin. Arbeitsschwerpunkte: Behavioural Strategy (Verhaltenswissenschaftliche Aspekte von Unternehmensstrategie), Strategie-Implementierung, Veränderungsprozesse (individuell und organisational). Veröffentlichungen zu Behavioural Strategy, Leadership, Finanzmarkt(krise). Zuletzt: *German Leadership* (2017), *Behavioural Strategy and deep foundations of dynamic capabilities.* (2017), *Zusammenspiel von Emotion und Kognition* (2015), *Power and vulnerability in the board room* (2014). claudia.nagel@nagel-company.com

Christiane Neuen

Münster. Dr. phil., Lektorin für Psychologie, im Vorstand der C. G. Jung-Gesellschaft Köln e. V., seit 2004 (Mit-)Herausgeberin der Tagungsbände der Internationalen Gesellschaft für Tiefenpsychologie e. V.

Klaus Ottomeyer

Keutschach, Österreich. Prof. Dr. rer. pol., Sozialpsychologe und Psychotherapeut. Von 1983 bis 2013 Ordentlicher Universitätsprofessor für Sozialpsychologie an der Universität Klagenfurt, ab 1999 Leiter der Abteilung für Sozialpsychologie, Ethnopsychoanalyse und Psychotraumatologie. Gegenwärtig als Obmann und Psychotherapeut in der Kärntner Einrichtung »Aspis« tätig, die Psychotherapie für traumatisierte Flüchtlinge sowie für Opfer des Nationalsozialismus und ihre Familien anbietet. Zahlreiche Publikationen zu den genannten Fachgebieten.

Traugott Roser

Münster. Prof. Dr. theol., evangelischer Pfarrer, Professor für Praktische Theologie an der Westfälischen Wilhelms Universität Münster, Seelsorgepraxis in Gemeinde, Krankenhaus- und Altenheimbereich, Leiter der Implementierung von Palliative Care an den Seniorenresidenzen der Augustinum Gruppe. Arbeitsschwerpunkte: Seelsorge im Gesundheitswesen, lebensformenorientierte Seelsorge, Sexualität und Trauer, Religion und Film, Psalmen-Predigen. Veröffentlichungen zuletzt: *Spiritual Care. Der Beitrag von Seelsorge zum Gesundheitswesen* (2017), *Curriculum Spiritualität für Hospizbegleitung* (2016, zus. m. Margit Gratz), *Sexualität in Zeiten der Trauer* (2015).

Wolfgang Teichert

Hamburg. Theologe und Publizist, Wissenschaftlicher Leiter der Internationalen Gesellschaft für Tiefenpsychologie e. V. Seit 2004 leitet er die Christliche Akademie in Hamburg. Vorher war er 20 Jahre lang Leiter der Evangelischen Akademie Nordelbien. Zehn Jahre lang arbeitete er als Publizist beim Deutschen Allgemeinen Sonntagsblatt. Er ist Lehrbibliodramatiker (GfB). Seit über dreißig Jahren ist er Mitglied der IGT. Seit 2014 ist er Stiftsseelsorger im Augustinum Aumühle.

Was uns zu Menschen macht

Luise Reddemann
Sylvia Wetzel

Mögen alle Wesen glücklich sein

Mitgefühl und Gerechtigkeit neu entdecken

Luise Reddemann / Sylvia Wetzel
Mögen alle Wesen glücklich sein
Mitgefühl und Gerechtigkeit neu entdecken

184 Seiten
Paperback, 14 x 22 cm
ISBN 978-3-8436-0996-8

»Wir leben in einer Umbruchzeit. Viele Menschen fühlen sich verloren, und immer mehr scheinen es auch zu sein. Millionen sind auf der Flucht, sind bedroht von Hunger, Folter und Krieg«, konstatieren Luise Reddemann und Sylvia Wetzel. Armut und soziale Ungleichheit sind zu einer gravierenden Bedrohung geworden. Welche Bedeutung haben hier Mitgefühl und Gerechtigkeit – für die Entwicklung des Einzelnen, unser Zusammenleben und die Weltgemeinschaft? Die renommierte Psychotherapeutin und die bekannte buddhistische Meditationslehrerin zeigen, wie zentral Mitgefühl und Gerechtigkeit für unser Menschsein und unsere Menschlichkeit sind. Ihr Buch enthält viele Übungen zur Entwicklung von Mitgefühl, Selbstmitgefühl und zur Verfeinerung des Gerechtigkeitsempfindens.

PATMOS
www.patmos.de

Frei sein! Verantwortlich sein!

Erich Schechner
Lebe deine Möglichkeiten
Viktor Frankl und die Entfaltung
des Menschlichen

176 Seiten
Hardcover mit Leseband, 13 x 21,3 cm
ISBN 978-3-8436-1003-2

Die zentralen Einsichten der Logotherapie sind eine Hilfe zur Lebenskunst für alle. Das Ziel: sich nicht durch Gesellschaft, Wirtschaft oder andere Menschen als Mittel zum Zweck gebrauchen zu lassen, sondern das eigene Leben frei und verantwortlich selbst zu gestalten. Der Begründer der Logotherapie, Viktor Frankl (1903–1997), überlebte vier Konzentrationslager mit der Einsicht, dass Sinn die entscheidende Ressource ist, nicht nur, um zu überleben, sondern auch, um das Leben gelingend zu gestalten. Der erfahrene Therapeut Erich Schechner erschließt den Impuls Viktor Frankls für alle Sinnsuchenden und kritischen Zeitgenossen.

PATMOS
www.patmos.de